성은 공정한가

복숭아꽃

복숭아꽃: 성은 공정한가

ⓒ 강성률, 2021

1판 1쇄 인쇄__2021년 11월 20일
1판 1쇄 발행__2021년 11월 30일

지은이__강성률
펴낸이__홍정표
펴낸곳__글로벌콘텐츠
      등록__제25100-2008-000024호

공급처__(주)글로벌콘텐츠출판그룹
      대표__홍정표 **이사**__김미미
      편집__최한나 하선연 권군오 홍명지 문방희 **표지디자인**__김승수 **기획·마케팅**__김수경 이종훈
      주소__서울특별시 강동구 풍성로 87-6
      전화__02) 488-3280 **팩스**__02) 488-3281
      홈페이지__http://www.gcbook.co.kr **메일**__edit@gcbook.co.kr

값 15,000원
ISBN 979-11-5852-354-1 03190

성은 공정한가

복숭아꽃

강성률 지음

글로벌콘텐츠

머리말

인류 역사상 가장 뜨거운 주제 가운데 하나가 성(性) 문제이다. 아름다운 사랑 이야기에서부터 흉악한 성범죄에 이르기까지 성은 시나 소설과 같은 문학계, 연극과 영화를 비롯한 예술계, 철학을 중심으로 한 학문계 등에서 항상 '핫이슈'이자 '뜨거운 감자'였다. 특히 우리나라에는 수많은 성폭행 범죄자 외에 성 착취물을 돈벌이 수단으로 삼는 모모 일당, 성 추문으로 막대한 혈세를 들여 보궐 선거까지 치르게 한 거대한 도시의 수장들이 존재했거나 존재한다.

그러나 기실 성 문제는 오늘날뿐만 아니라, 동서고금의 역사에서 수많은 인물에 의해 끊임없이 제기되어 왔다. 중국의 제왕에서부터 미국, 한국의 대통령까지, 서양의 호색한에서부터 한국의 문인들까지, 그 어두운 그림자는 오래도록 지워지지 않고 있다. 특히 성은 약자와 여성들을 옥죄는 기제로 작동하면서 사회의 불공정 문제로 번져 나갔다.

여기에서 두 번째로 생각해 볼 수 있는 주제가 바로 '공정성' 문제이다. 우리 사회는 지금 '공정'에 대한 담론으로 몸살을 앓고 있다. 태어날 때부터 '금수저'니 '흙수저'니 하는 자조적인 언사에서부터 교육과 취업, 일자리의 질, 승진 기회, 부와 권력에 이르기까지 심각한 불평등을 경험하고 있다. 우리는 여러 분야, 특히 성에서의 불공정성을 어디까지 용인해야 할 것인가? 성을 본래의 목적대로, 아름다운 형태로 돌려놓을 순 없는 걸까? 우리에게 자유롭고 행복한 이상향, 유토피아는 정녕 없는가?

이러한 자각에 따라 본 작품은 불공정한 성 문제, 그 가운데서도 여성에 대한 성폭력과 억압에 초점을 맞추고 있다. 제목 『복숭아꽃』은 '복숭아' 및 '복숭아꽃'이 갖는 이중적 의미에서 착안하였다. 첫째, 도화살(桃花煞)이니 도색(桃色)잡지라는 낱말에서처럼 복숭아는 성적(性的) 은유로 사용된다. 성욕이 왕성한 '옹녀'를 묘사하는 부분에서, '반쯤 핀 복숭아꽃에 보조개가 어리었다'는 표현도 등장한다. 둘째, 그와 달리 '무릉도원(武陵桃源)'에 핀 복숭아꽃은 평화로운 전원 풍경을 연상시키며, 별천지나 유토피아, 낙원을 상징한다. 필자는 본 작품에서 아름답지 못한 성, 억압적인 성, 불공정한 성을 넘어서 자유롭고 평등한 성으로, 서로가 서로를 진정 사랑하는 이상향으로 나아가는 길을 제시하고자 한다.

본 작품은 형식에 있어 조금 특이하다고 할 수 있다. 첫째는 '영준'이라는 주인공과 평생 동안 그의 멘토 역할을 하는 'T 박사'와의 대화 형식으로 구성하였다는 점이다. 둘째, 본 작품은 장편 소설의 형식을 띠고 있으면서도 출처 및 문헌을 소상하게 밝히는 등 학문적이고 고증적인 태도를 견지하고 있다. 픽션(Fiction, 허구)과 팩트(Fact, 사실)의 결합, 이른바 팩션(Faction)이라 할 수도 있겠다.

　마지막으로, 본 작품은 '흥미'와 '지식' 두 마리 토끼를 동시에 잡고자 한다. 대부분의 독자는 '재미있고 유익한' 작품을 원한다고 믿는다. 그리하여 역사상 등장하는 흥미진진한 이야기를 기록하되, 그 시대적 배경과 후대의 평가에도 소홀하지 않으려 했다. 외람된 말이지만, 필자는 이 작품이 이 시대를 살아가는 많은 독자에게 큰 울림과 감동을 줄 것으로 믿어 의심치 않는다.

　졸고가 한 권의 책으로 나오기까지 수고해 주신 글로벌콘텐츠 홍정표 대표님과 최한나 편집자님을 비롯한 편집부 여러분께 감사드린다.

2021년 가을
저자 강성률

등장인물

영준: 성(性)에 대해 호기심이 많은 주인공

T 박사: 영준의 국민학교 담임 선생님. 평생에 걸친 스승이자 멘토

양순: 영준의 집에서 밥을 하던, 영준보다 서너 살 위의 소녀

동네 형: 양순과 정분을 일으킨 여새리 총각

기동: 영준의 앞집에 사는 친구

김은하: 영준이 중학교 2학년 때, 애타게 기다리던 여학생

철진: 여새리 인근에서 악명을 떨친 성폭행범

민철: 모래 덩이 '미녀' 옆에서 음란한 짓을 해 보이던 땅콩집 머슴

독사: 땅콩 서리한 아이들을 땅끝까지 추격하여 붙잡은 데서 얻은 별명

왕수: 땅콩집의 주인으로, 옆방 과부가 질경련이 일어나게 한 인물

호식이 형: 대학을 졸업한 지식인임에도 성폭행의 전력을 가진 이상성격자

숙희: 여새리 출신으로 일찌감치 서울 구경을 다녀온 소녀

여새리 선배: 여자들과 성관계 맺는 일을 매우 자랑스러워하던 사람

제1장

사랑의
계절

복숭아꽃

성은 공정한가

1. 한여름 밤의 폭풍

영준은 이른바 '베이비 붐 세대'에 속했다. 한국 전쟁 직후, 1인당 국민 소득이 100달러에도 미치지 못했던 나라에서 태어난 아이들. 학교건 집이건 변소는 늘 구더기로 우글거렸고, 비 오는 날의 마당은 아기들이 싸놓은 똥과 개똥, 쇠똥이 널려 있었다. 밥상에는 파리가 단골손님으로 날아들었고, 여름밤에는 수많은 모기에게 목숨 같은 혈액을 제공해야 했다. 쥐들은 아예 사람들과 동고동락하였거니와, 사람의 거처와 동물의 서식지가 구별되지 않는 공간 속에서 이와 벼룩, 빈대가 더불어 살았다.

그럼에도 나라에서는 '경제 개발 5개년 계획'을 발표하였고, 세계적으로 유래가 없는 경제 성장을 이루고 있다고 선전했다. 정부에서는 여세를 몰아 한일협정(韓日協定, 1965년 6월 22일 체결) 조인을 밀어붙였고, 맹호부대가 월남에 파송되어 '따이한'의 용맹성을 전 세계에 뽐내고 있었다.

국민학교 4학년 때의 여름, 영준은 한밤중 인기척에 잠이 깼다. 멍하니 앉아 있는데 바로 앞, 어둠 속에 사람의 기운이 느껴졌다.

"누나? 누나…!"

그러나 앞으로 팔을 뻗었을 때, 손에 잡힌 건 남자의 근육질 가슴. '그'는 요강에 걸터앉아 오줌을 누기 시작했다.

"쏴아아…."

"………?"

잠시 침묵이 흐른 후, 그가 후다닥 문을 박차고 뛰어나갔다.

"엄마!"

건넌방에서 아버지가 달려 나갔지만, 이미 마당 한쪽 모래 언덕 너머로 그의 흔적이 사라진 뒤였다. 날이 밝기가 무섭게 어머니는 양순을 쥐어박았다.

"에라, 이년아. 이마에 피도 안 마른 년이 사내놈을 불러들여? 이년아. 죽어라 죽어. 먹은 밥 다 내놓고 뒈져!"

3년째 식구들 밥을 해 주는, 열다섯 살짜리 소녀, 양순. 영준의 외가에 살던 그녀의 부친이 폐병으로 죽고, 모친이 재가하는 바람에 오갈 데가 없어진 그녀를 영준네 집에서 거둔 것.

영준이 5학년이 되면서부터는 멀리 서해(西海)가 내려다보이는 이곳 여새리 국민학교에서도 2부 수업이 진행되었다. 교사와 교실이 모두 부족한 까닭이었는데, 1주일 내내 오전 수업에만 참석하거나 혹은 오후 수업에만 참가하는 방식이었다. 그러던 어느 날 영준이네 담임은 바람처럼 사라졌고, 후임자가 소리 소문도 없이 나타났다. T 선생님과의 인연은 그렇게 시작되었다. 한 반에 70명이 들어찬 콩나물 교실에 부임한, 일반대학을 졸업하고 교육대학에 설치된 임시 교원 양성소에서 3개월간 교육을 받고 국민학교 교사가 된 사람. 당사자가 불편해할 정도로 T는 영준을 편애했다.

하지만 영준은 그의 기대에 보답하지 못한 채, 100여 리 떨어진 S시의 일류 중학교 입시에 연거푸 낙방했다. 나름대로 변명거리를 찾아보았다. 참고서 한 권 없이 달랑 교과서만 들이팠고, 잉크 자국이 묻어나는 시험지 하며, 밥상 위의 침침한 호롱불까지. 하지만 그런 것들이 세상에는 통하지 않았다.

중학교 2학년 여름방학, 여새리에서 할 수 있는 일이라곤 암소에게 오후 내내 풀을 뜯게 하고, 밤에는 모기떼의 공격에 진저리를 치는 일뿐이었다. 바로 그때 신데렐라처럼 나타난 한 여학생이 있었으니, 이름은 김은하. 영준은 그녀 앞에서 이제 막 배우기 시작한 하모니카를 불어 주었다. 단발머리에 하얀 얼굴을 가진 그녀는 영준의 떨리는 손을 잡아 주었고, 귓속말을 내뿜으며 살포시 미소까지 지어 보였다.

그녀가 향긋한 체취만을 남긴 채 홀연히 떠난 날부터 영준은 매미 소리 요란한 집 앞 탱자나무에 올라가 버스가 들어오는 동구 밖을 바라보기 시작했다.

"방학이 끝나기 전에 꼭 다시 올게."

오직 그 말 한 마디를 믿으며, 기다리고 또 기다렸다. 하지만 그녀는 끝내 나타나지 않았다. 편지도 소식도 없었다.

'맞아. 낭만이니 순수니 하는 말들은 그냥 지나가는 거야. 정신적인 사랑이란 강물에 쓰는 글씨처럼 그냥 흘러가는 거야.'

울 밑에 해바라기 꼬빡꼬빡

맴 돌다 맴 돌다 잠이 들고

앞마당에 바둑이 쌔근쌔근

닭 쫓다 닭 쫓다 잠이 들고

꽃밭에 벌 나비 소르르 소르르

꿀 빨다 꿀 빨다 잠자는데

숲속에서 매미만 매앰 매앰

온 종일 온 종일 노래하네

- 강소천 작사, 금수현 작곡, 동요 〈여름〉

'녹음방초(綠陰芳草, 푸르게 우거진 나무와 향기로운 풀)'라는 표현에서 보듯, 여름은 1년 중 가장 많은 꽃들이 피는 계절이다. 철쭉, 아카시아, 밤나무, 산딸나무, 층층나무, 조팝나무 등.

초여름 밤나무 곁을 지나가면 독특한 밤나무 꽃 냄새가 난다. 비릿한 듯한, 역겨운 듯한 냄새. 한마디로 남자 정액 냄새와 비슷하다. 그래서 예로부터 "6월 밤나무 골 과부, 몸부림치듯 한다"는 말이 전해온다. 실제 밤꽃에서 나는 냄새의 성분을 분석해 보니, 정액과 거의 비슷하다고 한다. 그래서 양향(陽香)이라 불리기도 하며, 밤꽃이 필 때 아녀자들의 출입을 삼갔다는 옛 이야기가 있다.

현대 소설에서는 주로 노출의 계절인 여름에 야성적인 정욕을 표현함으로써 '에로스'의 상상력을 자극한다. 이효석의 「메밀꽃 필 무렵」에서는 당나귀 한 마리와 장판을 돌아다니는 허생원이 딱 한 번, 여름날 밤

물방앗간에서 정사(情事)를 벌이는 장면이 등장한다.

　　호탕스럽게 놀았다고는 하여도 계집 하나 후려보지는 못하였다. 계집이란
좀 쌀쌀하고 매정한 것이었다. 평생 인연이 없는 것이라고 신세가 서글퍼졌다.
일신(一身)에 가까운 것이라고는 언제나 변함없는 한 필의 당나귀였다. 그렇다
고는 하여도 꼭 한 번의 첫 일을 잊을 수는 없었다. 뒤에도 처음에도 없는 단 한
번의 괴이한 인연. 봉평(강원도 평창군)에 다니기 시작한 젊은 시절의 일이었으
니 그것을 생각할 적만은 그도 산 보람을 느꼈다.

　　　　　　　　　　　　　…(중략)…

　　"장 선 꼭 이런 날 밤이었네. 객주1)집 토방이란 무더워서 잠이 들어야지. 밤
중은 돼서 혼자 일어나 개울가에 목욕하러 나갔지. 봉평은 지금이나 그제나 마
찬가지나 보이는 곳마다 메밀밭이어서 개울가가 어디 없이 하얀 꽃이야. 돌밭
에 벗어도 좋을 것을, 달이 너무도 밝은 까닭에 옷을 벗으러 물방앗간으로 들어
가지 않았나. 이상한 일도 많지. 거기서 난데없는 성 서방네 처녀와 마주쳤단 말
이네. 봉평서야 제일가는 일색이었지."

　　"팔자에 있었나 부지."

　　아무렴 하고 응답하면서 말머리를 아끼는 듯이 한참이나 담배를 빨 뿐이었
다. 구수한 자줏빛 연기가 밤기운 속에 흘러서는 녹았다.

　　"날 기다린 것은 아니었으나 그렇다고 달리 기다리는 놈팽이가 있는 것두 아
니었네. 처녀는 울고 있단 말야. 짐작은 대고 있었으나 성 서방네는 한창 어려워
서 들고날(집안의 물건을 팔려고 가지고 나갈) 판인 때였지. 한 집안 일이니 딸에

---

1) 객주(客主): 다른 지역에서 온 상인들에게 거처를 제공하며, 물건을 맡아 팔거나 흥정 붙이는
　　일을 하던 상인.

겐들 걱정이 없을 리 있겠나. 좋은 데만 있으면 시집도 보내련만 시집은 죽어도 싫다지 …(중략)… 그러나 처녀란 울 때같이 정을 끄는 때가 있을까. 처음에는 놀라기도 한 눈치였으나 걱정 있을 때는 누그러지기도 쉬운 듯해서 이럭저럭 이야기가 되었네. 생각하면 무섭고도 기막힌 밤이었어."

"제천인지로 줄행랑을 놓은 건 그 다음날이었나?"

"다음 장도막(한 장날로부터 다음 장날 사이의 동안)에는 벌써 온 집안이 사라진 뒤였네. 장판은 소문에 발끈 뒤집혀 고작해야 술집에 팔려가기가 생수(生數, 좋은 수가 생김. 북한어)라고 처녀의 뒷공론이 자자들 하단 말이야. 제천 장판을 몇 번이나 뒤졌겠나. 하나 처녀의 꼴은 '꿩 궈 먹은 자리(아무 흔적도 보이지 않음)'야. 첫날밤이 마지막 밤이었지. 그때부터 봉평이 마음에 든 것이 반평생을 두고 다니게 되었네. 평생인들 잊을 수 있겠나."

- 이효석, 「메밀꽃 필 무렵」, 『한국 명작소설 2』, 애플북스, 2017, 252~253쪽

장돌뱅이 허생원과 조선달, 동이라는 애송이 장돌뱅이 세 사람이 달빛 아래서 메밀꽃이 하얗게 핀 산길을 걸으며 나눈 대화이다. 이때 동이는 "어머니는 사생아를 낳고 쫓겨났으며, 나는 의붓아버지 밑에서 고생을 하다가 집을 뛰쳐나왔다"고 말한다. 허생원은 동이 모친의 친정이 봉평이라는 것, 동이가 자기와 똑같이 왼손잡이인 것을 알고는 그 하룻밤의 인연으로 '동이'가 태어났을지도 모른다고 생각한다. 그리고 동이 어머니가 현재 살고 있다는 제천으로 행선지가 바뀌면서 소설은 마무리된다. 정비석의 『성황당』 역시 여름을 배경으로 소설의 계기를 포착하고 있다.

산속의 봄은 유난히 짧다. 뻐꾹새가 울어 봄이 왔나 보다 하면, 벌써 두견새와 꾀꼬리가 노래를 부르고, 뒤이어 매미가 "맴맴맴…"하고 한가로운 산속의 여름날을 돕는다. 한나절이 되자 날은 점점 무더워 왔다. 순이는 아궁이 속을 한참 휘저어 불을 되살리고 나니, 얼굴이 활활 달아오르고 전신(온몸)에 땀이 물 흐르듯 하였다(깊은 산속에서 숯을 구워 생계를 꾸려가는 현보의 아내 순이는 때 묻지 않은 인물이다). 벌거벗은 웃통에서도 젖가슴 새로 땀방울이 줄줄 흘렀다. 순이는 저고리를 벗어든 채 개울가로 내려왔다. 치마와 베 바지(삼실, 명주실, 무명실 따위로 짠 바지)마저 훌훌 벗어 돌 위에 내던지고, 첨벙 물속으로 뛰어들었다. 순이는 젖통까지 물속에 잠궈서 세수를 하고 나서는, 어깨와 목덜미에 물을 끼얹고 앞가슴을 씻었다. 물에서 나와 몸을 말리고 나서 옷을 입으려고 바위에 앉으려니, 바위가 몹시도 따가와 찬물을 두어 번 끼얹고 앉았다. 그리고 옷 둔 곳으로 달려와 보니, 분명히 돌 위에 놓아둔 옷이 없어졌다. 그때 별안간 웃음소리가 들려왔다. 깜짝 놀라 본능적으로 아래를 가리우며 맞은편 언덕을 쳐다보니, 당꼬바지(위는 펄렁하고 밑은 단추 등으로 여미어 딱 붙게 한 바지) 입은 산림간수[2] 김 주사가 자지러지게 웃으면서 순이의 옷을 쳐들어 보인다.

'제길! 망할 쌍놈어 새끼!'

순이는 속으로 이렇게 욕하며 고함을 질렀다. 그럼에도 김 주사가 가까이 오자 순이는 돌아서며 발을 동동 굴렀다. 풀밭에 옷을 내던진 김 주사는 숯가마 쪽으로 몇 걸음 걸어간다. 순이가 재빠르게 바지를 추서 입자, 달려온 김 주사는 순이의 저고리를 빼앗아 들었다. …(중략)… 순이는 저고리를 다 입고 나서 숯가마의 아궁이에 장작을 몰아넣는다. 김 주사는 순이에게로 덤벼들어 순이를 휘

---

[2] 산림간수(山林看守): 일제 강점기, 산림을 보호하고 지키던 하급 관리. 당시에는 '산림녹화'라는 명목으로 산림간수가 사람들을 입산 금지시키고 나무를 못 하게 하였음.

어 넘기려 하였다. 순이는 더 참을 수 없어 "쌍 개 같은 놈어…" 하면서 사내의 면판을 휘갈기고, 언덕길을 달리어 집으로 돌아온다.

현보네 집에 늘 놀러 오는 사람 중에 순이를 눈에 걸고 있는 사람이 둘이 있었다. 하나는 김 주사이고, 또 한 사람은 산 너머 광산에서 일하는 칠성이었다. 칠성이는 돈벌이는 김 주사만은 못해도 생긴 품은 김 주사 열 곱(열 배) 잘생겼다. 그러기에 마음을 허하자면, 김 주사보다는 오히려 칠성이 편이었다. 이틀이 지나자 산림간수 김 주사가 읍내 순경과 함께 현보를 잡으러 왔다. 현보는 얼빠진 사람처럼 발부리만 내려다보고 있었다. 따라온 김 주사만이 뜻 있는 웃음을 빙글빙글 순이에게 건네고 있었다. …(중략)… 순이는 여느 날보다 퍽 늦어서야 집에 돌아왔다. 집에 와보니, 김 주사가 아랫목에 자빠져서 기다리고 있었다. "현보가 나오고 못 나오구는 내 말 한 마디면 그만인데, 순이 와 그리 고집을 부리노?" "흥 별꼴 다 보갔다." 순이는 사내에게 눈을 흘겨 보이고는 밖으로 달아 나왔다. 어둠 속에서 기침 소리가 들려왔다. 현보가 잡혀갔다는 소식을 듣고 칠성이가 찾아온 것이다. 칠성이가 들어오자, 김 주사는 침 먹은 지네[3]가 되는 것을 보고, 순이는 웃음을 참지 못하였다. 두 남자는 서로 엎치락뒤치락 뒤채었다. 그 바람에 등잔불이 홱 꺼졌다. 순이는 밖으로 뛰어나왔다.

이틀이 지나도, 사흘이 지나도 현보는 돌아오지 않았다. 칠성이는 전날 밤 김 주사와 싸우고 가서는 나흘째 오지 않았다. 한낮이 겨우자(지나자) 더위는 찌는 듯하였다. 순이는 웃통을 벗은 채 나물을 하다 말고, 그늘진 풀밭에 펄썩 주저앉았다. 그때 어디선가 부르는 소리가 들렸다. 맞은편 숲속에 칠성이가 서 있었다. 김 주사의 머리에 상처를 입히고 도망쳤던 칠성은 '현보가 3년은 감옥에서 지내

---

3) 침 먹은 지네: '할 말이 있으면서 못 하고 있거나 겁이 나서 기운을 못 쓰고 있는 사람'을 비유적으로 이르는 말. '지네가 사람의 침을 먹으면, 힘을 쓰지 못하고 흐느적거린다'는 속설이 있음.

야 할 것'이라는 말과 함께 자신과 함께 도망칠 것을 종용한다. 칠성이 가져온 분홍 항라적삼(亢羅적삼, 명주나 모시, 무명실 등을 이용하여 짠 윗도리에 입는 홑옷)과 수박색 목 메린스(木 merinos, 스페인어. 순모로 짠 얇고 깔깔한 면직물) 치마에 마음이 끌린 순이는 칠성을 따라나선다. 흰 고무신까지 받쳐 신고 나서니, 세상에 부러운 것이 없었다. 둘은 저녁때야 삼백 리(120km) 길을 떠나게 되었는데, 낮에는 김 주사 눈에 띌 수 있기 때문이었다.

그러나 30리쯤 걸었을 때, 순이의 마음은 점점 불안해지기 시작했다. 문득 천마령 안골짜기 자기 집이 그리웠다. 오막살이일망정 아방궁(阿房宮, 중국 진나라 때 건립된 호화롭고 사치스러운 궁전) 부럽지 않게 정다운 그 집이었다. 지금쯤 앞산 뒷산에서 부엉새, 접동새가 울고 있으리라 생각하니, 고운 옷 입은 기쁨도 사라졌다. 불현듯 현보가 그리웠다. 성황님(城隍, 서낭. 마을의 수호신)께 어젯밤 그만치나 치성을 올렸고, 또 오늘 아침에 까치도 짖었으니[4] 지금쯤은 현보가 집에 돌아왔을지도 모른다 싶었다. 성황님의 벌에 대한 무서움도 있고 하여, 순이는 고무신을 벗어들었다. 그리고 오던 길을 되돌아서서, 힝 하니 달음질치기 시작하였다. 집 앞에까지 다다랐을 때, 문득 "에헴!" 하는 귀에 익은 현보의 기침 소리가 들린다. "아! 성황님! 성황님!" 접동새[5]가 울었다. 부엉새도 울었다. 늘 듣던 울음소리였다. 그러나 오늘밤 따라 새소리는 순이의 가슴을 파고드는 듯이 정다웠다.

　　　　　　　　　　　　　　　　- 정비석, 『성황당』, 범우사, 2003, 17~62쪽

---

4) 아침 까치: '까치가 울면 기쁜 소식이 오고, 까마귀가 울면 초상이 난다'는 속설이 있다. 특히, 아침 까치는 대길조(大吉兆)로 여겼다.
5) 접동새: '두견이'의 방언. 계모에게 학대받던 처녀가 죽어 접동새가 되었다는 내용의 설화가 있다.

2. 위험한 춘정(春情)

S시에서 서쪽으로 100여 리를 달리다가 큰 언덕 하나를 넘어서면, 서해의 광막한 물 천지가 펼쳐진다. 일본인들이 놓았다고 하는 다리를 건너 계속 달리면 오른쪽(북쪽)에 간척지 논들이 전개되고, 왼쪽(남쪽)으로는 밭들이 널려 있다. 밭 사이에 드문드문 솔밭 언덕들이 눈에 띄고, 그 언덕을 바람막이 삼아 예닐곱 개의 촌락으로 이루어진 여새리가 자리하고 있다.

여새리의 중심 마을은 남촌이다. 영준이 태어난 남촌 마을은 5백여 년 전, 김해 김씨의 조상들이 모래 위에 집을 짓기 시작하여 마침내 1백여 호에 이르게 되었다. 북쪽이 툭 터진 바닷가이면서도 제법 널따란 농지를 가지고 있는 곳. 모래밭에는 보리나 고구마, 땅콩을 심고 개펄을 가로질러 형성된 북쪽의 간척지 논에는 모도 심었다.

영준은 중학교 2학년 때, 옆 동네에 철진이라는 인간이 살고 있음을 알았다. 그 이름만 대도 아이가 울음을 그칠 만큼, 악명을 떨친단다. 누구보다 그를 두려워하는 부류는 바로 여자들. 일단 눈에 들어왔다 하면 처녀이건 유부녀이건, 어린 소녀이건 할머니이건 가리지 않았다. 나른한 어느 봄날 오후, 우거진 솔밭 한가운데에서 그는 하굣길의 국민학교 5학년짜리 여자아이를 붙잡았다. 겁에 질려 벌벌 떠는 아이를, 그는 솔밭 깊숙한 곳으로 끌고 갔다. 얼마 후, 실신한 아이를 내버려 둔 채, 그는 표표히 사라졌다. 해 질 녘, 훌쩍이는 소리를 들은 길손의 등에 업혀 아이는 집으로 돌아왔고. 처절하게 찢겨 나간 몸뚱이 앞에서, 그 어미는 넋을 잃고 말았다. 날이 밝기가 무섭게 지서에 정식 고발장을 접수시켰지만, 어쩐 일인지 그 사건은 유야무야되고 말았다.

어느 봄날 자정 무렵, 그는 같은 동네의 과부 집으로 쳐들어갔다. 그의 눈은 벌겋게 달아올랐고, 목소리는 한 오라기의 양심인 양 가늘게 떨었다. 뻗쳐 오는 '늑대'의 앞발톱을 피하다 보니, '양'은 어느새 구석 쪽으로 내몰리고 말았다. 발버둥치는 수절 과부의 입을 틀어막은 채, 그는 기어코 욕정을 채웠다. 그 순결한 육신을 우둑우둑 씹어 살과 뼈를 남김없이, 다 제 입에 처넣고 말았던 것이다. 그럼에도 이 사건은 여자 쪽에서 쉬쉬하는 통에 그냥 묻힐 뻔하였다.

그러나 헤집어진 살 가운데, 부러진 뼈 속에 하나의 생명이 잉태되었다. '잘못된 만남'의 씨앗이 뱃속에서 점점 몸집을 불려 왔던 것. 그럼에도 여자는 발만 동동 구를 뿐, 달리 손을 쓰지 못했다. 누구에게 발설할 처지도 못 되었거니와, 의료 시설마저 변변치 않았던 1970년대 초 한국 농촌의 환경 속에서 냉가슴 앓듯 혼자 속을 태웠다. 그러던 중, 몇 달 사이에 완연히 걷는 폼이 달라지자 눈치를 챈 주위 사람들의 권유에 의해 그녀는 읍내 병원에서 수술을 받을 수 있었다. 그것으로 사건 종결. (강성률, 『땅콩집 이야기』, 작가와 비평, 2014, 294~295쪽)

영준은 고교 입시에서 또 낙방을 했다. 재수하여 겨우 들어간 S시 소재의 중학교에서 나름 열심히 공부했음에도. 담임은 영준의 불합격을 최대의 이변(異變)으로 규정했다. 서로를 받아들이는 일에 있어서, 세상이나 자신이나 무척 힘들어하고 있다는 생각이 들었다.

'나를 분노케 하는 것은 낙방 그 자체가 아니다. 왜 하필 나만 패배의 쓴잔을 마셔야 하는가? 바로 그것이다!'

작년인가, 중학교를 통틀어 영준의 가장 친한 녀석이 그랬다.

"너나 나나 촌놈이라 애초부터 일류 중학교에 못 간 거여. 촌에서 날고 기어 봤자 별 수 있냐? 여기 아이들은 날마다 자기 학교에서 풀었던 문제들이 중학교 입학시험에 다 나왔다더라. 자기 선생들이 시험 문제를 냈거든. 뒷구멍으로 들어간 아이들도 엄청 많고. 그러니까 헛발질 그만하고, 헛물 그만 켜라고. 뛰어 봤자 벼룩이고, 날아 봤자 똥파리여, 인마! 히히….."

국민학교 5학년 미술 시간에 T는 그랬었다.

"아름다운 수채화 속에는 밝고 환한 색깔만 있는 것이 아닙니다. 그래서도 안 되고요. 어둡고 칙칙한 색깔도 섞여 있어야 한다는 뜻이지요."

그런데 왜 여새리에는 '어둡고 칙칙한 색깔'만 있을까? 왜 입시와 '성(性)'에마저 부조리가 끼어드는가? 소설이나 영화에서는 그토록 아름답게 그려지는 '사랑'이 왜 이곳에서는 '범죄'와 '폭력'을 동반하는 걸까? 왜 여새리의 봄에는 이런 일이 생기는 걸까? 영준에게 여름이 근육질 남자의 땀 냄새라면, 봄은 저 멀리 초원에서 불어오는 처녀의 향기였는데.

남녀가 결혼하기에 가장 적합한 시기를 봄(음력 2월)으로 보는데, 이때 복숭아꽃이 핀다. 동요 '고향의 봄(이원수 작사)'에는 '복숭아꽃'과 '살구꽃'이 등장한다. 이 노래를 듣고 있노라면, 어린 시절 고향 동네의 소박하고 화사한 풍경, 옹기종기 모여 있는 초가집들 돌담을 따라가며 피어난 꽃들이 떠오른다. 모든 꽃은 여인을 나타내지만, 이 가운데에서도 복숭아꽃(복사꽃, 도화)은 맑고 아름다운 여성을 상징한다. 그중 진분홍색의 복숭아꽃은 요염한 여자, 남자의 정신을 어지럽힐 정도로 색감(色感)

이 있는 여인에 비유되었다. 이와 관련하여, 여인들이 양 볼에 화사한 핑크색으로 화장하는 것을 도화장(桃花粧)이라 부르거니와, 홍도(紅桃)라는 이름에서 보듯 복숭아꽃은 기생의 이름에서 많이 쓰였다.

유행가 '홍도야 우지마라'를 탄생시킨 신파극 〈사랑에 속고 돈에 울고〉(1936년)에 나오는 주인공 홍도는 오빠를 공부시키기 위해 자청하여 기생이 된다. 여느 기생들과 달리, 남자에게 한눈팔지 않는 홍도는 오빠가 순사가 된 후, 부잣집 아들과 결혼한다. 그러나 바람을 피우는 남편, 과거를 들먹이며 구박하는 시어머니 사이에서 고통을 겪다가 거의 실성한 상태에서 시어머니에게 칼을 휘두른다. 살인미수로 잡혀가는 그녀의 손에 수갑을 채운 순사는 다름 아닌, 그녀의 오빠였다. 그야말로 여성 수난의 서사시에 등장하는 비련의 여주인공이 아닐 수 없다.

복숭아는 여성의 성기를 연상시키는 모양과 색깔 때문인지, 성적 은유로도 사용돼 왔다. 도화살,6) 도색잡지 따위의 단어에 나오는 '도'자는 복숭아를 의미하는 '도(桃)'이다. '복숭아'의 영어 단어 'peach'에는 '마음에 드는 여자'라는 뜻이 있다. 또한 '여성의 엉덩이'라는 뜻도 들어 있는데, 복숭아의 생긴 모양이 여자의 볼기를 닮아서가 아닐까 짐작된다. 서양에서는 서양 배(梨)처럼 생긴 엉덩이를 미인으로 간주한 반면, 동양에서는 복숭아처럼 생긴 엉덩이를 미인으로 쳤다고 한다. 특별히 맛과 향이 좋은 복숭아를 여인의 젖가슴에 비유하는 경우도 있다.

---

6) 도화살(桃花煞): 남자의 사주에 이 살(煞, 사람을 해치거나 물건을 깨뜨리는 독한 귀신의 기운)이 있으면 호색하는 성질 때문에 주색(酒色)으로 집을 망하게 하며, 여자의 사주에 이 살이 있으면 음란한 성질 때문에 일신(一身, 한 몸)을 망침은 물론 한 집을 망하게 한다는 속설로 인하여 혼인을 기피하는 사례가 많이 있었다. 속담에 여자의 얼굴이 불그스레한 홍기가 돌아 아름답게 보이는 것을 '도화살이 끼었다'고 하는데, 이런 여자는 성욕이 강해서 한 남자로는 만족할 수 없다고 인정되어, 남편과 사별하는 원인이 된다고 믿었다.

옛날 공부하는 선비의 집에는 복숭아나무를 심지 않았다고 한다. 음심(淫心)을 자극하기 때문에 공부에 방해가 된다는 것. 같은 이유로 여염집에서도 집안에 복숭아나무 심는 것을 꺼려했는데, 혼기(婚期)에 이른 딸이 화사한 봄기운에 자극을 받을까 염려했기 때문이었다. 그러나 춘향의 모친인 월매의 집에는 담 밑에 벽도화(碧桃花, 복숭아나무 꽃)를 심어 놓았다고 한다. 기생의 집이기에 이 금기를 지켜도 소용이 없을 것이라고 여겼기 때문인지, 이 금기를 스스로 깨고 싶었던 것인지 그 까닭은 알 수 없다.

껍질이 얇고 살과 물이 많으며 맛이 단 복숭아는 둥근 데다 연한 도색(桃色)으로 물들여져 윤기가 난다. 또 표면에 가는 봉합선의 골까지 있어 여근(女根)을 꼭 닮았다고 한다. 나아가 복숭아의 꼭지를 기준으로 반으로 자르면, 씨앗 주변을 비롯한 전체적인 모양 역시 여성의 음문(陰門, 여성의 외부 생식기)을 닮았다고 하여 이를 비유하는 경우도 있다. 그래서 복숭아는 노골적으로 섹스와 연결된다. 복숭아는 또 '벌레 반 마리'라는 말처럼 무르고 달아서 벌레가 많이 꼬이는 과일인데, 이 벌레를 먹으면 예뻐진다는 속설이 있다. 그리하여 옛 여성들은 '배는 낮에 먹고, 복숭아는 밤에 먹는 것'이라는 속담에 따라 저녁 어둑할 때 대청마루에 둘러 앉아 후식으로 복숭아를 먹었다. '벌레가 보이지 않을 때 먹는다'는 뜻이지만, '밤'과 관련하여 묘하게 성적인 의미를 지닌 것으로도 해석된다.

한편, 복숭아는 '다산(多産)', '생명력', '장수'의 상징이기도 하고, 악령을 쫓아내는 효과도 있다고 여겨졌다. 물론 이는 보통 과일 밭에서 나는 복숭아가 아니라 신선 마을에서 자라는 복숭아, 즉 '선과(仙果, 신선이 먹는 과일)'였을 때의 이야기이지만.

봄에는 복숭아꽃 외에도 개나리, 목련, 벚꽃, 유채꽃, 진달래, 민들레 등 여러 종류의 꽃들이 피어난다. 옛날 산골 마을에 '민들레'라는 처녀가 살고 있었는데, 혼인하기로 한 그의 낭군은 나라의 부름을 받아 멀리 멀리 나가 있었다. 민들레가 사흘, 석 달, 3년을 기다려도 오지 않았다. 결국에는 낭군의 사망 소식이 전해지고, 민들레는 슬픔에 겨워 죽고 말았다. 그리고 이른 봄 '일편단심' 민들레가 낭군을 기다리며 밟았던 마을 곳곳에는 못 보던 노란 꽃이 자라났는데, 사람들은 그걸 '민들레'라고 불렀단다.

'고결한 사랑이 그렇게 비극으로 끝나면 안 되는 거 아닌가?'

봄이 오면 곤충들도 활동을 시작하여 나비와 벌 등이 날아다닌다. 나비는 꽃을 좋아하는 동물로서 일찍이 서화나 시가(詩歌)의 소재가 되었다. 당 태종(太宗)이 보낸 모란의 그림에 나비가 없는 것을 본 선덕여왕(신라의 제27대 왕, 이름은 김덕만)이 '그 꽃에 향기가 없음'을 알아차렸다는 기록이 있다. 꽃을 여자에, 나비는 남자에 비유하기도 하였다. 그리하여 '남녀의 정이 깊어 비록 죽을 위험이 뒤따르더라도, 찾아가 즐김'을 이르는 말로 "꽃 본 나비, 불을 헤아리랴?"라는 표현이 있다.

'맞아! 계절에 따라 자태를 달리하는 자연에는 죄가 없다. 순수하다. 꽃을 보고 달려드는 나비나 벌에는 더러움이 없다. 본능의 표출은 한결같이 맑고 깨끗하다. 그런데 왜 인간사에는 남녀 사이에 수많은 죄들이 끼어드는가? 가장 아름다워야 할 성에 왜 자꾸 부조리가, 불공정이 삽입되는가?'

민들레 설화에서처럼, 봄날의 비애나 외로움과 관련된 이야기는 더 있다. 특히 '자규', '두견새', '귀촉도' 등으로 불리는, 주로 봄에 우는 접동새는 다음과 같은 설화 때문에 애상적(哀傷的, 슬퍼하고 가슴 아파함)인 정서와 맞닿아 있다.

옛날 어느 부인이 아들 아홉과 딸 하나를 낳고 세상을 떠났다. 그런데 후처로 들어온 여자가 딸을 미워하며 구박하였다. 그러다가 처녀가 시집갈 때가 되어 혼수까지 장만해 두었는데, 갑자기 죽어 버렸다. 이에 아홉 오라버니가 슬퍼하면서 혼수를 마당에서 태우는데, 계모가 기를 쓰고 말렸다. 화가 난 오라버니들이 계모를 불 속에 넣고 태우니, 까마귀가 되어 날아갔다. 이때부터 처녀는 접동새가 되어 밤만 되면, 오라버니들을 찾아와 울었다. 이렇게 밤에만 오는 까닭은 까마귀에게 잡혀 죽임 당할까봐 두렵기 때문이다.

이와 비슷한 이야기에는 서숙(조 혹은 수수의 방언) 농사를 짓는 가난한 총각이 등장한다. 그는 집의 물독 속에 우렁이(원뿔형 껍데기를 가진 고둥)를 넣어 두었는데, 어느 날 우렁이가 예쁜 여자가 되어 나타났다. 그는 기뻐하며 여자와 혼인하여 잘 살았다. 그런데 어느 날 이 '우렁이 각시'가 들밥(들일을 하다 들에서 먹는 밥)을 나르던 중 나라님에 잡혀 끌려가 버렸다. 총각은 각시를 찾았으나 데려올 수 없어, 애를 태우다가 죽어 접동새가 되었다.

봄은 화려하고 아름다운 계절이면서 동시에 시작의 계절이라는 뜻도 함축되어 있다. 『춘향전』에서 '춘향'의 이름이 '봄의 향기'라는 뜻이라는 데에서 춘향이의 아름다움과 그에 따른 작품의 전개를 어렴풋이 예측할 수 있듯이, 현대 소설 가운데에는 김유정7)의 작품이 봄의 의미를 담고 있다. 그의 「동백꽃」은 마름(지주를 대리하여 소작권을 관리하는 사람)의 딸인 농촌의 순박한 처녀와 소작인의 아들인 총각이 사랑에 눈떠 가는 과정을 해학적으로 서술한 작품이다.

가까이 와보니 과연 나의 짐작대로 우리 수탉이 피를 흘리고 거의 반사지경(半死之境, 반죽음이 될 지경)에 이르렀다. 닭도 닭이려니와 그러함에도 불구하고 눈 하나 깜짝 없이 고대로 앉아서 호들기(버들피리)만 부는 그 꼴에 더욱 치가 떨린다. 나는 대뜸 달겨들어서 나도 모르는 사이에 큰 수탉을 단매(한 번에 가하는 강한 타격. 북한말)로 때려 엎었다. 닭은 푹 엎어진 채, 다리 하나 꼼짝 못하고 그대로 죽어버렸다. 나는 비슬비슬 일어나며 소맷자락으로 눈을 가리고는 얼김에(엉겁결에) 엉 하고 울음을 놓았다. 그러다 점순이가 앞으로 다가와서, "그럼 너 이담부터 안 그럴 터냐?"하고 물을 때에야 비로소 살 길을 찾은 듯싶었다. 나는 눈물을 우선 씻고 뭘 안 그러는지 명색도 모르건만 "그래!" 하고 무턱대고 대답하였다. "요담부터 또 그래 봐라. 내 자꾸 못살게 굴 테니?" "그래그래 인젠 안 그럴 테야." "닭 죽은 건 염려마라. 내 안 이를 테니."

그리고 뭣에 떠다 밀렸는지, 나의 어깨를 짚은 채 그대로 퍽 쓰러진다. 그 바람에 나의 몸뚱이도 겹쳐서 쓰러지며, 한창 피어 퍼드러진 노란 동백꽃 속으로 폭 파묻혀 버렸다. 알싸한(매운맛이나 독한 냄새로 혀끝이나 콧속이 알알한), 그리

---

7) 김유정(1908~1937년): 일제 강점기 조선의 소설가. 청년 시절 고향인 강원도 실레마을에 머물며 농촌 계몽 운동을 벌였는데, 고향의 정취와 농민들의 곤궁한 생활, 그 자신의 개인적인 불행 등이 「봄봄」을 비롯한 작품의 주요 모티프가 되었다. 소설가 겸 시인 이상(李箱)과 매우 친하여 동반 자살까지 하기로 하였으나 김유정의 반대로 무산되었다. 그 후 18일 간격으로 함께 세상을 떠났다. 4살 연상의 명창 박녹주를 짝사랑하다가 심지어 죽이겠다고 협박까지 했다. 그러나 끝내 이루어지지 않았다. 김유정이 서른 살 나이로 요절했을 때, 그의 방안에는 '녹주, 너를 연모한다'는 혈서가 벽에 붙어 있었다고 한다.

고 향긋한 그 냄새에 나는 땅이 꺼지는 듯이 온 정신이 고만 아찔하였다.

"너 말 마라?" "그래!"

조금 있더니 요 아래서, "점순아! 점순아! 이년이 바느질을 하다 말구 어딜 갔어?" 하고 어딜 갔다 온 듯싶은 그 어머니가 역정이 대단히 났다.

- 김유정, 「동백꽃」, 『한국 명작소설 2』, 애플북스, 2017, 43~45쪽

「동백꽃」과 「봄봄」에는 '나'와 '점순이'가 각각 같은 이름으로 등장한다. 다만 「동백꽃」에서 주인공인 '나'의 경우 점순이가 자신을 좋아한다는 사실을 전혀 눈치채지 못한 데에 비해, 「봄봄」의 주인공 '나'는 점순이와 빨리 혼인하고 싶어 한다. 그러나 교활한 장인(마름)은 점순이의 작은 키를 핑계로 결혼을 자꾸 미룬다. '나'는 정말 점순이의 키가 크지 않아 결혼을 안 시켜주는 줄 알고, 점순이 키가 얼마나 자랐는지 재보기도 한다. 장인이 계속 머슴으로 부려 먹으려는 줄을 전혀 모르는 우직한 인물이 바로 '나'이다.

이 작품에 나오는 "봄이 되면 온갖 초목에 물이 오르고 싹이 트고 한다. 사람도 아마 그런가 보다 하고 며칠 내에 부쩍(속으로) 자란 듯싶은 점순이가 여간 반가운 것이 아니다"는 표현에서, 사춘기에 걸어 보는 성혼(成婚)의 기대감을 읽을 수 있다.

꽃가루와 같이 부드러운 고양이의 털에
고운 봄의 향기(香氣)가 어리우도다.
남냥울과 같이 오봉ㅗ란 고양이의 눈에
미친 봄의 불길이 흐르도다.

고요히 다문 고양이의 입술에

포근한 봄 졸음이 떠돌아라.

날카롭게 쭉 뻗은 고양이의 수염에

푸른 봄의 생기(生氣)가 뛰놀아라.

　　　 - 이장희, 「봄은 고양이로다」,8) 『봄은 고양이로다』, 아인북스, 2017, 20쪽

　이장희(1900~1929년)가 1923년에 쓴 위의 시 가운데 "금방울(금으로
만든 방울)과 같이 호동그란(또렷하게 동그란) 고양이의 눈에 미친 봄의 불
길이 흐르도다"라는 표현은 봄이 지닌 욕망과 정염을 잘 표현하고 있다.

　어머니 어머니라고

　어린 마음으로 가만히 부르고 싶은

　푸른 하늘에

　따스한 봄이 흐르고

　또 흰 별을 놓으며

　불룩한 유방이 달려 있어

　이슬 맺힌 포도송이보다 더 아름다워라

　탐스런 유방을 볼지어다

　아아, 유방으로서 달콤한 젖이 방울지려 하누나

---

8) 2005년 「봄은 고양이로다」가 미국 랜덤하우스 계열의 알프레드 노프 출판사가 발간한
　 시선집 『The Great Cat』에 실렸다. 여기에는 보들레르의 '캣(Cat)', 릴케의 '블랙 캣
　 (Black Cat)'이 함께 실려 있다(위의 책, 215쪽). 참고로, 이장희는 프랑스의 시인 보들레
　 르와 견주어지기도 한다.

이때야말로 애구(愛求, 애처롭게 사정하여 간절히 바람)의 정이 눈물겹고

주린 식탐이 입을 벌리도다.

이 무심한 식욕

이 복스러운 유방…

쓸쓸한 심령이여 쏜살같이 날지어다.

푸른 하늘에 날지어다.

- 「청천의 유방」, 위의 책, 10쪽

　자폐적이며 비타협적인 삶을 살다가 음독자살로 29세의 젊은 나이에 생을 마감한 이장희는 다섯 살에 잃은 어머니의 이름을 사무치게 부르고 있다. 그러나 대답이 없다. 그가 머릿속에 그릴 수 있었던 것은 "푸른 하늘(어머니)에 흐르는 따스한 봄"이라고나 할까? 또 "흰 볕(젖)을 놓으며 불룩한 유방" 정도였을까? (위의 책, 186~187쪽)

　40대 초반이 된 영준은 평생의 멘토이자 정신적 스승인 T 박사와 대화를 나누기 시작했다. 영준의 국민학교 때 담임 선생님이었던 그가 영준의 성장 과정에 맞추어(우연의 일치로) 중학교, 고등학교 교사를 거쳐 박사 학위까지 받은 다음에는 대학의 교수로 취임해 있었다. 물론 국민학교 외에 영준을 직접 가르친 적은 없지만, 개인적으로는 늘 멘토 역할을 맡아 오고 있었다.

　"선생님, 여새리 모래밭에서 놀 때, 손가락 사이로 빠져나가는 모래가 어머니의 젖가슴처럼 느껴질 때가 있었어요. 동생들에게 그걸 빼앗긴 박탈감 속에서 끊임없이 사모했던 것도 같고요."

"가까이 있는데도 멀게 느껴지는 '어머니'라는 존재, 거의 모든 남성들이 (어린 나이에 친모를 잃고 2명의 계모, 21명이나 되는 형제자매, 아버지와의 불화 속에서 극약을 먹고 생을 마감한) 이장희 시인과 대동소이하게 유아 콤플렉스에 시달리는 건 아닐까?"

유아(乳兒) 콤플렉스란 프로이드에 의해 주장된 이론으로, 3~7세까지의 아이는 이성(異性)의 부모에게는 성적 관심을 갖지만, 동성(同性)의 부모에게는 적대감을 갖는다는 것이다. 그러나 이러한 욕망이 금지된 것이라는 것을 알게 된 뒤로는 불안과 죄책감, 그리고 벌에 대한 두려움을 느낀다. 남자아이는 '음경이 잘리지 않을까', 여자아이는 '음핵이 손상되지 않을까' 하는 두려움을 느끼는데, 이를 '거세(去勢) 콤플렉스'라 부르기도 한다.

오랜 겨울 동안 움츠렸던 생리 현상이 봄에 활발해진다는 데서 유추된 생각이 '봄바람', '춘정(春情)' 등으로 나타난다. 이 말은 계절의 봄이 인생의 봄인 사춘기의 격정적 충동에 해당한다고 보는 깃과 관련이 있는데, '봄에는 들뜨기 쉬우니 조심하라!'는 경계의 뜻이 담겨 있기도 하다.

'땅콩집'은 여새리와 국민학교의 중간쯤에 자리하고 있었다. 충적토의 넓은 뜰 한복판에 지어진 독립가옥은 망망대해에 떠 있는 외로운 섬 같아 보였다. 그곳이 아이들에게 늘 공포의 대상이었던 까닭은 땅콩을 캐 먹다가 들킨 아이들이 실컷 두들겨 맞은 다음, 그 집의 창고에 밤새 갇혀 있었기 때문이다.

그 집이 무섭고도 음침한 곳으로 각인된 또 다른 이유는 땅콩 서리한 아이를 간척지 둑 끝까지 쫓아오는 '독사'라는 이 외에 먹물처럼 검은 살갗의 민철이 있었기 때문이다. 어느 봄날, 오후 수업이 들어 있어 느릿느릿 걸어가던 영준은 웃통을 벗어젖힌 채 벌거벗은 모습으로 밭 가운데에 누워 있는 그를 발견했다. 그 옆에는 풍만한 육체의 모래 덩이 '미녀'가 누워 있었다. 실제 크기의 여자 몸을 만지며 히죽히죽 웃어대는 그를 여자아이들은 동그래진 눈으로 쳐다보았는데, 시선이 느껴지면 힘껏 껴안는 시늉을 하거나 배 위에 올라가 '그 짓'을 흉내 내 보이곤 했다. 코 밑에 수염이 듬성듬성 자라나기 시작한 그는, 용솟음치는 봄날의 정욕, 춘정(春情)을 이기지 못해 몸부림치고 있었던 것이다. (강성률, 앞의 책, 170~171쪽)

그 집의 마지막 '괴짜'는 '왕수'라 불리는 주인. 몸집이 비대한 그는 '털보'로 불릴 만큼 온몸에 털이 돋아 있었다. 그가 작은 방에 사는 과부와 대낮에 '그 짓'을 하다가 갑자기 대문을 들어선 길손의 기척에 놀라 움찔했고, 상대인 여성은 질경련[9]이 일어나고 말았다. 어쩔 수 없이 리어카에 실려 읍내까지 가는 동안 두 남녀는 상대의 머리카락을 쥐어뜯고 얼굴을 할퀴며 싸움질을 했다는 것.

그보다 더 끔찍한 것은 왕수의 정부(情婦) 역할을 했던 과부와 젊은 민철이 바람을 피우다가 들키고 말았는데, 왕수가 따지고 들자 민철이 그를 살해하여 창고에 감추어 두었다는 것. 그런데 과부가 밤마다 들어가 '시체'와 그 짓을 했다는 것이다.

---

9) 질경련(비기니스무스): 여성의 질과 그 주위 근육, 심한 경우에는 아랫다리 전체의 근육에 불수의(不隨意) 경련이 일어나 질의 입구를 닫아 버리는 경우를 가리킨다. 공포나 경악과 같은 정신적인 요인이나 성기의 염증, 상처 등의 육체적인 요인에 의해 일어난다.

3. 슬픈 가을의 노래

여새리에 내려온 영준은 친구들과 함께 팔월 대보름달이 환하게 내리쬐는 신작로를 걷고 있었다. 그때 어디선가 여자의 날카로운 비명 소리가 들려왔다. 그 처절함은 간척지 둑의 남쪽, 고즈넉한 농촌 마을 예닐곱 개를 뒤흔들고도 남았다. 주위를 둘러보다가 땅콩밭 한가운데서 뒹구는 두 사람을 발견했다. 호기심이 발동한 아이들이 꾸역꾸역 다가갔고, 남자는 위협을 가하려는 듯 고래고래 소리를 질러 댔다. 영준의 옆에 있던 사촌형이 순경이나 형사처럼 나섰다. 그런데 남자를 확인한 순간, 돌아서며 나지막하게 중얼거렸다.

"모른 척하고, 그냥 가자."

"…왜?"

"…………."

"왜 그러냐고 응?"

한참 후 모기 소리만 하게 웅얼거렸다.

"…호식이 형이야."

"…뭐라고?"

"호식이 형이라니까, 몇 번 말해야 알아듣겠냐?"

벌어진 입이 다물어지지 않았다. '그'라면… 지난해 겨울 영준이 전기 고등학교 입시에 낙방했다고 죽네 사네 할 때, 찾아와 온갖 교훈을 늘어놓던 대학 졸업자가 아니던가?

'아! 성인군자처럼 고상하던 그 형이? 그 지적(知的)인 언어와 도덕적인 교설로 나를 감동시켰던 엘리트가 지금 가을걷이를 눈앞에 둔 저 땅

콩밭에서, 절규하는 여자와 뒹굴고 있단 말인가?'

지푸라기를 잡는 심정으로, 한 번 더 물었다.

"형! 혹시 사람 잘못 본 거 아닐까?"

"내가 호식이 형을 모르겠냐? 날마다 그 집에 가서 놀다시피 하는데?"(강성률, 앞의 책, 230~231쪽)

아! '성(性)'이 이렇게 차갑고 아파서는 안 되는데. 성이란 따뜻하고 달콤해야 하는 거 아닐까? 오곡백과가 무르익어 가는 이 계절에, 우리의 사랑도 좀 더 성숙해져야 하는 거 아닐까?

'천고마비의 계절'이라 불리는 가을, 산야(山野)는 단풍과 황금빛의 오곡으로 뒤덮이게 된다. 가을은 또 오동잎이 떨어지는 시기이기도 하다. 옛날에 딸이 태어나면 오동나무를 정원에 심어, 시집보낼 때 가구를 만들어 혼수로 삼는 풍습도 있었다.

"오매 단풍 들것네."(어머나 단풍 들겠네)

장광에 골 붉은 감닙 날러오아(장독대 사이 붉은 감잎이 날아오네)

누이는 놀란 듯이 치어다보며(여동생은 놀란 듯 쳐다보네)

"오매 단풍 들것네."(어머나 단풍 들었네)

추석이 내일모레 기둘리니(추석이 며칠 후라 기다리네)

바람이 자지어서 걱정이리(바람이 자주 불어 걱정이네)

누이의 마음아 나를 보아라(여동생의 마음아 나를 보아라)

"오매 단풍 들것네."(어머나 단풍 들었네)

        – 김영랑, 「오매 단풍 들것네」, 『시문학』 창간호, 1930년 3월

혼기가 꽉 찬 여동생이 붉은 감잎을 바라보며 낭군을 기다리는 모습, 그걸 바라보는 오라버니의 애절한 마음이 잘 나타나 있다. 감나무의 달콤한 열매가 말랑해지고 밤나무의 탐스러운 아람(알밤, 열매)이 벌어질 즈음, 가을은 한껏 무르익어 간다. 초여름의 진한 밤꽃 향기를 맡은 시골 처녀가 가을에 탐스럽게 열린 밤송이를 바라보며 장차 맞이할 낭군을 그려보는 풍경과, 파란 하늘에 고추잠자리 노니는 수채화는 실로 아름답기 그지없다. 또한 밤(栗)은 옛날부터 다산(多産)과 부귀를 상징해 혼례 때는 없어서는 안 되었으며, 지금도 자식 많이 낳으라고 폐백(幣帛, 신부가 처음으로 시부모를 뵐 때, 큰절을 하고 올리는 물건) 때 대추와 함께 신부에게 던져 주는 풍습이 남아 있다.

그러나 가을은 역시 슬픈 계절인가 보다. 무와 배추를 뽑고 김장 준비를 서두를 때가 되면, 기러기 떼들이 하늘을 가로지른다.

"기러기 울어예는 하늘 구만리 / 바람이 싸늘 불어 가을은 깊었네 / 아아 너도 가고 나도 가야지."

1952년 피난지 대구에서 작곡된 가곡 〈이별의 노래〉이다(박목월 작사, 김성태 작곡).『춘향전』의 이별가 가운데에도 "새벽 서리 찬바람에 울고 가는 저 기러기, 한양성내 가거들랑 도령님께 이내 소식 전해주오"라는 구절이 나온다.

기러기는 암컷과 수컷의 사이가 좋다고 해서, 전통 혼례에서는 나무기러기(木雁, 목안)를 전하는 의식도 있다. 신랑은 신부 집에 이르러 혼례의 첫 의식으로, 나무로 깎은 기러기를 전한다. 홀아비나 홀어미의 외로운 신세를 "짝 잃은 기러기 같다"고도 하며, 짝사랑하는 사람을 놀리는 말로 '외기러기 짝사랑'이라는 속담도 있다. 또 다정한 형제처럼 줄을 지어 함께 날아다니므로, 남의 형제를 높여서 안항(雁行)이라고도 한다.

 가을의 명절로는 7월의 칠석(음력 7월 7일)과 백중(음력 7월 15일), 그리고 최대의 명절인 8월의 추석(음력 8월 15일), 9월의 초아흐레 중양절(重陽節, 음력 9월 9일)이 있다. 칠석은 소를 끌어 농사를 짓는 견우(牽牛)와 베를 짜 옷을 짓는 직녀(織女)가 은하수를 사이에 두고, 1년에 한 번 오작교를 건너 만난다는 날로서, 농가에서는 으레 비가 오는 날로 전해져 온다.

 원래 직녀는 하느님(天帝)의 손녀로, 길쌈을 잘하고 부지런했다. 그리하여 직녀를 사랑한 하느님이 은하수 건너편의 하고(河鼓)라는 목동(견우)과 혼인하게 했다. 그러나 이들 부부는 신혼의 즐거움에 빠져 매우 게을러지고 말았다. 이에 화가 난 하느님은 그들 가운데 은하수를 두어 떨어져 살게 한 다음, 1년에 한 번 칠석날에만 만나도록 했다. 이 날에는 이 땅의 까마귀, 까치들이 하늘로 올라가 머리를 이어 다리를 놓아 주는데, 그 다리를 '오작교(烏鵲橋, 까마귀 오, 까치 작, 다리 교)'라 부른다. 또 이날 오는 비는 '칠석우(七夕雨)'라 부르는데, 두 사람이 너무 기뻐 흘리는 눈물이라고 해석한다. 대신 그 이튿날 아침에 오는 비는 '이별의 눈물'로 보았다. 이 견우직녀 설화를 빗대어 아내를 땅에 묻고 돌아온 뒤의 쓰라린 회한을 토로한 시인이 있다.

 견우직녀도 이날만은 만나게 하는 칠석날
 나는 당신을 땅에 묻고 돌아오네
 안개꽃 몇 송이 땅에 묻고 돌아오네
 살아평생 당신께 옷 한 벌 못 해주고

당신 죽어 처음으로 베옷[10] 한 벌 해 입혔네

당신 손수 베틀로 짠 옷가지 몇 벌 이웃께 나눠주고

옥수수 밭 옆에 당신을 묻고 돌아오네

은하 건너 구름 건너 한 해 한 번 만나게 하는 이 밤

은핫물 동쪽 서쪽 그 멀고 먼 거리가

하늘과 땅의 거리인 걸 알게 하네

당신 나중 흙이 되고 내가 훗날 바람 되어

다시 만나지는 길임을 알게 하네

내 남아 밭 갈고 씨 뿌리고 땀 흘리며 살아야

한 해 한 번 당신 만나는 길임을 알게 하네

- 도종환, 「옥수수밭 옆에 당신을 묻고」, 『접시꽃 당신』, 실천문학사, 2019, 20쪽

결혼 2년 만에 어린 두 아이를 남겨 두고 불치병으로 세상을 떠난 아내, 그에 대한 절절함이 묻어난다. 1986년에 초판이 나온 이 시집의 대표 시 「접시꽃 당신」에는 혹독한 암 치료에 의해 하루하루 달라져 가는 아내의 모습을 바라보며 선량하기만 했던 아내를 챙겨 주지 못한 것에 대한 미안함, 그럼에도 남은 시간 이웃을 위해 가치 있는 삶을 살아가야 한다는 당위성 등이 복잡한 심사로 엉켜 있다.

옥수수 잎에 빗방울이 나립니다

오늘도 또 하루를 살았습니다

낙엽이 지고 찬바람이 부는 때까지

___

10) 베옷: 죽은 자에게 입히는 삼베옷

우리에게 남아 있는 날들은
참으로 짧습니다

아침이면 머리맡에 흔적 없이 빠진 머리칼이 쌓이듯
생명은 당신의 몸을 우수수 빠져 나갑니다
씨앗들도 열매로 크기엔
아직 많은 날을 기다려야 하고
당신과 내가 갈아엎어야 할
저 많은 묵정밭은 그대로 남았는데
논두렁을 덮는 망촛대와 잡풀 가에
넋을 놓고 한참을 앉았다 일어섭니다
마음 놓고 큰 약 한번 써보기를 주저하며
남루한 살림의 한구석을 같이 꾸려오는 동안
당신은 벌레 한 마리 함부로 죽일 줄 모르고
악한 얼굴 한 번 짓지 않으며 살려 했습니다

그러나 당신과 내가 함께 받아들여야 할
남은 하루하루의 하늘은
끝없이 밀려오는 가득한 먹장구름입니다
처음엔 접시꽃 같은 당신을 생각하며
무너지는 담벼락을 껴안은 듯
주체할 수 없는 신열로 떨려 왔습니다
그러나 이것이 우리에게 최선의 삶을

살아온 날처럼 부끄럼 없이 살아가야 한다는

마지막 말씀으로 받아들여야 함을 압니다

우리가 버리지 못했던

보잘것없는 눈 높음과 영욕까지도

이제는 스스럼없이 버리고

내 마음의 모두를 더욱 아리고 슬픈 사람에게

줄 수 있는 날들이 짧아진 것을 아파해야 합니다

남은 날은 참으로 짧지만

남겨진 하루하루를 마지막 날인 듯 살 수 있는 길은

우리가 곪고 썩은 상처의 가운데에

있는 힘을 다해 맞서는 길입니다

보다 큰 아픔을 껴안고 죽어가는 사람들이

우리 주위엔 언제나 많은데

나 하나 육신의 절망과 질병으로 쓰러져야 하는 것이

가슴 아픈 일임을 생각해야 합니다

콩댐한 장판(불린 콩을 갈아서 바른 장판)같이 바래어가는 노랑꽃 핀 얼굴 보며

이것이 차마 입에 떠올릴 수 있는 말은 아니지만

마지막 성한 몸뚱어리 어느 곳 있다면

그것조차 끼워 넣어야 살아갈 수 있는 사람에게

뿌듯이 주고 갑시다

기꺼이 살의 어느 부분도 떼어주고 가는 삶을

나도 살다가 가고 싶습니다

옥수수 잎을 때리는 빗소리가 내립니다

이제 또 한 번의 저무는 밤을 어둠 속에서 지우지만

이 어둠이 다하고 새로운 새벽이 오는 순간까지

나는 당신의 손을 잡고 당신 곁에 영원히 있습니다

- 「접시꽃 당신」, 위의 책, 13~15쪽

접시꽃(꽃과 열매의 모양이 접시를 닮음)은 우리나라 전역에 걸쳐, 마을의 어귀나 길가 또는 담장의 안쪽과 바깥쪽을 가리지 않고 잘 자라난다. 봄과 여름에 씨앗을 심으면 겨울을 견디어 내고 이듬해 6월경 꽃을 피우고 열매를 맺는데, 그 꽃처럼 '혹독한 시간들'을 극복하고 찬란한 삶이 회복하기를 바라는 마음이었을까?

"선생님, 아니 박사님. 두 시 모두에서 옥수수가 등장하네요? 국민학교 시절에는 학교에서 쓴 맛 나는 우유와 함께 '강냉이 죽'을 주었는데, 두부처럼 네모반듯하게 잘라 낸 노란 색깔의 그걸 하나 받아먹으려고 줄을 서곤 했거든요."

"허허. 굶는 아이들을 위한, 미국의 급식용 원조 물자였을 거야. 큰 가마솥에 많은 양을 데우다 보니, 우유에서 탄 냄새가 났을 테고."

머지않아 우리는 차가운 어둠 속에 잠기리라,

잘 가라, 너무나 짧았던 우리네 여름날의 생생한 빛아!

내게는 벌써 들려온다, 불길한 충격음을 높이 울리며

안마당 돌바닥에 나뭇짐 떨어지는 소리가.

분노, 증오, 오한, 두려움, 힘겹고 강요된 노역,

이 모든 겨울이 이제 내 삶 속으로 되돌아오니,

내 심장은, 극지의 지옥에 떨어진 태양처럼,

한낱 얼어붙은 살덩이에 지나지 않으리라.

…(중략)…

그렇더라도 사랑해다오, 따뜻한 마음아! 어머니가 되어 다오,

은혜를 모르는 놈이라도, 심술궂은 놈이라도.

애인이라도 좋고 누이라도 좋고, 해맑은 가을볕이건

저무는 햇볕이건 그 덧없는 따스함이 되어 다오.

잠깐의 수고! 무덤이 기다린다, 무덤은 허기졌다!

아! 당신의 무릎 위에 이 이마를 올려놓고,

불타오르던 하얀 여름을 그리워하며,

늦가을의 노랗고 부드러운 햇살을 맛보게 하여 다오!

- 샤를 보들레르, 「가을의 노래」, 『악의 꽃』, 황현산 옮김, 민음사, 2020, 47~49쪽

　

보들레르의 시집 『악의 꽃』에 나오는 「가을의 노래」 일부이다. 보들레르의 시에서 가을은 자주 회한(悔恨)의 계절로 묘사된다.

'가을의 사랑'은 미물들 사이에서도 정교한 모습으로 나타난다. 본래 귀뚜라미는 처량한 울음소리 때문에 가을을 알려 주는 '전령사'로 알려져 있다. 그러나 이 울음소리는 수컷이 자신의 종족인 암컷을 부르기 위한 종족 보존의 수단이라고 한다. 수컷의 울음소리에 유혹되어 나타난 암컷은 수컷의 등가슴 밑에 있는 분비선에서 나온 페로몬(pheromone, 동물, 특히 곤충이 내뿜어 위험을 알리거나 이성을 꾀는 일종의 호르몬)을 핥게

되고, 그 사이에 수컷은 자신의 정포(정자가 들어 있는 젤라틴 덩어리)를 암컷의 생식문(生殖門, 생식의 빗장 문)에 넣어 교미한다. 교미 후 수컷은 떠나고, 암컷은 잠시 뒤에 자루 모양의 정포를 먹는다. 정포는 영양이 풍부해 암컷의 난소 발육에 도움을 준다. 암컷의 산란관(産卵管, 알을 낳는 기관)은 송곳 모양으로 길고 가늘게 밖으로 튀어나와 있는데, 이 산란관을 흙 속에 꽂고 산란하는 것이다.

"박사님, 진실한 사랑은 보기에도 듣기에도 청명하잖아요? 아무리 기기묘묘한 방법으로 짝짓기를 하더라도, 동물의 사랑에는 죄가 없는 것 같아요. 깨끗하고 아름답지요. 그런데 왜 인간들은 억지를 부리고, 폭력을 쓰고, 타인을 괴롭힐까요? 왜 성(性)에서까지 '갑질'을 할까요?"

"교만과 탐욕 때문이 아닐까? 이기적인 본질 때문일 수도 있고. 하지만 지고(至高) 청순한 사랑을 구가한 사람도 많지 않던가?"

4. 시리도록 하얀 사랑

어느 겨울밤, 언덕 너머 외딴집에서 열대여섯 살짜리들 머슴애, 가시내의 '방 안 노래자랑'이 시작되었다. 영준의 앞집에 사는 기동, 그의 충혈된 눈동자 속으로 서울 구경을 하고 막 내려온 '숙희'가 들어왔다. 하얗고 깨끗한 피부와 오동통하게 살이 오른 몸집, 수줍어하는 미소가 맘에 들었단다. 해질 무렵부터 내리기 시작한 눈발은 그쳐 있었다. 소나무 숲 사이를 한참 방황하다가, 겨우 앉을 만한 장소를 찾아냈다.

'사랑이 뭐 별 건가? 보고 싶고, 만지고 싶고, 갖고 싶으면 다 사랑이지. 야, 인마! 그건 사랑이 아니고 욕정이라고 하는 거야. 그게 어때서? 욕망이 왜 더럽다는 거지? 남자와 여자가 육체적으로 결합하는 일이 왜 더러운 거냐고?'

기동은 이판사판의 심정으로 입술을 포갰다. 예상 밖으로 상대는 담담하게 받아들였을 뿐만 아니라, 입안으로 혀를 쑥 밀어 넣기까지 했다. 용기백배하여 몸을 쓰러뜨렸다.

'아! 세상은 이렇게 아름답구나. 이렇게 서로 사랑하는 것이 자연의 섭리이거늘. 서로 사랑할 수 있으면 되는 거지. 껍데기만 합쳐져서는 안 된다. 육체와 영혼의 완전한 결합을 위해….'

이대로 죽는다 한들 두려울 게 무엇인가? 마지막 남은 한 방울, 최후의 에너지까지 다 쏟아야 한다.

'하늘과 땅이 우리의 몸뚱이를 바라보며 웃는다 할지라도, 자연의 섭리로 이루어지는 이 거룩한 행동을 멈출 수 없다.'

맑은 하늘에 바람은 세찼고, 여자의 몸은 뜨거웠다. 기동은 여자의 몸뚱이를 부여잡고 몸부림쳤다. 발악을 해댔다. 하지만 섹스란 흔히 말하듯, 그렇게 즐거운 일이 못되었다. 몸을 움직이는 중에도, 이상하게 슬픔 같은 것이 올라왔다.

'바람둥이들은 그렇게 좋기만 하다던데….'

기동은 섹스에도 '차별'이 있음을 믿고 싶지 않았다. (강성률, 앞의 책, 276~280쪽)

겨울의 사랑은 무슨 색깔일까? 아이스크림을 닮아 시리도록 하얀색 혹은 울음이 터질 것 같은 회색일까?

"영준아, 미끄럼 타러 가자."

"………."

국민학교 시절, 방학 때일수록 더 바지런을 떠는 기동이 아침에 눈 뜨기가 무섭게 달려왔었다. 영준은 방문을 열어 젖혔다. 밤새 또 내린 눈에 햇빛이 반사되어 눈이 부셨다. 영준의 기억에 고향 여새리의 겨울은 온통 눈 세상이었다. 한번 내린 눈은 좀체 녹지 않았고, 반쯤 얼어붙은 눈 위에 다시 눈이 내려 덮였다. 오늘처럼 간밤에 눈이 많이 내린 날 아침이면 마루 밑에 놓인 고무신 안에도, 야윈 뽕나무 가지 위에도, 초가지붕 위와 어제 만들다 만 눈사람 위에도 하얀 눈이 소복이 쌓여 있을 터였다.

송이송이 눈꽃송이 하얀 꽃송이
하늘에서 내려오는 하얀 꽃송이
나무에도 들판에도 동구 밖에도
골고루 나부끼네 아름다워라

— 서덕출 작사, 동요 〈눈꽃송이〉, 1948

이런 날은 마치 큰 부자가 된 듯, 영준의 가슴도 마냥 부풀었다. 특별히 채워질 것도 보태질 것도 없는데, 이상하게 마음만은 넉넉해졌다. 학교에 가지 않고 공부도 내팽개친 채, 미끄럼을 타며 신명나게 놀아도 될 것 같았다. 어른들 같은 경우 일손을 놓고 고구마나 삶아 먹든지 화투를 치든지, 빈둥빈둥 방에서 뒹굴어도 좋을 테고. 영준은 눈 덮인 고무신을 탈탈 털어 발에 끼운 다음, 처마 끝에 매달린 고드름을 따 입안에 넣었다. 이가 시리긴 했으나, 식도를 타고 내려가는 느낌이 상큼했다.

고드름 고드름 수정고드름

고드름 따다가 발을 엮어서

각시방 영창(映窓, 한옥의 방과 마루 사이에 낸 미닫이 창문)에 달아놓아요.

각시님 각시님 안녕하셔요.

낮에는 해님이 문안오시고

밤에는 달님이 놀러오시네.

- 유지영 작사, 동요 〈고드름〉, 1924

영준은 고드름을 볼 때마다, 늘 이 노래가 생각났다. 가마 타고 시집 가는 신부, 가마 문에 드리우는 발, 안쪽에 다소곳이 앉아 양 볼을 발갛게 물들인 갸름한 얼굴, 수정 보석처럼 영롱한 고드름의 이미지가 겹쳐 상상만 해도 황홀했다. 영준은 결혼식을 올린 신랑 신부가 첫날밤 무엇을 하는지 정확히 알지 못했다. 동네 아주머니들이 신방 문창호지에 침을 발라 구멍을 뚫고 히히거리는 모습을 보며, '두 사람이 부끄러워 어떻게 옷을 벗나?' 궁금하게 여겼을 뿐이다.

흔히 갓 결혼한 신랑 신부가 처음으로 함께하는 잠자리를 '첫날밤(初夜, 초야)'이라고 부른다. 평생에 가장 긴장되고도 아름다우며, 시리고도 시린 그 잠자리를 옛말로 '꽃잠'이라 이름 짓기도 하였다. 보통 신방에 놓는 병풍에는 꽃, 나무, 새 등을 그린 화조도(花鳥圖)가 등장하는데, 특히 암수 새들의 모습을 다정하게 표현하여 부부간의 화목과 행복을 기원한다. 촛대에는 붉은색 홍촉을 꽂는데, 이것을 '화촉(華燭)'이라 한다. '화촉을 밝힌다'는 말은 신랑과 신부가 첫날밤을 같이 보낸다는 것을 의미한다. 신랑, 신부의 이불과 요는 다복(多福)한 사람이 만든다. 초야(初夜)에 덮고 베는 원앙금침(鴛鴦衾枕, 원앙을 수놓은 이불과 베개)의 바탕은 청색, 깃은 적색으로 만들어 부창부수(夫唱婦隨, 남편이 먼저 노래하고 아내가 이를 따른다는 의미로 뜻이 잘 맞는 부부를 가리킴)를 상징했다.

북부 지방의 경우, 신랑과 신부가 받는 첫날 저녁상은 밥과 국 각 한 그릇과 수저 두 벌을 나란히 놓아두고, 곁상에 밥과 국 각 한 그릇을 놓는 겸상으로 차렸다. 이 밖에 여러 찬을 곁들여 신랑 신부의 건강과 행복을 소망하고, 순조로운 자녀 생산을 기원하는 뜻을 담았다.

첫날밤을 치를 시간이 되면, 방 윗목에 주안상을 차리고 아랫목에는 원앙금침을 폈다. 그리고 신랑은 동편, 신부는 서편에 자리를 잡았다. 수모(手母, 신부의 단장 및 그 밖의 일을 곁에서 도와주는 여자)는 신랑 신부를 정해진 자리에 앉게 하고, 신부에게 신방에서의 몸가짐을 알려 준 다음 밖으로 나간다. 신랑 신부는 주안상을 물린 후 촛불을 밝히고, 방문 쪽으로 병풍을 두르고 나서야 자리에 든다. 신랑은 신부가 옷 벗는 것을 도와주고, 신부도 신랑이 겉옷 벗는 것을 거들어 준다. 이 첫날밤에 일가친척들은 문밖에서 창호지를 뚫고 신방을 엿보기도 한다. 그 이유는 간혹 신부를 보쌈[11]해가는 불상사가 있었기 때문이다. 신방을 지킨다는 차원에서 신방 앞을 서성거리며 신랑과 신부가 잠들 때까지 기다리는 것이다. 또한 신방지킴이 부녀들은 신방의 불이 꺼지면 안채와 바깥

---

11) 보쌈: 첫째, '남편을 둘 이상 섬겨야 할 팔자'인 딸의 액땜을 위해 외간 남자를 납치해 동침시키는 일이 있다. 이렇게 하면, 과부가 될 액운을 벗어나 안심하고 시집을 갈 수 있다고 믿었다. 둘째, 과부 업어 가기. 은밀히 과부와 정을 통해 오다가 보쌈의 형식을 빌려 목적을 달성하는 경우와 소박맞은 여인이 이른 새벽 서낭당에서 기나리다가 처음 보는 남자에 의해 보쌈을 당하는 경우가 있다. '과부는 재혼할 수 없다'는 조선시대의 악습을 극복하기 위해 음성적으로 행해졌다.

채 처마에 꽃 장등(長燈, 밤새도록 켜 놓는 등)을 달았다. 신방을 차린 집안의 주위를 밝게 함으로써 변(變, 좋지 않은 일)을 막고 안전을 도모하기 위해서다.

"겨울밤 맨땅에서 몸부림친 기동에 비해, 신랑 신부는 정말 호강하네요?"

"허허. '금지된 사랑'과 '허용된 방사(房事)'의 차이라고나 할까?"

"불법과 합법의 차이라는 건가요?"

"그렇다기보다 성(性)에는 단순한 쾌락이 아닌, 보다 고상한 목적도 있다는 거지. 그걸 위해 인류는 결혼이라는 제도를 만들어 냈고."

'아! 그래. 그럴지도 모르지. 결혼에는, 정결한 신랑 신부의 영육(靈肉)의 결합에는 우주의 비밀과 태고의 지엄한 명령이 스며 있을지도 모르지. 한낱 쾌락이 아닌, 참으로 엄숙하고 고상한 하늘의 법칙이….'

영준은 그 찬란한 '비밀의 문' 앞에서 몸을 파르르 떨었다.

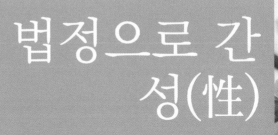

제2장

법정으로 간 성(性)

복숭아꽃
성은 공정한가

40대 후반에 이르기까지 영준의 뇌리를 떠나지 않는 것은 '사랑이 뭘까? 섹스가 곧 사랑일까? 성(性)에도 차별이 존재할까?' 하는 문제였다. 대체 사랑이 뭐기에, 섹스가 뭐기에 그토록 많은 사람들이 그걸로 인해 넘어지고 자빠지는 걸까?

 중학생 시절 여름방학 때, 암소로 하여금 풀을 뜯어먹도록 하기 위해, 여새리의 들녘에 나간 일이 있었다. 해 질 녘, 갑자기 소가 뛰기 시작했다. 깜짝 놀란 영준은 고삐를 놓치지 않으려 발버둥을 쳤지만, 마침내 몸이 쓰러진 채로 끌려가다가 손을 놓고 말았다. 온 식구가 애지중지하던 암소는 저 멀리 떨어진 수소를 향해 미친 듯 돌진했고, 서쪽 바다 밑으로 가라앉는 석양빛을 받으며 둘만의 아름다운(?) '사랑'을 연출하였다.

 '과연 저 짐승에게 진정한 의미의 주인은 누구인가? 짝을 찾아 물불을 가리지 않는 저 암소는 누구의 명령에 따르는가? 종족 보존의 욕구가, 본능의 욕망이 저토록 강하단 말인가? 그렇다면 성에 매몰되어 정신을 차리지 못하는 인간은 저 동물, 아니 미물 수준에 불과하단 말인가? 인간은 성(性)의 충동을 얼마만큼 이겨낼 수 있을까? 또 성에도 권력이 작동한다면, 갑을 관계가 성립한다면, 을(乙)은 어떻게 해야 하는가?'

1. 희대의 호색한

"선생님, 아니 박사님. 박사님과 이런 대화를 나눌 수 있어 참 좋네요."

"허허. 난 자네를 늘 수제자로 생각해 왔어. 이제 나도 정년 퇴임이 얼마 남지 않았는데…."

"그러시더라도 저에게는 영원한 스승으로 남으실 거예요. 사람들이 보통 바람둥이 하면, 돈 주앙이나 카사노바를 떠올리잖아요?"

"서구 문화권에서는 전설적인 존재이자 신화적인 아이콘이지. 한 여성에게 만족하지 못한 채 수많은 여성을 유혹하고 편력한 두 사람은 '옴므 파탈'[12]의 전형이자 '치명적 유혹의 남성상'을 상징한다고 봐야겠지?" (송희영, 『옴므 파탈, 돈 주앙과 카사노바』, 한국문화사, 2016, Ⅴ쪽)

'사랑 없는 섹스의 화신'으로 불리는 돈 주앙(Don Juan)은 허구적 인물로서, 그를 작품의 주인공으로 등장시킨 최초의 작가는 17세기 스페인의 극작가 티르소 데 몰리나이다. 돈 주앙은 『세비야의 농락자와 초대받은 석상』(1630)의 주인공이다. 권력과 명예가 집중된 집안 출신의 돈 주앙은 매력적인 외모를 지닌 미남자로서 그 자신감과 당당함은 하늘을 찌를 듯했다. 바로 이 당당함과 자신감으로 여성들에게 다가가고, 그가 원하는 여성들은 모두 그의 농락의 대상이 된다.

세비야(스페인 안달루시아 지방에 있는 항구 도시)에서 여자를 우롱한 대가로 이탈리아의 나폴리로 쫓겨난 돈 후안(돈 주앙의 스페인어 발음)은 칠

---

12) 옴므 파탈(homme fatale, 옴 파탈). 여성들에게 '치명적인 남자'라는 뜻으로도, 팜므 파탈 (Femme fatale, 팜 파탈)에 대응하여 근래에 들어 쓰기 시작한 용어. 매혹적인 외모로 여성에게 다가가 자신의 욕망을 이룬 다음, 그녀를 파멸로 몰아넣는 남자.

흑 같은 밤에 친구인 옥타비아 공작의 약혼녀 이사벨라를 숲속으로 유인하여 욕을 보인다. 이 사실을 알게 된 나폴리 총독은 돈 후안을 체포하라는 명령을 내리고, 이에 돈 후안은 왕의 대신(大臣)인 삼촌의 도움을 받아 하인과 함께 스페인으로 도망친다. 그러나 항해 도중 배가 난파하여 한 어촌 마을에 도착하게 되고, 돈 후안은 자신을 구해 준 아름다운 아가씨 티스베야에게 거짓으로 사랑을 맹세한다. 순박한 시골 처녀는 그의 유혹에 넘어가지만, 돈 후안은 그녀를 취하자마자 그녀가 내준 두 마리의 암말을 타고 다시 세비야로 도망친다. (제1막)

세비야로 돌아온 돈 후안은 모타 후작의 사촌 여동생 도냐 아나를 알게 되고, 그녀의 미모에 반한다. 그러던 중 돈 후안은 우연히 그녀가 후작에게 전하는 메시지를 손에 넣고, 밤 11시에 후작 대신(후작의 망토를 걸치고) 그녀를 유혹한다. 이 과정에서 그녀의 아버지인 돈 곤살로를 만나 그를 죽이고 만다. 근처의 마을로 피신하던 돈 후안은 한 결혼식에 들러 신부인 아민타를 유혹한 다음, 그녀를 우롱한다. (제2막)

제3막에서는 세비야로 돌아오던 길에 돈 후안이 돈 곤살로의 석상(石像)을 만나 놀라며, 그의 저녁 식사에 초대받는다. 석상은 신의 대리자로서 돈 후안에게 회개할 것을 촉구한다. 하지만 돈 후안은 회개하지 않은 채 지옥으로 떨어지고 만다. (위의 책, 18~22쪽)

이상에서 보는 것처럼, 돈 후안은 눈에 들어온 여성들을 가슴으로 사랑하고 마음을 나누는 대상이 아니라, 빼앗고 쟁취해야 할 정복의 대상으로 본다. 그리고 정복 후에는 뒤도 안 돌아보고 그녀들을 떠나 버린다. 돈 후안은 그야말로 쾌락주의자이자 유혹자이며 자유주의자이다. 게다가 돈 후안이 유혹하는 여성들은 이미 배필이 있는 여성들이고, 그가 사랑을 구하는 방식인 유혹-소유-도주 역시 매우 파격적이다. 돈 후안을 통해 구현되는 쾌락과 감각, 자유분방함, 비도덕성과 규율 파괴는 당시의 기존 가치에 위배되는 것이었고, 따라서 그의 행동은 사회와 교회를 정면으로 공격하는 것이었다.

물론 작가(티르소 데 몰리나)는 '신의 뜻에 어긋난 행실을 하는 자는 지옥에 떨어진다'는 종교적 메시지를 전하려 했을지 모른다. 그러나 이 작품은 엄청난 비난에 부닥쳤고, 작가는 수도원장직을 박탈당하기까지 하였다. 그러나 한편으로 당시의 스페인 독자들은 새로운 '남성상'에 갈채를 보내고 해방감을 느꼈다. 숨 막히는 종교적 규율과 이성 중심의 보수적인 사회에서 돈 후안의 이미지는 부러움과 선망의 대상이 되었다. 그리하여 이후 수많은 문학과 예술 작품에서 '새로운 돈 주앙(돈 후안)'의 모습으로 변주(變奏)되었다. (위의 책, 22~33쪽)

"돈 주앙은 지옥에 끌려가서도 자랑했다면서요?"

"저승사자 앞에서 '1,003명의 여자와 잠자리를 같이 했다'고. 하지만 그 가운데 단 한 명의 이름도 기억하지 못했다는군. 허허. 그야말로 마음에 없는, 철저히 육체적인 욕구만 충족시켰다는 뜻이지. 불행하다고 해야 할까. 이제부터는 실재했던 인물, 카사노바에 대해 알아볼까?"

"나는 여성을 사랑했다. 그러나 내가 진정 사랑한 것은 자유였다." 이 말은 '세기의 바람둥이' 카사노바가 남긴 유명한 말이다. 그는 일생 동안 결혼하지 않았고 가정을 꾸리지 않았으며, 평생 132명의 여성을 편력한 실존 인물이다. 조반니 자코모 카사노바는 1725년 4월 2일, 이탈리아에서 태어났다. 그는 학창 시절 히브리어와 라틴어, 고전 문학, 신학 등

다방면에 재능을 보였고, 18세에 명문 바도바 대학에서 법학 박사 학위를 받았다. 성직자나 군인이 되려고 하였으나 추문으로 투옥되고 말았다. 탈옥한 이후부터 유럽의 전 지역을 떠돌아다니며 외교관, 재무관, 스파이 등 여러 직업을 거쳤다. 독일의 프로이센에서 프리드리히 2세를 만나서는 자신의 정치적 능력을 과시하는가 하면, 러시아의 예카테리나 여제를 만나서는 정치적인 조언도 아끼지 않았다. 평생 40여 권의 저서를 남겼으며, 76세로 세상을 떠났다.

그의 회고록『나의 편력』에서 카사노바는 모녀, 자매, 수녀를 포함한 132명의 여성들(14세에서 76세 사이)에 대한 편력을 기록하고 있다. 독일의 작가 스테판 츠바이크는 카사노바의 자서전을 '딜레탕티슴'13)이라 폄하하면서도 "이탈리아의 문학 사상 단테와 보카치오 이후, 위대한 작가들을 제치고 대중의 사랑을 한 몸에 받으면서 단숨에 작가들의 맨 앞자리를 차지했다"고 평하고 있다. "다른 작가들은 머리를 싸매고 생각해야 했던 것을 그는 실제로 경험했다. …(중략)… 카사노바는 굳이 상상으로 진실을 꾸밀 필요가 없었다. 이미 눈부시게 연출된 자신의 행적들을 추적해 글로 옮기기만 하면 되었다"는 것.

"박사님, 돈 주앙과 카사노바는 서로 비슷하네요?"

"호색한이라는 점에서 그렇지만, 조금 달라. 문학적 허구 인물인 돈 주앙이 여성을 불명예스럽게 만들고 절망에 빠트렸다면, 카사노바는 여성을 누구보다도 섬세하게 이해했으며, 그녀들에게 영적(靈的)인 것

---

13) 딜레탕티슴(Dilettantisme): 이탈리아어의 dilettare('즐기다'라는 뜻의 동사)에서 나온 말로, 향락적 문예도락(文藝道樂)을 의미함. 예술이나 학문, 음악 등의 분야에 있어서 전문가는 아니지만, 취미 삼아 이것저것 즐기는 경향을 뜻한다. 딜레탕트(dilettante)란 어설프게 공부한 사람 또는 (프로가 아닌) 아마추어를 가리킨다.

을 선사했거든. 다만 한 여성에게 정착하지 못한 채 끝없는 방랑의 길을 떠났을 뿐." (위의 책, 33~37쪽)

카사노바의 자서전에서 가장 유명한 스캔들은 15살의 여학생 C.C와 M.M을 동시에 사랑한 사건이다. 천진난만한 소녀 C.C는 아직 사랑을 해 본 적이 없다. 그래서 남자의 정욕이 얼마나 격렬한지, 무엇이 남자의 정욕을 자극하는지 모르고 있었다. 그럼에도 카사노바는 C.C의 부모님을 찾아가 결혼을 허락해 달라고 한다. 이에 그녀의 아버지는 '18세까지 남자를 만나서는 안 된다'라며, 딸을 무라노(베네치아 북동쪽에 있는 섬)의 수녀원에 가둬 버린다. 그러나 카사노바는 그녀와 비밀리에 편지를 주고받으며 교제한 끝에 임신을 하게 만들고, 그녀는 낙태로 인하여 생명이 위험해지기까지 한다. 카사노바는 그녀가 건강을 회복할 수 있도록 재정적인 지원을 하며, 무라노에 머문다.

이 무렵 미사에 정기적으로 참가하면서 M.M이라는 수녀를 만나는데, 그녀는 C.C에게 프랑스어를 가르쳐주며 C.C의 신뢰를 받고 있는 인물이었다. 하지만 M.M의 연인인 프랑스 대사의 별장에서 M.M을 만난 카사노바는 그녀의 거룩한 아름다움에 매료당하고 만다. "나이는 스물둘이나 셋쯤 되어 보였고, 키는 보통 여자들보다 훨씬 컸으며, 얼굴 윤곽은 아름답기 그지없었다."

카사노바는 여전히 C.C를 사랑하고 있었지만, 면회를 기다리기가 너무나 권태로웠다. 때문에 M.M과의 교제를 '낯선 땅으로의 잠깐의 여행'이라 부르며, C.C에 대해 아무런 양심의 가책도 느끼지 않았다. M.M에게는 빼어난 외모, 훌륭한 가문, 타고난 재치 외에도 범접해서는 안 되는 '금단의 열매', 즉 종교적인 아름다움이 있었다. "이브 시대부터 오늘날까지 가장 맛있어 보이는 과일은 바로 금단의 과일이다. …(중략)… M.M은 이 세상의 모든 여왕보다 더욱 귀하게 보였다."

하지만 놀랍게도 M.M은 수녀의 신분으로 프랑스 대사와 사귀고 있었다. 애인의 별장에서는 수녀복 대신 화려한 드레스를 입었다. 카사노바는 그러한 M.M에게 극도의 묘한 매력을 느낀다. 이때부터 카사노바는 두 여인 사이에서 줄타기를 이어 나간다. 그러던 어느 날, 두 여인은 서로의 애인이 같은 인물임을 알아차리고 만다. 이에 관계를 끊으려 맘먹은 카사노바의 손에 두 여성으로부터의 편지가 쥐어진다. 그 내용은 "다른 사람을 질투하지 않는다. 오히려 세 사람이 사랑으로 서로 결합되어 있음에 기쁨을 느낀다"는 것이었다.

이후 C.C의 아버지가 죽자 친척들이 그녀를 한 변호사와 결혼시키려 하였다. 이때 C.C는 "카사노바가 나와 결혼해주면, 다른 혼담을 모두 거절하겠다"고 말한다. 카사노바는 자신에게는 재산도 없고 전망도 없으니, 혼담을 거절하지 말라고 조언한다. 세월이 흘러 카사노바가 다시 그녀를 만났을 때, C.C는 가난에 쪼들리는 과부가 되어 있었다. 카사노바는 얼마 안 되는 자신의 재산을 나눠주고, 그녀와 오누이처럼 지내고 싶다는 기록을 남긴다. (위의 책, 38~42쪽)

"이야! 그래도 카사노바에게 최소한의 양심은 있었다는 얘기네요? 무엇보다 베네치아(베니스. '물의 도시'로 유명한 이탈리아 북동부의 관광 도시)의 감옥에서 탈출한 사건은 영웅담이 되어 있던데요?"

"아! 그 이야기? '탄식의 다리'14)를 건너 유일하게 탈옥에 성공한 사

---

14) 탄식의 다리: 베네치아의 두칼레 궁전과 감옥을 잇는 다리. 형을 언도받은 죄인이 감옥을

람이 카사노바이며, 더욱이 여자들의 도움을 받아 그랬다고 하는데⋯ 과장이 심하다고 봐야지.”

'양다리(C.C와 M.M 사이) 스캔들' 다음으로 유명한 사건은 '베네치아 감옥으로부터의 도주 사건'이다. 카사노바가 도망 나오기 힘든 것으로 유명한 '피옴비 감옥'에 들어간 까닭은 사회 불안을 조성하는 데다 친구들을 사취(詐取, 남의 것을 거짓으로 속여 빼앗음)하고 젊은이들을 타락시킨다는 혐의 때문이었다.

하지만 이보다 더 결정적인 이유는 프랑스 외교관과의 교류 때문이다. 당시 베네치아 인들에게 다른 나라 외교관과의 교류는 스파이 혐의를 불러일으킬 만한 사건이었던 것이다. 그가 베네치아에서 난교(亂交, 상대를 가리지 않는 문란한 성교) 파티를 열어 수녀까지 끌어들였다는 설도 있다. 다음은 카사노바가 스스로 묘사한 탈출 장면인데, 이것이 사실이라면 두고두고 회자될 만한 '무용담'이라 할 수도 있겠다.

카사노바는 옆방에 갇혀 있는 발비라는 수도사와 라틴어로 된 편지를 주고받으며, 탈옥을 도모한다. 마침내 때가 찾아왔다. 매년 11월 초가 되면 소장을 포함한 전 직원이 사흘 동안 휴가를 가는데, 이때 카사노바를 지키는 간수는 술에 절어 잠에 곯아떨어지기 일쑤였다. 카사노바는 10월 31일과 11월 1일 사이의 깊은 밤을 이용하기로 하고, 이전에 자신의 탈옥을 방해했던 소라다치까지 끌어안고 가기로 맘먹는다. 카사노바는 어리석은 소라다치에게 '새벽에 로사리오 성모(묵주와 관련된 마리아의 호칭)가 보내는 천사가 인간의 모습으로 나타

향하여 이 다리를 건너가는데, 이때 창을 통해 밖을 바라보면서 '다시는 아름다운 베네치아를 보지 못할 것'이라는 생각에 탄식을 했다고 함.

날 것이며, 그 천사는 나의 탈옥을 방해한 당신을 용서해 줄 것이고, 며칠 안에 감방 천장을 뚫어 당신을 꺼내 줄 것이다'라고 속여 넘긴다. 물론 천장을 뚫는 역할은 수도사 발비가 맡을 예정이었다. 카사노바는 소라다치의 표정과 심리를 읽어가면서 감방 곳곳에 성수(聖水, 축복하기 위해 사용하는 특별한 물)를 뿌리는 연기까지 한다.

드디어 10월 31일 밤, 감옥의 천장은 거의 뚫리고 마지막 작업만이 남아 있었다. 이 무렵에야 자신이 속은 것을 알아차린 소라다치는 협력을 거절하고, 감옥에서 책을 제공해주던 백작마저 덩달아 탈옥을 거절한다. 수도사마저 슬슬 발을 빼기 시작한다. 이때 카사노바는 화를 누른 채, 수도사를 설득하여 야반도주를 감행한다. 카사노바는 재판관들에게 보낼 편지를 써서 소라다치에게 넘기는데, 그 내용은 자신의 탈옥이 어디까지나 정당하다는 것이었다.

둘이서 천장 밖을 나와 보니, 산마르코 광장(베네치아의 정치 및 종교의 중심지)은 자정인데도 사람들로 북적이고 있었다. 보름달이 뜬 데다 휴가가 시작되기 때문이었다. 카사노바는 지붕 위로 미끄러져 내려가 건물의 내부로 빠져나갈 계획을 세운다. 아침 6시 종이 울리자, 카사노바는 죄수복을 벗고 외출복으로 갈아입은 다음 창문을 열었다. 그때 경비원들이 달려왔다. 하지만 그들은 카사노바가 간밤의 축제로 건물에 잘못 갇힌 것으로 착각한다. 축제 다음 날, 그러한 일들이 종종 일어난다는 사실을 카사노바는 미리 알고 있었던 것이다. 그럼에도 마음이 불안해진 카사노바는 뒤도 돌아보지 않고 줄행랑을 놓았다. 그리고 마침내 곤돌라(좁다랗고 바닥이 평평한 배)를 타고, 유유히 베네치아를 빠져나갔다.

- 위의 책, 43~52쪽

"햐! 참 대단하긴 하네요. 카사노바가 그렇게 복잡한 인생을 살아간 어떤 이유라도 있었나요?"

"성장 환경부터 좀 복잡했지. 희극 배우였던 아버지가 36살의 나이로 요절한 후 할머니 손에 키워지는데, 할머니마저 세상을 뜨면서 한 귀족에게 맡겨졌다네. 그러다가 성직에 입문하여 신품(神品, 사제로서의 권한을 부여받는 일)을 받았고. 하지만 성직자 신분이었음에도 여신도들을 유혹하는 등 일탈 행위를 일삼았기 때문에 교회에서 쫓겨났지. 이후부터 본격적인 바람둥이 행각이 시작되었고."

"요즘에도 성직자들의 성 추문이 언론에 오르내리잖아요? 카사노바의 경우 관심과 사랑을 받고 싶은 욕구가 채워지지 않자, 그게 분노로 표출된 게 아닐까요?"

"나 역시 충분히 그럴 수 있다고 보네."

프랑스 파리에 도착한 카사노바는 루이 15세[15])에게 복권 도입을 제안했다. 이리하여 복권 사업소 5곳을 운영하며 막대한 돈을 벌었고, 재정적으로 넉넉해지자 또다시 여자들을 자신의 침실로 불러들인다. 그러던 중 사업에 실패하고 빚을 갚지 못할 상황이 닥쳐 또다시 도망가기에 이른다. 러시아에 머물면서도 여자들을 유혹하였는데, 이에 화가 난 러시아 남자들이 공격해 오자 카사노바는 폴란드와 스페인을 떠돌게 된다. 그러다 스페인에서 쓴 책이 베스트셀러가 되어 이탈리아로 돌아올 수 있게 되었다.

---

15) 루이 15세: '태양왕' 루이 14세의 증손자. 소심하고 우유부단한 데다 사생활도 문란하고 방탕했다. 굉장한 미남이자 호색한이었던 그는 사냥 길에 시골 소녀를 강간하여 천연두에 감염되었으며, 이 때문에 임종시 사제가 고해 성사 집전을 거부했다고 한다. '7년 전쟁' 때 영국에 대패하여 신대륙과 인도의 영토를 잃었으며, 나라 재정까지 악화되어 훗날 프랑스 혁명의 빌미를 제공하였음.

출판업으로 먹고 살던 그는 저서에서 자신의 친아버지 아들 중에 사생아가 있다고 주장해 논란을 일으켰다. 이 때문에 베네치아의 여론이 악화되자 카사노바는 또다시 삼십육계 줄행랑을 친다. 카사노바는 보헤미아(현재 체코의 서쪽 지방)의 발트슈타인 백작 소유의 둑스 성에서 남은 생애를 마무리한다. 젊었을 때 문란한 생활을 한 탓인지, 40대 중반에 성기능 장애가 와 쓸쓸하게 살다가 76세의 나이로 세상을 떠났다. 마지막 유언은 "나는 철학자로 살았고, 기독교도로서 죽는다"였다고 한다.

"야, 수많은 여성을 농락했으면서, 마지막에는 고상한 평가와 천국행까지 욕심을 냈네요?"

"그러니까. 사실 카사노바도 행복한 사람은 아니었다네. 여성 편력과 빚 때문에 여러 번 감옥에 들락거리는가 하면, 또 여러 차례 추방을 당했지 않나? 1960년대 이후로 재평가가 시도되었지만, 아주 저질스러운 작자였다는 점만이 드러나면서 취소되었지."

"어떻든 재주는 뛰어났던가 보지요?"

"재주가 뛰어나면 뭐하나? 한 가지 일에 전념을 못하는데. 한 분야를 평생에 걸쳐 매진할 만한 성실성이 없기 때문에, 뚜렷한 업적을 남기지 못한 거지."

러시아를 여행하던 중 17살짜리 소녀를 노예로 부렸다는 설이 있다. 카사노바는 소녀를 하녀로 데려가는 대가로 '1백 루블을 가족에게 준다'는 계약을 맺었는데, 당시에는 상당히 큰돈이었다. 그러나 이 소녀는 카사노바로부터 매를 맞아 앉거나 걸어 다니기조차 힘들어했고, 또 등과 엉덩이가 아파 아무 것도 걸치지 못한 채 엎드려 있었다고 한다. 그 상황에서도 카사노바의 '요구'에 응할 수밖에 없었다는 것.

"친딸과 관계를 맺고, 아들인 동시에 손자를 낳게 했다는 이야기도 있던데요?"

"그건 아니고. 친딸인 줄 모르고 그 집에 찾아갔다가, 그 어머니가 귀띔해 줘서 둘의 동침만은 막을 수 있었다네. 나중에 딸이 결혼한 후 사위가 불임이어서, 딸이 임신하는 걸 직접 도와주었다는 이야기가 있긴 하지만…."

"…'직접'이라면?"

"나머지는 자네 상상에 맡기겠네. 카사노바는 여자들을 만나러 가기 전에, 굴(영양이 풍부한 완전식품으로, '바다의 우유'라 불림)을 한 접시 까먹었다는 이야기도 있어."

"굴이 정말 스태미나에 좋을까요?"

"글쎄. 그런 말이 있긴 해."

"박사님, 오래전 호색한 이야기인데도, 왜 이리 화가 날까요?"

"허허허. 본래 사람들은 바람둥이에게 적대적인 법이라네. 한 여자 또는 한 남자가 다수의 이성을 사로잡는다는 '특권'과 '불공정'에 배가 아프기 때문이고, 바람둥이를 용인할 경우 일부일처제가 흔들리면서 유산 상속이나 사회 윤리에 혼선이 빚어지기 때문이지(바로 이 부분을 공격의 명분으로 삼기도 함). 보통 사람들은 혁명적인 변화보다 기존 사회의 틀을 유지하고 싶어 하거든. 그래서 사회 규범을 침해하는 개인이 나타나면, 힘을 모아 응징하려는 경향이 나타나는 거고. 그런 거 아닐까?"

"호색한에 대한 시기, 질투, 부러움, 선망의 마음을 '불공정 프레임'으로 위장하려는 것일 수도 있겠구나 하는 생각이 들어요. 조금 전에는 돈 주앙과 카사노바의 차이점에 대해 말씀하셨는데요. 그렇다면 두 사람의 공통점은 무얼까요?"

"첫째, 두 사람은 여성을 유혹하는 '유혹자'의 자질(?)을 지니고 있다는 점이고…."

이들은 삶의 에너지와 감각적 쾌락을 추구하기 위해 다수의 여성을 무차별적으로 공략하였다. 이미 결혼한 여자, 결혼할 신부, 연인이 있는 여성 등 대상을 가리지 않았다. 둘째, 두 사람은 권력과 부, 수려한 외모, 뛰어난 언변을 갖추고 있고 박학다식했으며, 성적(性的)으로도 매력이 있었다. 셋째, 당대 사회의 규율과 법칙에 저항하는 반항아이자 자유주의자의 풍모를 지니고 있었다. 넷째, 두 사람은 수많은 여성을 유혹하고 스캔들을 일으켰다는 이유로 사회의 처벌을 받았다. 돈 주앙은 지옥행의 천벌을 받고, 카사노바는 베네치아 의회로부터 추방령을 받고 가장 튼튼하기로 소문난 피옴비 감옥에 갇혔다.

유혹과 남성적 매력, 반항아이자 자유주의자의 모습, 지옥행과 베네치아 추방 등의 네 가지 주요 특징은 이후 수많은 작가의 작품에서 반복적으로 재탄생한다. (위의 책, 56~57쪽)

2. 보호할 가치가 있는 정조

"박사님, 우리나라에서도 1950년대인가, 유명한 사건이 있었다면서요?"

"현역 해군 헌병 대위를 사칭하며, 70여 명의 여성들과 무분별한 성 관계를 가졌던 성추문 사건인데…."

박인수는 중학생 때 8·15 해방을 맞이했으나 가난하기 짝이 없는 가정 형편 때문에 중·고등학교를 간신히 졸업했다. 그런데 대학생 시절 6·25 전쟁이 터져 학교를 중퇴하고, 해병대에 입대하였다. 헌병 부사관으로 참전하던 중 애인으로부터 배신을 당하자, 그때부터 타락하기 시작했다. 그는 해병대 헌병 중사로 예편(전역)한 1954년 4월부터 주로 해군장교 구락부(클럽), 국일관(서울 종로에 위치한 고급 일류 요정), 낙원장(고급 댄스홀) 등을 무대로 '헌병 대위'를 사칭하며, 이른바 '처녀 사냥'에 나섰다. 그리고 불과 1년 남짓한 사이에 70여 명의 여성과 관계를 맺었다. 훤칠한 키의 미남자였던 박인수는 헌병으로 복무하던 시절 익힌 사교춤 실력으로 여성들을 유혹했는데, 피해 여성들의 상당수가 여대생들이었으며, 국회의원과 고위관료의 딸도 포함되어 있었다고 한다.

"검사가 '혼인을 빙자한 간음'이라고 주장하자, 박인수가 이를 부인하였다면서요?"

"허허. '결혼을 약속한 적이 없고, 여성들이 스스로 몸을 제공했다'는 거지. 그러면서 '그 많은 여대생은 대부분 처녀가 아니었으며, 단지 미용사였던 한 여성만이 처녀였다'고 하는, 일종의 폭탄 발언을 하였다네. 이것이 '순결의 확률이 70분의 1이다'라는 유행어를 낳았지."

"햐! 1950년대면 성에 자유화 바람이 불기 전 아닌가요?"

"그러니까. 한 술 더 떠 그는 '함께 춤을 춘 후에는 으레 여관으로 가는 것이 상식화되어 있었으므로, 구태여 결혼을 빙자할 필요조차 없었다'고 했다니. '혼인빙자간음죄'가 성립될 수 없다는, 나름의 논리였던 셈이지."

이에 대해, 1심의 담당 판사는 그에게 공무원 자격 사칭에 대해서만 2만 환(당시 80kg 기준 쌀 한 가마의 값이 1만 환)의 벌금형을 선고했다.

그리고 "댄스홀에서 만난 정도의 일시적 기분으로 성관계가 있었을 경우, 혼인이라는 약속을 믿었다기보다 여자 자신이 택한 향락의 길이라고 인정하는 것이 타당하다"며 혼인빙자간음죄에 대해서는 무죄를 선고하였다. '법은 보호할 가치가 있는 정조만 보호한다'는 유행어가 나오게 된 배경이다.

"그걸로 사건이 종결되었나요?"

"아니. 이후로도 비판 여론이 수그러들지 않자 검찰 측에서 항고를 하지."

재판이 이어지면서 파장은 커졌고, 그에 따라 국민들의 관심은 폭발적으로 늘어났다. 피고인 박인수 씨와 피해 여성들의 얼굴을 보려고 연일 1만 명에 가까운 방청객이 몰려, 재판을 진행할 수 없을 정도였다.

"박인수 씨에 대해 엄청 분개했겠네요?"

"아니. 그보다 여성 쪽을 더 비난하였지. 정조 관념이 그렇게 없느냐, 이제 우리나라 성 도덕은 다 무너지고 말았다 한탄하면서 말이지."

그럼에도 항소심에서 박인수는 징역 1년 형을 선고받았다. 그리고 이에 대한 대법원 상고가 기각되면서 유죄가 확정되었다. "댄스홀에 다닌다고 해서 모두 내놓은 정조가 아니라는 전제하에, 고의로 여자를 여관에 유인하는 남성이 나쁘다고 할 수 있다"는 게 유죄 판결의 이유였다.

"남성 중심의 사고에서 벗어나지 못하고 있던 재판관들이 결국 여론에 떠밀려, '울며 겨자 먹기'로 판결을 한 건 아닐까요?"

"그것까진 모르겠고, 어떻든 여성들의 의식이 깨어나기 시작했다고 해야 할까? 그로부터 얼마 후에는 모 차관 부인 간통죄 사건에도 여성들이 대거 몰려들어, 피고인 여성을 성원했다네."

1959년 여름, 부흥부(오늘날의 건설부와 경제 기획원) 차관을 지낸 오모 씨가 지식인인 자신의 아내 안 씨와 댄스교사 사이의 불륜이 있었다며, 이혼 청구 소송을 제기하였다. 오 차관은 "아내에게 녹용, 인삼을 먹여가며 몸을 보해 줬건만, 일방적으로 나를 배척했다"고 주장했다. 이렇게 시작된 간통 사건은 세상을 떠들썩하게 하였고, 흰 저고리를 입은 여성들이 그의 부인을 응원하려고 법정 밖에 인산인해를 이뤘다. 여성들은 도리어 오 차관에게 방탕한 처신을 반성하라고 요구하며 욕을 해 댔다고 한다. 결국 인파를 정리하려 기마경찰까지 등장했던 이 사건은 "간통죄를 증명할 수 없다"는 이유로, 부인에게 무죄가 선고되었다. 이에 여성 방청객들이 일제히 일어나, '만세'를 부르며 환호하는 진풍경을 연출했다.

이에 대해, 한국 최초의 여성 변호사였던 고 이태영 여사는 자신의 유고집에서 "내면적으로 부도덕한 한국 남자와 한(恨) 많은 한국 여자의 원형을 드러내는 이 사건에서, 그 만세 소리는 정의 편이 승리했다는 기쁨과 안도의 환호였을 것이다. 여성들은 이 사건을 출세한 바람둥이 남편과 억울한 누명을 쓴 여자의 법정 대결로 규정짓고, 사회와 법의 여성 차별에 대해 항의를 하고 있었던 것"이라고 해석했다.

그럼에도 재판부는 이렇게 사족(蛇足, 쓸데없는 군짓을 하여 도리어 잘못되게 함)을 달았다. "남편의 방탕에 항거하는 방법으로 춤을 춘 것이라하지만 …(중략)… 만약 피고인이 진정한 모성애를 발휘하고 남편의 방탕을 막아가며 이불 속에서 고독의 눈물을 흘렸던들, 남편이나 며느리나 자식들이 피고인을 배척하지는 않았을 것이다."

"야! 진정한 모성애라느니, 고독한 눈물이라느니. 왜 여성들만 그러한 희생을 강요받아야 하는데요? 끝까지 남성 중심의 사고를 버리지 못한 거네요?"

"허허… 오늘날 같으면, 여러 단체에서 난리가 났겠지. 하기야 이제 '혼인 빙자 간음죄'도 없어졌으니, 박인수 같은 사람이 나와도 더 이상할 말이 없게 되었지만…."

혼인 빙자 간음죄는 1953년, '성적(性的) 자기 결정권이 약한 여성을 보호한다'는 명목으로 제정되었다. 하지만 성 개방 의식이 확산돼 '개인들이 스스로 결정할 성적 사생활을 국가가 법률로 통제하는 것은 문제'라는 인식이 커지면서, 점차 존재 의미를 잃어 왔다. 그러던 중 2009년 11월 26일, 헌법재판소는 "혼인빙자간음죄 조항은 남성만을 처벌 대상으로 해 남녀평등에 반할 뿐 아니라, 여성을 보호한다는 미명 아래 여성의 '성적(性的) 자기 결정권'을 부인하고 있어 여성의 존엄과 가치에 역행하는 법률"이라 하여 위헌 결정을 내렸고, 2012년에 폐지되었다. 그러나 혼인을 빙자하여 사기를 친 경우에는 법적 처벌이 가능하다. 피해자에게 물질적, 정신적 손해를 끼치는 범죄이므로 처벌 수위도 높은 편이다.

"박사님, 아직은 보수적이었을 1950년대에 '박인수 사건'이 터질 정도로 성 문화가 문란했던 이유가 무엇일까요?"

"시대적 상황이 한몫 거들었다고 봐야지. 당시는 6·25 전쟁이 끝난 지 채 1년도 되지 않은 시점이었거든. 전쟁 기간 피난 행렬에 끼어 여기저기 떠돌아다녔던 경험들도 성도덕이 무너지는 데 영향을 끼쳤을 것이고, 수십만 명의 미군들 역시 성 관념을 바꾸는 데 일조했을 거고."

"'유엔 마담'이니 '유엔 사모님' 혹은 '양공주', 심지어 '양갈보'라는 말도 있었다면서요?"

"미군 주둔지 근처에서 몸 파는 여성들을 가리키지만, 참 듣기 거북한 용어들이야. 그들 역시 이 땅에서 태어나고 자란 딸들인데, 그처럼 모멸적인 언사로 불려야 되겠어?"

"전쟁과 그 피해자들에게 정말로 책임을 져야 하는 쪽은 한국 정부와 이 사회 아닐까요?"

1945년 9월, 한국이 일제 치하에서 해방된 직후 미군이 들어왔고, 그 무렵부터 생겨난 용어가 '양갈보'이다. 당시 '서양'을 의미하는 양(洋)은 이중적 의미를 갖고 있었다. 첫 번째는 이질감이나 거부감이고, 두 번째는 막연한 동경심이었다. 그러나 양갈보의 경우는 전자(前者)에 해당했다. 해방에서 정부 수립 기간(1945~1948년) 사이 한반도에 들어온 미군과 소련군은 오히려 통일이나 한국의 완전 독립을 해치는 요소로 작용했다. 이 때문에 미군 주변의 여성들을 바라보는 시선 역시 곱지 않았던 것이다.

그러나 남한 단독 정부가 세워진 1948년 8월 15일 이후부터 그러한 인식이 조금씩 바뀌기 시작한다. 어떻게든 한·미 관계를 잘 유지해야 한다는 보수 세력의 정치적 계산이 반영된 결과 '미군과 함께하는 여성들 또한 함부로 대해서 안 된다'는 인식이 확산된 것이다. 심지어 '그런 여성을 얕잡아 보는 현상의 배후에 좌익이 있다'라고 하는 매카시즘16)적인 우려가 표명되기까지 했다. 그 인식을 더욱 단단하게 만든 것은 한국 전쟁(6·25 전쟁)이었다. 경제적으로 곤궁한 상태에서 그 여성들은 '외화

---

16) 매카시즘: 정치적 반대자나 집단을 공산주의자로 매도하려는 태도. 1950년대 미국의 상원 의원 매카시가 국무부의 진보적 인사들을 공산주의자로 규정한 발언을 한 데서 비롯됨.

를 벌어들이는 선봉대'로 인식되어 어느새 감사와 존경의 대상으로 변모한 것이다. 이때부터 모멸적인 표현으로서의 '양갈보' 대신 다소 고상한 용어로서 '유엔 사모님' 혹은 '유엔 마담'이 등장하였다.

"이야! 상황에 따라 그렇게 말을 바꾸다니요."

"허허. 사람들이 다 그렇지 뭐. 남한에 대한 미군의 지배력이 높아진 상황도 한몫 거들었다고 봐야지."

그러나 전쟁이 끝나고 미군의 역할이 줄어들면서 또 다른 변화가 나타났다. '양갈보'보다는 낫지만 '유엔 사모님'보다는 못한, '양공주' 혹은 '양부인'이란 표현이 등장한 것이다. 교묘한 타협의 산물이라고 볼 수도 있고, 중립적인 용어라고 볼 수도 있겠다.

"하기야 먹고 사는 문제가 급했던 때 아닙니까?"

"허허. '금강산도 식후경이오, 목구멍이 포도청이다'라는 말도 있지 않은가?"

"지금은 성매매가 불법화되어 그러한 용어들도 많이 쓰지 않는 것 같아요."

"거의 없어졌지. 우리가 지금 이야기하는 건 어디까지나 1950년대니까. 누가 뭐래도 성에 있어 자유화의 바람이 분 것은 전쟁의 영향이 컸어."

"한국 전쟁으로 군인, 민간인(남자)들이 많이 죽다 보니, 미망인들도 많이 생겨났을 것 아니어요?"

"군인이나 경찰 미망인, 빨치산(partisan, 유격전을 수행하는 비정규군 요원. 6·25 전쟁 전에 여러 곳에 출몰하였던 공산 게릴라) 미망인, 보도 연맹원 대량 학살로 미망인이 된 여성도 많았지."

보도 연맹(保導聯盟)은 이승만 정권이 국민에 대한 사상 통제를 목적으로, 1949년에 조직한 반공(反共) 단체이다. 그러나 1950년 한국 전쟁이 일어나자 국군과 경찰이 이들의 인민군 가담이나 그 밖의 부역(附逆, 적군에게 적극적으로 협력함) 행위를 우려하여 조직적으로 학살하는 사건이 일어난다. 그 밖에도 월·납북으로 인한 미망인, 부역자로 감옥에 간 남편 때문에 생긴 미망인, 군경 부상자들 부인, 급격히 늘어난 군인 때문에 3~5년 동안 남편이 없는 거나 마찬가지인 경우, 1년이나 그 이상 근무하는 유엔군 노역으로 인해 남편이 집을 떠난 경우도 있었다.

"전쟁고아와 마찬가지로, 군경 전쟁미망인들 역시 나라가 지켜 주어야 하잖아요?"

"형편이 그러질 못했던 거지. 더욱이 미망인들은 자신뿐 아니라 늙은 시부모, 어린 자식들의 생계까지 책임져야 했거든. 그전까지 돈 한 푼 써보지 못했던 여성들이 식구들을 벌어 먹여야 했으니. 농촌의 여성들은 품팔이나 행상(行商, 여기저기 돌아다니며 물건을 파는 사람)으로 나섰고, 도시의 미망인들은 콩나물 장사나 양담배 장사, 달러 장사를 했지. 그나마 형편이 나은 여성들은 포목점(布木店, 베나 무명 등의 천을 파는 가게)이나 옷 가게를 열었고. 여성이 경제 활동에 참여하다 보니, 여성들의 지위도 높아지기 시작했고."

"6·25 전쟁의 영향이 그만큼 컸다는 이야기네요?"

"전쟁은 사람들의 가치관을 송두리째 바꾸어 놓지 않나? 이국 만 리 타국 땅, 전쟁의 공포 속에서 스트레스를 풀 수 있는 곳을 찾아다닌 미군들의 심정을 이해 못하는 바는 아니지. 하지만 이 무렵 미군과 함께 들어온 새 풍속도가 댄스였어. 한국의 경우, 예전에는 남녀가 껴안고 추는 춤이 없었거든. 1950~1960년대 들어와 여기저기 무허가 강습소가 생겨났고, 경찰에 의한 비밀 댄스홀 습격도 종종 보도되었다네."

"대개 문화 예술은 그 시대상을 반영한다고 하지 않아요? 당시에 그런 작품이 있었을까요?"
"대학교수 부인이 대학생과 부둥켜안은 채 댄스를 추고, 여러 남성들과 염문을 뿌리는 정비석의 소설『자유부인』이 있었지."

장태연 교수는 학문연구에만 몰두하는 한글학자이고, 그의 아내인 오선영 또한 선량한 가정주부이다. 나이는 남편보다 일곱 살 아래인 설흔 다섯이지만, 얼굴이 갸름한 데다 살결이 흰 바탕이어서 얼른 보기에는 설흔 이편저편으로밖에 보이지 않았다. R 여자전문 재학 당시에 장 교수에게 한글학을 배우는 동시에 그의 학자적 인격에 감동되어, 졸업 후에 자진해서 그와 결혼하였다. (4쪽)

그러나 오선영은 대학 동기동창인 최윤주의 권유로 동창생들의 모임에 참석하여, 동창들의 화려한 모습을 접한다. (오선영은) 웃음으로 대답하면서도, 오늘 모인 동창생들 중에서는 자기가 가장 불행하다고 깨달았다. 화교회의 즐거움을 제대로 누리자면 땐스도 할 줄 알아야겠고, 식모도 있어야겠고, 하다못해 택시라도 마음 놓고 탈 만한 경제적 여유가 있어야만 할 것 같았다. 얼마 후 오선영은 한태석 사장(국회의원인 자신의 오빠에게 정치자금을 댄다는 사람)의 부인(기생 출신인 이월선)이 경영하는 서울 종로에 있는 화장품 가게 '파리 양행'에 취직하게 된다. …(중략)… 오선영 여사는 부쩍 구미가 동하였다. 삼만 환이라면, 대학을 세 군데나 나가는 남편 월급에 해당하는 금액이었다. (25~46쪽)

가게를 운영하면서 이 남자, 저 남자를 만나본 오선영은 자기 자신을 재발견하기에 이른다. 육체미로 보나, 사교술로 보나, 사업 수완으로 보나, 오선영 여사는 누구에게든지 뒤지지 않을 자신이 있었다. 다만 몰라주는 것은 남편뿐이었다. '차라리 죽어 주기나 했으면' …(중략)… 모든 남편들이 어쩌다 한 번씩 아내에게 그렇듯 흉악한 생각을 먹어 보듯이, 오선영 여사도 그 순간에는 그런 생각조차 먹어 보았다. 아아, 자유! 자유가 그립구나. (229~232쪽)

사교춤을 선망하던 오선영은 마침내 대학생과 춤바람이 난다. 그(신춘호)는 내외 없이 드나드는, 옆집에 하숙하고 있는 대학생이었다. 무슨 대학 영문과 학생이라지만, 학교에는 별로 나가지 아니하고, 밤낮 춤만 추러 다닌다는 소문이었다. (12쪽)

신춘호는 왼손으로 오 여사의 손을 붓잡으며, 다른 팔로 여사의 허리를 둘러 안았다. 오선영 여사는 허리를 껴 안기우자, 기분이 이상야릇하게 흥분되었다. 남편 아닌 이성의 품에 안겨 보기는 처음이기 때문이었다. (95쪽)

"엄마가 말야. 어제밤 이 방에서 옆집 대학생하고 땐스를 했단다. 아버지도 땐스 할 줄 알아? 아버진 땐스 할 줄 모르지?" 어린아이의 고자질을 듣고 있던 장태연 교수의 얼굴이 금시로 변하였다. (240~241쪽)

한편, 장 교수는 미모의 영문(英文) 타이피스트에게 호감을 갖게 된다. 여자 편에서 전화를 걸어 만나자고 자청해온 일은, 사십 평생에 이번이 처음이기에, 장태연 교수는 자못 흥분되었다. 게다가, 상대자는 박은미라는 미인이 아닌가. (142쪽)

그러나 박은미의 결혼으로 장태연은 절망감에 빠지고 만다.

오선영 여사는 신춘호의 손에서 빠져나오려고 하였다. 그러나 신춘호는 좀처럼 놓아주지를 않는다. 아니, 놓아주기는커녕, 도리어 두 팔을 으스러지도록 웅켜 잡더니, 한 치 한 치 다가들면서 '마담!' 하고 신음하듯 울부짖는다. (378쪽)

이렇듯, 오선영을 유혹하여 가정 파탄의 직전에까지 이르게 한 신춘호는 오선영 오빠의 딸인 명옥이와 가까워진다. 그런데 어느 날 갑자기 두 사람은 미국 유학을 떠난다고 발표를 한다. 질투와 절망감에 사로잡힌 오선영은 신춘호에 대한 복수를 꿈꾼다. 먹잇감을 쫓는 맹수인 양, 충혈된 오선영의 눈에 한태석 사장이 들어온다. 댄스를 통하여 한껏 관계를 다진 두 사람은 어느 비밀 호텔로 들어가는데, 그러나 결정적인 순간에 철퇴를 맞고 만다. 팔을 들어, 전등 스위치를 막 끄려고 했을 그 순간이었다. 별안간 벼락 치는 소리로 문이 열리며, 누구인가 비호같이 방 안으로 튀어들더니, 댓바람에(단번에) 오선영 여사의 머리채를 휘어 쥐고 우박같이 주먹을 내리족치면서 '이 화냥년아! 네 년이 가겟돈을 야금야금 훔쳐 먹더니, 이제는 그것만으로도 부족해서 남의 서방까지 빼앗아 먹는다 말이냐, 이년아! 이 x가랑이를 찢어 죽일 천벌을 받을 년아!' 이월선 여사의 날벼락이었다. (631~634쪽)

장태연 또한 이웃집 처녀와 놀아나기는 마찬가지였다. 다만 그는 아내보다 일찍 사태를 파악한다. 오여사 역시 아이들의 얼굴에서 자신의 잘못을 깨닫는다. 오선영 여사는 부랴부랴 달려 나오며, 어둠 속에 나란히 서 있는 아들 형제를 한 품에 와락 껴안았다. (380~381쪽)

남자들이 하나둘씩 곁을 떠나가자 비로소 오선영은 남편을 달리 보기 시작한다. 평소에 고리타분한 한글학자라 맘속으로 무시하기만 했던 남편 장 교수가 국회의사당의 공청회에서 영웅적인 연설을 하는 모습에 오선영은 무한한 존경심과 더불어 죄책감까지 느낀다. 차마 그 앞에 나서지도 못할 정도로. 아내를 보고 장 교수는 한동안 침묵한다. 그리고는 아내의 어깨를 가만이 끌어당기면서 '자, 집으로 갑시다!' 하고 말하였다. 적선동으로! 그리운 옛집으로! 오선영 여사는 이제 몸과 마음이 아울러 그리운 옛 품으로 돌아오고 (있었다). (707~709쪽)

　　　　　　　　　　　　　　　　- 정비석, 『자유부인』, 추선진 역음, 지식을 만드는 지식, 2013

『자유부인』은 피난 수도 부산과 환도(還都, 옛 수도로 돌아옴) 뒤의 서울을 무대로, 우리 사회 상류층의 일그러진 생활상과 윤리 의식을 다룬 작품이다. 그러나 1954년 1월 1일부터 8개월 동안 《서울 신문》에 연재된 이 작품을 둘러싸고 공방전이 벌어졌는데, '중공군 40만 명보다 더 무서운 해독을 끼치는 소설'이라거나 '북괴의 사주로 남한의 부패상을 낱낱이 파헤치는 이적(利敵)소설'이라는 혹평을 받았다. 작가는 모 기관에 끌려가 "이북으로부터 공작금을 받은 것 아니냐?"는 내용의 취조를 받기도 했다.

그런데도 "이 작품은 주인공이 탈선할 무렵인 70회 이후부터 연재가 끝날 때까지 독자들의 폭발적인 관심을 받았다"(위의 책, 711쪽). 소설은 단행본으로 14만여 권이 팔려 나갔으며, 1956년 이 책을 원작으로 하여 한형모 감독이 제작한 영화는 13만여 명이나 끌어들여 대단한 인기를 누렸다. 그렇지만 사실 이 영화는 교수 부인과 대학생의 러브 신을 삭제하고 나서야 비로소 상영될 수 있었다.

영화의 키스 신에 대해 한 신문은 '일부 국회의원과 가정주부들이 반대했지만, 찬성이 지배적'이라고 보도했다. 그러나 그 당시 비교적 진취적인 신문이었던 《한국일보》의 한 칼럼에는 "외국 영화에서 키스를 자주 한다고 한국 영화에서도 이성끼리 껴안아야 된다고 생각하면, 큰 잘못일 것이다"라고 쓰여 있다. 당시의 성 문화를 짐작할 수 있는 대목이다.

"남성들의 성적 일탈에 대해서는 눈을 감으면서, 여성들에 대해서는 눈을 부라리며 엄격한 잣대를 갖다 대다니요. 결국 여기서도 남녀 차별, 갑을(甲乙)이 존재했네요?"

"심지어 축첩(蓄妾, 첩을 둠)에 대해서는 아내가 간섭할 수 없는 일로 치부되었지 않은가? 만에 하나, 남편에게 듣기 싫은 소리라도 한마디 했다가는 투기(妬忌, 시기하고 미워함)했다 하여 당장 쫓겨날 수도 있었으니까."

이에 대한 여성들의 반발심이 『자유부인』에 그대로 드러난다. "남자끼리의 연락(宴樂)에 여자 기생이 필요하다면, 여자끼리의 주연(酒宴)에 '사내 기생'이 필요하다는 말도 그다지 괴이한 말은 아니다. '사내 기생'이라는 것이 있기만 하다면, 화대(花代)로 천만금을 주더라도 내가 한번 독점해보고 싶다. 하지만 있어야 말이지…!" (위의 책, 411~412쪽)

한편, 여성들의 '의식화' 과정을 지켜보던 작가는 그에 대한 경계심도 드러내고 있다. "옛날에는 남편이 외도를 하면서도 아내를 압제하였다. 그러나 오늘날 우리나라의 자유부인들은 제멋대로 놀아먹으면서도 오히려 남편을 정치적으로 제재하려고 드는 것이다"(위의 책, 517쪽).

"작가마저 시대정신에 뒤떨어졌던 거네요?"

"글쎄. '여성이 취직해 외간 남자와 접촉하는 것부터가 타락의 시작'이라고 보는 작가의 시각이 가부장적 태도라고 할 수도 있겠지. 하지만 '당선을 위해서라면 비도덕적인 행위도 마다하지 않는 국회의원, 심지어 윤리적인 인물로 상징되는 대학교수조차 그릇된 가치관을 가지고 있음'을 비판도 하지 않던가?"

자유로운 사상이 난무하는 가운데에서도 전통적 가치관으로부터 '완전히' 자유로울 수 없었던 당대의 현실을 반영하려고 한 걸까. 작품은 '부정부패를 일삼던 오선영의 오빠(국회의원)가 교도소에 가고, 사기꾼은 파산하며, 주인공 오선영도 뼈저리게 후회한다'는 설정을 통하여 권선징악적인 주제를 드러내고 있다. (위의 책, 718~719쪽)

"박사님, 남성들의 성적 타락에 대한 여성들의 당연한 항의를 투기로 보다니. 성적 타락에 눈을 감으라는 것은 그걸 방관하고 받아들이라는 뜻 아니어요?"

"심지어 조선 시대에는 칠거지악[17] 중에 '질투'가 포함되었었지."

또 일제 강점기까지만 해도 첩은 사고파는 대상, 곧 물건으로 취급되었다. 마침내 해방이 되어 모든 낡은 제도와 생각에서 벗어나고자 하였고, 그 가운데에 여성 해방 또한 포함되어 있었다. "여성은 남의 첩이 되지 말자!"는 구호가 등장하고, "축첩(蓄妾, 여러 명의 첩을 둠)을 법으로 처벌하자!"는 목소리가 터져 나온 것이다.

"일부일처제가 상식일진대요. 첩은 왜 생겨난 거예요?"

"남성들의 성적 욕망이 그 첫째 요인일 테고, 다음으로 여성들의 경제적 상황이라고 해야 하나? 조선 시대에는 양반 등 세력가들이 첩을 많이 두었고, 일제 강점기에는 지주 등 부유층에서 첩을 두었지. 그런데 1950년대에는 지방 유지와 특권층 외에도 경찰 간부와 군인들이 첩을 많이 두었어. 당시 신문에는 총경이나 고급 장교가 첩을 두어 파면되었다는 기사가 종종 오르내렸거든."

여성이 첩이 되는 이유도 여러 가지였다. 물론 경제적인 이유도 있었다. 하지만 전쟁미망인 가운데 많은 비중을 차지했던 20~30대 여성들의 경우, 재혼이 어려웠기 때문에 성적 욕구를 해결하려는 목적도 있었다.

---

17) 칠거지악(七去之惡): 아내를 내쫓는 이유가 되는 일곱 가지 사항으로 조선시대 유교 사상에서 나온 제도. ①시부모를 잘 섬기지 못하는 것 ②아들을 낳지 못하는 것 ③부정(不貞)한 행위 ④질투 ⑤나병, 간질 등의 유전병 ⑥말이 많은 것 ⑦훔치는 것 등이다. 그중에서 ③과 ⑦은 누구에게나 적용되는 범죄 행위이며, ①~⑥은 봉건적 가족 제도하에서 나온 것이다. 그 때문인지 조선 말기에 제정된 『형법대전』에는 칠출 중에서 ②무자(無子)와 ④질투의 두 가지 사유는 이혼의 조건 중에서 삭제되었고, 1908년 『형법대전』의 개정으로 모두가 폐지되었다.

축첩이 공공연한 관행이었기 때문에 이때 간통 문제가 불거지면, 여성이 일방적으로 당하는 경우가 많았다. 이를 막아야 한다는 여론에 따라 1953년 10월 '간통 쌍벌죄'가 공포되었다. '남자든 여자든, 배우자 아닌 자와 성관계를 가질 경우 법으로 처벌한다'는 내용의 '간통 쌍벌' 조항을 포함하여 축첩을 처벌 대상으로 만든 것. 이때부터 한 집에 살던 처와 첩은 서로 떨어져 살게 되었고, 첩을 거느리는 일에는 '내연(內緣) 관계', '불륜'이라는 새로운 용어가 붙었다. 이 법은 일본 민법을 의용(依用, 다른 나라의 법을 그대로 적용함)하다가 1958년 (신)민법이 공포되어 1960년 1월 1일부터 시행되기에 이르렀다. 그리고 5·16 쿠데타로 정권을 잡은 박정희 대통령은 공무원들 가운데 축첩한 자를 가려내기도 했다.

"첩 문제가 진지한 사회 문제로 떠올랐다는 것은 그만큼 여성의 지위가 향상되었다는 뜻이 아닐까요?"

"물론이지."

그 밖에 민법 제정 과정에서 논란이 된 것은 동성동본(同姓同本) 혼인 문제였다. 2005년의 개정에서 "8촌 이내의 혈족 사이에서만 혼인하지 못한다"로 확대되었지만, 1958년에는 "성(姓)과 본(本)이 같은 남녀는 혼인하지 못한다"고 규정되어 있었다. 부계 혈통을 중심으로 하여 집안의 '어른'을 정하는 이른바 호주제(戶主制)를 폐지해야 한다는 주장도 있었다. 그러나 '가족의 출생, 혼인, 사망 등을 독점적으로 관장하는 호주가 사망하면, 남자 위주로 승계되도록' 정해 놓은 호주제는 2008년 1월 1일에 폐지되었다. 그 제도가 아들 선호를 조장하고, 가족 서열을 문란하게 만든다는 비판 때문이었다. 친권(親權, 부모가 자녀를 보호 및 양육하고 그 재산을 관리하는 권리, 의무) 행사에서도 아버지 우선주의를 채택한 데 대한 비판이 나왔다. 그리하여 현재 친권은 '부모가 혼인 중인 때에는 공동으로 행사하고, 부모의 의견이 일치하지 않는 경우에는 당사자의 청구에 의하여 가정 법원이 결정하도록(민법 제909조 2항)' 되어 있다.

"무조건 아버지를 따라가야 한다는 법이 아니네요?"

"그 면에서 부모 양쪽은 똑같은 권리를 갖는 거지. 이혼에 있어서도 여성의 권리가 확대되었는데, (구)민법에서는 남자의 경우 아무리 간통을 해도 형벌을 받지 않는 이상 괜찮았고, 여자는 한 번만 간통해도 이혼이 성립되었거든. 하지만 이제는 서로 협의하여 이혼이 되지 않으면, 법에 호소할 수 있게 된 것이지."

재산권에 대한 조항 역시 과거보다는 여성에게 유리한 방향으로 바뀌었다. (구)민법에서는 재산을 아예 남편이 관리하고 그 이익을 차지할 수 있었던 데 반하여, (신)민법에서는 여성이 자기 재산을 가질 수 있고 스스로 처리할 수 있게 되었다.

3. 권력의 희생양

"박사님, 우리가 성(性)에 대한 이야기를 하고 있습니다만, 이것과 권력이 상관관계가 있는 것 같아요."

"돈과 권력을 갖게 되면, 누구나 섹스를 찾게 된다네. 인간의 구조가 그렇게 되어 있어. 저 본능 깊숙한 곳에 성이 감추어져 있다고 봐야겠지."

"우리나라에서도 과거 정권 시절, 심심치 않게 '절대 권력자'의 사생활 문란이 들먹여지곤 했지요."

"대통령이 국가 기관에 여성을 조달하는 전담 인력을 두고, 권력을 이용하여 외부 여인을 데려다 술자리를 빈번하게 가진 적이 있었지."

그러나 그것은 결코 '사생활'이라는 명분으로 정당화될 수 없다. 그것은 엄연히 대통령의 권력 남용에 속한다. 박정희 정권 시절 대통령의 '채홍사(조선시대 연산군이 예쁜 여자들을 뽑으려고 전국에 보내던 벼슬아치)'로 불린 U는 군사 재판 진술에서 "외부에서 여인들을 데려다 술자리를 갖는 대행사(대통령, 중앙정보부장, 비서실장, 경호실장 등 권력 서열 1위에서 4위까지의 인사들이 2~3인의 여성과 함께 술 마시는 자리), 소행사(대통령 혼자서 몇몇 여성들을 은밀하게 만나는 자리)를 한 달이면 열 번 갖는다"면서 "이 때문에 나는 1년 내내 휴일도 없고, 쉬어 본 적도 없다"고 말하기도 했다.

1970년 3월 17일 밤 8시 30분, 서울 남산 중턱의 장충동 타워 호텔 18층 나이트클럽. 아늑한 클럽 안에서 밴드가 팝송을 연주하고 있었다. 20대 중후반쯤 돼 보이는 한 여인이 스탠드에 홀로 앉아 연신 칵테일을 주문해 마신다. 연초록 원피스에 분홍 머플러를 맨 여인은 왠지 우울해 보였다. 적당히 큰 키에 균형 잡힌 몸매, 하얗고 갸름한 얼굴이 보기 드문 미모였다. 여인은 메모지에 신청곡을 적어 웨이터에게 내민다. (김재홍, 『누가 박정희를 용서했는가』, 책으로보는세상, 2012, 24쪽)

제발 나 좀 떠나도록 놔줘요
이젠 당신을 사랑하지 않으니까요
난 새로운 사랑을 찾았어요
제발 나 좀 떠나도록 놔줘요

영국의 가수가 불러 세계적으로 히트한 〈Release me〉였다. 여인은 세 번이나 연속으로 노래를 들은 뒤, 9시가 좀 지나 자리에서 일어섰다. 그로부터 두 시간 후인 밤 11시경, 강변도로를 달리던 코로나 승용차가 서울 마포구 합정동 절두산 부근을 지날 무렵, 느닷없이 두 발의 총성이 울리더니 승용차가 멈춰 섰다. 운전자가 다리에 피를 흘린 채 절룩거리면서 나와 지나가던 택시를 잡아타고, 급히 병원으로 갈 것을 부탁했다. 코로나 승용차 안에서는 현장에서 숨을 거둔 여인이 발견되었다. 연초록 원피스에 분홍색 머플러… 호텔 클럽에서 노래를 신청해 듣던 바로 그 여인, 정인숙이었다. (위의 책, 24~25쪽)

박정희 정권 최대의 성 추문. 검찰의 지휘를 받아 1주일 남짓 수사한 경찰은 "정인숙이 요정에 나가면서 많은 남자들과 사귀었고, 심지어 아들까지 낳아 기르는 등 사생활이 좋지 않아 운전을 하던 오빠 정종욱이 나무랐으나 모욕적인 말을 하면서 반발하자 정종욱이 권총으로 살해했다"고 발표했다. (위의 책, 25~27쪽)

그러나 무기징역을 선고받고 19년 감옥살이를 한 뒤 1989년 출소한 그의 오빠 정종욱은 이 수사 결과를 전면 부인했다.

"나는 범인이 아니다. 아무리 그래도 내가 동생을 죽일 수는 없다. 고위층이 회유하기에 거짓 자백을 했을 뿐이다. 강변도로의 집 앞에 있던 괴한들이 총을 쏘았다. 재심 청구를 해서 반드시 누명을 벗겠다."

정종욱의 주장이 아니더라도, 당시 수사 결과를 보면 의문점이 한두 가지가 아니었다. 당시에는 정종욱의 옷소매에서 탄흔이 나왔다는 국립과학수사연구소의 감정 결과를 증거로 유죄를 선고받았었다. 하지만 나중에 한 방송사의 특집 프로그램에서 실험해 보니, '본인이 직접 총을

쏘지 않았어도, 자동차 안으로 총탄이 발사되었으면' 옷에 탄흔이 묻어났다. 이 때문에 자동차를 운전하고 가던 정 씨가 신사복 차림을 한 남자의 정지 신호를 받고 차를 세웠으며, 그 남자가 세 발의 실탄을 쏘았다는 분석도 있다. 이로 인하여 뒷좌석에 있던 정인숙이 가슴에 한 발을 맞고 그 자리에서 절명했으며, 정 씨는 오른쪽 다리에 한 발을 맞았다는 것.

"이 사건은 치정(癡情)과 살인, 돈과 권력 등의 이슈들이 모두 응집되어 있는 것 같아요. 그래서 국민들의 관심도 지대했을 텐데요. 그밖에 의심스러운 대목들은 없었나요?"

"우선 검·경 수사가 워낙 날림인 데다 수사를 서둘러 마무리하려는 당국의 태도가 의심을 샀고, 정종욱이 사용했다는 권총이 발견되지 않았으며, 증거는 오직 그의 자백뿐인데 그 범행 동기마저 석연치 않다는 점이라네. 또 수사가 정인숙의 주변에 대해서는 전혀 이뤄지지 않았으며, 수사의 중요한 단서가 될 코로나 자동차(번호판도 위장 번호를 사용하였음)를 비롯한 현장의 흔적들이 불과 2시간 만에 빈개 작전과도 같이 깨끗이 치워졌다는 점 등…."

또 정인숙은 특권층의 상징과도 같던 복수 여권(몇 번이고 해외 나들이를 할 수 있는 이 여권은 당시 고위층에게만 제한적으로 허용되었음)을 갖고 있었다. 또 그녀의 가방에서 미화 2천여 달러가 현금으로 나왔는데, 이 정도면 외환 관리법상 출처가 밝혀져야 할 정도의 큰 액수였다.

사건이 발생한 지 두 달 가까이 지난 1970년 5월 13일의 국회 본회의장. 당시 국회는 1969년 9월 '3선 개헌안'의 날치기 통과로 마비 상태에 있다가 신민당 총재 유진산의 타협 노선으로 다시 문을 연 상황이었다. 야당 의원들은 전날 법무장관 이호가 정인숙 피살 사건을 장황하게 보고한 것에 대해 의문을 제기하기 시작했다. 4월 8일 와우 아파트 붕괴 사고(마포구 창전동의 와우 아파트 한 개동이 무너짐)로 33명이 목숨을 잃고 39명이 중경상을 입었는데도, 정부 측 보고는 정인숙 사건에 더 집중되어 있었다. 신민당 국회의원 김상현이 단상에 올랐다.

"정 여인에 관계된 사람이 26명이나 된다고 하고, '총리가 관계되었다', '대통령이 관계되었다', 이렇게까지 얘기가 돌아다닌다. 그런 판에 이 법무가 자진 보고하는 것이야말로 '꿩이 봄을 만나 저절로 우는(춘치자명-春雉自鳴, 제 허물을 스스로 드러내어 화를 자초한다는 뜻)' 격이요, 도둑이 제 발 저린 격 아닌가?"

정인숙이 피살된 직후 경찰이 서울 중구 필동 그녀의 집을 수색했을 때, 그곳엔 그녀의 어머니와 세 살짜리 아이가 있었다. 그의 어머니는 처음에 아이를 정인숙의 동생이라고 했다. 그러나 이 말을 믿지 못한 사람들은 이 아이의 아버지가 누구냐에 관심을 가졌다. 신민당 조윤형 의원이 등단하여 정 여인이 복수 여권을 가지게 된 경위, 자동차의 위장 번호설과 그 출처, 사건의 핵심이 되어 있는 권총의 행방, 권총 제공자인 신 모 씨(당시 정종욱이 세 든 집의 주인. 예비역 육군 중령)의 신원과 배후 관계에 대해 캐물은 뒤, 당시 대학가 봄 축제 무대 같은 데서 유행하는 대중가요를 낭송했다.

아빠가 누구냐고 물으신다면,
청와대 비스터 성이라고 낳아셨어요.
나를 죽이지만 않았더라면

영원히 우리만 알 것을

죽고 보니 억울한 마음 한이 없소.

당시 널리 유행하던 나훈아의 노래 〈사랑은 눈물의 씨앗〉을 개사(改詞)한 내용이었다. 낭송을 마친 조윤형은 총리를 정면으로 가리키며 직격탄을 날렸다. "내가 존경하는 총리입니다만, 지금 세상에서는 모두가 다 이 양반 아들이라고 그래….."

그러나 총리는 이에 대해 일언반구도 하지 않았다. 다른 문제들만 간단히 답변하고, 그 사건은 일체 입에 올리지 않은 것이다. (위의 책, 27~32쪽)

"박사님, 이 무렵 '육박전'이란 말도 나돌았다면서요?"

"허허. 국회에서 그 사건 풍자 가요가 낭송될 때, 청와대에서 육영수와 박정희 사이에 일어났다는 부부 싸움을 가리키지."

정인숙이 관계한 권력자 26명의 이름이 언론에 보도되고 풍자 노래가 널리 알려지자, 육영수가 박정희에게 따졌다고 한다. 이에 화가 난 박정희가 재떨이를 던졌는데, 이것이 육영수의 얼굴에 맞았다. 육영수의 눈자위에 푸른 멍이 든 것을 여성계 방문객과 청와대 출입 기자 일부가 목격했고, 이것이 외부에 알려지면서 '육박전'이라는 희화된 유행어가 생긴 것이다. 이와 관련하여, 1998년 박근혜 의원은 한 여성지와의 인터뷰에서 박정희는 정성일의 아버지가 아니라고 주장한 바 있다.

상당한 고위층 인사가 아버지에게 사표를 가지고 찾아와서 '제가 관계했던 여자지만, 결코 죽이지는 않았다'고 울면서 사죄했다. 아버지는 그 당사자를 문책하게 되면 그가 살인자로 비쳐질 것을 우려했기 때문에, 아무런 조치를 취하지 않은 것 같다.

- 위의 책, 38~39쪽

"대통령이 직접 관련된 것도 아닌데, 왜 그렇게 시끄러웠을까요?"

"대통령 선거가 1년 앞으로 다가온 시점에서 (정인숙) 아들의 아버지가 '고위층'이라는 소문이 퍼져 나가니까, 그것이 선거에 어떤 해를 끼칠지 헤아리기 어려운 상황이었을 거 아닌가? 그래저래 신경이 날카로워지니까, 부부 싸움까지 일어난 거겠지."

결국 정인숙은 '자의반 타의반'의 해외여행을 떠나야 했다. 고위 인사들만이 가졌던 복수 여권이 만들어졌고, 신원 조회는 중앙정보부장의 비서실장이 맡았다. 청와대가 개입하지 않고는 어려운 일이었다. 정인숙은 일본과 미국 등지에서 유력 인사들의 도움을 받았다. 그녀는 경호실장의 반대를 무릅쓰고 1970년 1월 21일 귀국했다.

"박사님, 정인숙은 어떤 사람인가요?"

"서울의 고급 요정에 나갈 때, 타고난 미모와 영어 실력으로 가장 인기 있는 1급 접대부였다는 소문이 있어."

이곳에서 정치계 인물인 모 씨를 만나 그의 소개로 당시 집권당과 정부의 주요 인사들과도 교류하게 됐다. 그러던 중 그녀의 미모를 접한 정부의 각료 모 씨와 정부 인사 모 씨가 그녀를 서로 차지하려고 갈등하였고, 그 뒤 정인숙은 그 요정을 나와 비밀 요정으로 옮겨 간다. 그녀는 콧대가 매우 높았는데, 당시 여배우와 가수를 포함한 정치계 접대부 중 그의 미모가 1위였다 한다.

"청와대 모임에 전국에서 내로라하는 2백여 명의 아가씨들이 차출됐는데, 그중에서 성적순으로 50명을 뽑고, 다시 신원 조회를 통해 25명을 선출했습니다. 그리고 마지막에 미모 순으로 다섯 명을 뽑았는데, 그 가운데 정인숙이 1등으로 뽑혔지요."

당시 청와대 관계자의 말이다. 이때부터 정인숙은 '밤의 꽃'으로서 진면목을 발휘하기 시작하는데, 정부의 대표급 고관대작들만 상대했다고 한다. 이 무렵 낮이나 출근하지 않는 날에는 집에서 어머니와 단둘이 지냈으며, 바로 위 오빠인 정종욱은 근처에 살며 자주 왕래하였다. 그리고 이때 그녀는 아들을 낳았는데, 당시 고위 관리가 그녀의 집을 방문하는 장면이 입담으로 전해지게 된다.

"박사님, 과연 그런 일이 있었을까요?"

"허허. 더 놀라운 사실은 그 관리가 임신 사실을 알고, 애를 낳으라고 했다는 거야. 그래서였는지 가족들이 결사코 반대를 했음에도 정인숙이 출산을 강행했다는 거고."

아들을 출산한 후 정인숙은 "아이의 아빠가 서교동 집을 사 주었다"느니 "내 말 한마디면 안 되는 것이 없다"는 등의 말을 하며, 주변에 자기를 과시했다고 한다. 이 일들이 대통령 선거를 1년 앞둔 정권 입장에서는 얼마나 악영향을 끼칠지 가늠하기도 힘든 상황이었고, 이것이 그녀를 죽음으로 몰고 가지 않았을까 하는 추측을 해볼 수 있는 것이다.

한편, 성인이 된 정성일은 1991년 서울 가정법원에 (친부로 상정되는) 전 총리를 상대로 친자 확인 소송을 제기했다. 그러나 외삼촌의 권유로 소송을 취하하고 미국으로 떠났다. 1993년 다시 소송을 냈으나 소송이 진행되는 중 총리가 사망함으로써 이 사건은 영구 미제로 빠지고 말았다. 그야 어떠하든 박정희 권력과 그 후계 체제에 금을 낸 것은 10월 26일이었고, 거기엔 권력자들의 사생활 문란이 큰 원인으로 작용했다. 그리고 그 권력자의 섹스 추문은 바로 정인숙 피살사건이 원조(元祖)였다. (위의 책, 33~39쪽)

정인숙 사건은 시인 김지하의 시상(詩想)을 자극했고, 여기에서 나온 시가 그 유명한 「오적(五賊)」이다(위의 책, 33~35쪽). 김지하는 1970년 ≪사상계≫를 통하여 재벌, 국회의원, 고급공무원, 장성, 장·차관을 '을사오적(1905년 을사늑약 체결을 찬성했던 다섯 매국노)'에 빗대어 해학적으로 풍자하였다. 특히 '오적들'의 한자 표기를 개 견(犬, 이 글자가 '개 사슴록 변'인 犭로 쓰임) 자가 들어가도록 하여, '인간의 탈을 쓴 짐승'으로 등장시킨 점이 독특하다는 평가가 있었다.

"허허. 요즘 칼만 안 들었지, 날강도 같은 인간들이 얼마나 많은가? 나라 정보 빼내어 부동산 투기하고, 뇌물 받아 부정 저지르고, 청탁받아 뒷배 봐주고, 부하에게 '갑질'하고, 설령 죄가 드러나더라도 끝까지 '오리발' 내미는 그 후안무치란 상상을 초월하지 않던가? 이 시만 해도, 만약 해외에서까지 번역되어 읽혔다면 노벨문학상 감이라는 말도 있었거든."

"힘깨나 쓴다는 사람들을 굴비 엮듯 엮어 놓았으니, 가만있지 않았겠지요?"

"김지하 시인을 필두로 ≪사상계≫의 편집진들이 줄줄이 고문을 당했으며, 잡지는 강제로 폐간되었지."

"여기에 '정인숙'이란 이름이 등장하는데요. 권력자들의 부패와 타락을 말할 때, 성(性) 부분이 젤 자극적인 것 같아요. 『춘향전』에서는 암행어사 출두로 악인들이 벌 받는 장면이 나오는데, 이 시는 어떤가요?"

"마땅히 카타르시스를 안겨 주는 대목이 있지. 이른바 '오적'들이 피를 토하며 거꾸러졌다는 결말….'"

"예술 작품에서야 인과응보가 이루어지지만, 현실은 그렇지 않잖아요?"

"추상 같은 명령을 내리는 임금조차 없다는 데 비극이 있는 거지."

"조금 전 말씀드렸듯이, 돈과 권력, 섹스 사이에는 정말 어떤 상관관계가 있는 것 같아요."

"먼저 돈에 대해 알아볼까?"

돈이란 종이나 금속, 돌, 전자 기록 등 다양한 형태의 화폐이다. 그러나 그 본질을 들여다보면, 그 수면 아래에는 돈으로 살 수 있는 욕망이나 유익, 혹은 돈으로 나타낼 수 있는 지위가 있다. 더 깊숙이 파고들면, 그 아래에는 탐욕, 욕심, 공포, 만족이나 특권, 통제권을 향한 갈망이 있고, 그 가장 밑바닥에는 '마음의 상태'가 존재한다. (존 파이퍼, 『돈, 섹스 그리고 권력』, 박대영 옮김, 생명의말씀사, 2019, 14쪽)

다음으로, 권력이란 '바라는 것들을 얻을 수 있게 하는 능력'이다. 육체적인 힘, 권위 있는 자리, 돈, 아름다움 등이 이에 속한다.

"그래서 돈과 권력, 섹스가 어떤 관계에 있다는 말씀인가요?"

"권력이 '가치 있게 여기는 것들을 추구할 수 있는 능력'이고, 돈이 '가치 있게 여기는 것을 추구하는 과정에서 교환할 수 있는 문화적 상징'이라면, 섹스는 사람들이 '가치로 여기는' 쾌락들 가운데 하나가 아닌가?"

"그렇지요."

"그러니까 권력으로 섹스를 추구하고, 돈으로 섹스를 교환할 수 있다는 거지"(위의 책, 17쪽~22쪽).

"그 세 가지를 추구하는 것이 인지상정이지요. 그런데 왜 사람들은 그 것들을 좋지 않게 말하는 걸까요?"

"그 자체로 악하거나 더러운 것은 아니지. 성경에서도 그것들을 '하나님의 선물'이라 하지 않던가? 다만 그것을 '죄의 도구'로 바꾸고 '교만의 성전(聖殿)과 향(香)으로' 변질시킨 인간들에게 잘못이 있는 거지"(위의 책, 16쪽).

"선하게 써야 할 것들을 악하게 사용하니 문제란 말씀이지요?"

"가령 성적인 쾌락만 해도, 그 안에서 하나님은 자신을 보고 맛보기를 원하셨는데, 사람들이 그것을 '우상(偶像, 나무, 돌, 쇠붙이, 흙 따위로 만들어 받드는 신이나 사람의 모양. 재물, 탐욕, 음행 등을 가리키기도 함)'으로 바꾸고 왜곡하여 엉망으로 만들어 버린 거 아닌가?"

그러므로 하나님께서 그들을 마음의 정욕대로 더러움에 내버려두사 그들의 몸을 서로 욕되게 하게 하셨으니 / 이는 그들이 하나님의 진리를 거짓 것으로 바꾸어 피조물을 조물주보다 더 경배하고 섬김이라.

— 『로마서』, 1장, 23~24절

"말씀 중에 '더러움'이니 '욕되게'라는 표현이 나오는데요."

"결혼 관계 밖의 성행위, 즉 간음이라든가 간통, 포르노 중독, 동성애 등을 가리키겠지. 깨끗한 것을 본체만체하고, 더러운 것들만 탐하고 쫓아다닌다는 뜻 아닐까? 성적으로 타락한 사람은 다른 부분에서도 마찬가지여서, 성을 일종의 '리트머스 시험지'18)라고 볼 수도 있거든."

---

18) 리트머스 시험지: 용액에 담가 변하는 색깔을 보고, 산(酸, 초산이나 염산 등)인지 염기(鹽基, 암모

우리는 어둠 속에서 목에 달린 부드러운 흑단목(黑檀木, 악기 등을 만드는 데 쓰이는 단단하고 검은색의 고급 목재) 브로치를 사랑스럽게 만지작거리고 있다. 하지만 날이 밝으면 그것이 바퀴벌레라는 것을 알게 될 것이다. 우리는 독거미를 털이 보송보송한 장난감으로 여기고, 사자를 애완동물로 생각하며, 방울뱀 소리를 캐스터네츠(좌우 양손에 한 벌씩 가지고, 맞부딪혀 소리를 내는 타악기) 소리로 생각하고 있는 것과 같다. 하나님보다 성적인 쾌락을 더 갈망의 대상으로 삼는 곳, 거기가 바로 어둠이다.

– 존 파이퍼, 앞의 책, 48쪽

"우리가 어둠을 벗어나야 한다는 뜻이네요?"

"'낯선 별'이 아닌 '하나님의 태양'을 인생의 중심으로 삼을 때, 성(性)은 아름답고 거룩하고 행복한 궤도를 찾게 된다는 거겠지"(존 파이퍼, 앞의 책, 69쪽).

니아수나 잿물 등)인지를 구별할 수 있도록 제작된 종이.

제3장

역사에 나타난,
일그러진 에로스

복숭아꽃

성은 공정한가

1. 주지육림

"박사님, 아무리 돈이 많아도, 아무리 권력이 강해도 인간은 '성욕의 굴레'에서 벗어날 수 없는 건가요?"

"허허허. 돈이나 권력, 명예는 후천적이고 사회적인 것이지만, 성욕은 식욕과 마찬가지로 인간의 타고난 본능이 아닌가?"

"어떤 사람은 그걸 발산하면서 자신의 힘을 과시하고, 상대방은 그것으로 인하여 희생을 당하는데도 말이지요."

"성에도 힘의 논리가 작동하고, 계급과 '갑을'이 나뉘어 있는 만큼 상하 관계가 분명하다는 거겠지."

"중국의 역대 왕 가운데에도 술과 여자로 유명한 사람들이 있다면서요?"

"걸 왕과 주 왕이 대표적이지."

1) 걸왕

걸왕(桀王, ?~?)은 중국 고대 하(夏)나라 왕조(기원전 2070~기원전 1600년경)의 마지막 왕으로서, 상(商)나라 왕조(기원전 1600~기원전 1046년경)

최후의 왕인 주(紂)와 함께 포악한 임금의 상징으로 거론된다. 이 둘은 성군(聖君)의 대명사이자 이상적 천자로 추앙받는 요순19)과 대비된다. 왜 그럴까?

걸은 요대(瑤臺)라는 웅장한 궁전을 지어, 천하의 희귀한 보화와 미녀를 다 끌어 모았다. 하루는 그의 애첩 말희(妺喜)가 "매번 술을 따르고 음식을 나르는 일은 재미없고 지루하오니, 술로 연못을 만들고 고기로 숲을 만들어 춤추고 놀면서 바로바로 마시고 먹게 하는 것이 어떻겠습니까?"라 권하였다. 이에 걸왕은 신하들의 간언을 뿌리친 채 궁전 뒤뜰에 주지(酒池, 술 연못)를 만들어 배를 띄우고, 장야궁(長夜宮, '밤이 긴 궁전'이란 뜻. 밖의 가느다란 빛조차 들어오지 않아 밤과 낮을 구분할 수 없었다고 함)을 짓고 거기서 남녀 합환(合歡, 남녀가 잠자리를 같이 함)의 유흥에 빠졌다고 전한다.

"세상에! 한 나라의 임금이 여자에 빠져, 나랏일을 그르쳤다는 게 말이 됩니까?"

"허허허… 그런 사람이 어디 한둘인가?"

"대체 말희란 여자가 누군데요?"

말희는 생존 연대가 분명치는 않으나, 산동 유시씨(有施氏)의 딸로 알려져 있다. 그런데 걸이 유시씨의 나라를 토벌하자, 작고 힘이 없던 나라는 많은 진상품을 바치고 항복을 했다. 이 진상품 가운데 말희가 들어

---

19) 요순(堯舜): 요(堯)임금은 덕으로 나라를 다스려 백성 모두가 화합하였으며, 신하들의 추천을 받아 순(舜)을 후계자로 삼았다. 요임금은 효자로 소문난 순에게 두 딸을 출가시켜 사람됨과 능력을 시험한 나음, 천하의 일을 밑으셨나. 그러나 순이 구네타를 일으켜 요를 세위, 감금했다는 설도 있다. 그야 어떠하든, 순임금 또한 나라를 잘 다스렸기 때문에 요순 시대는 '태평성대'와 동의어로 간주된다.

있었던 것. 일설에 의하면 걸은 당초부터 말희를 요구하였다고 한다. 말희의 아름다운 용모에 반한 걸왕은 곧 향락에 빠져들었으며, 그녀의 말이라면 모든 것을 다 들어주었다. 보석과 상아로 장식한 궁전을 짓고, 옥으로 만든 침대에서 말희와 더불어 밤마다 일락(逸樂, 쾌락을 즐겨 노는 일)에 빠졌다.

호화로운 궁전을 짓기 위해 백성들로부터 많은 세금을 거두었을 뿐 아니라, 백성들을 동원하여 대대적인 조경용 토목 공사를 일으켰다. 그렇게 만든 정원에 연못을 파고 오색영롱한 봉황 모양의 화방(畵舫, 놀잇배, 그림배)을 띄워 뱃놀이를 즐겼다. 못 밑바닥에는 새하얀 자갈을 깔고 향기로운 술을 가득 채웠으며, 못 둘레에는 나무에 고기를 매달아 동산을 쌓고 포육(脯肉, 얇게 저민 다음 양념을 하여 말린 고기)으로 숲을 만들었다. 걸왕은 말희와 함께 술로 만든 연못에 배를 띄우고 놀았다. 연못 주위에는 전국에서 선발한 아름다운 소녀 3천 명이 오색찬란한 옷을 입고 날마다 음악에 맞추어 춤을 추고 노래를 부르다가, 북이 울리면 못으로 뛰어와 술을 마시고 고기를 먹었다. 말희는 이 장면을 보면서 좋아했다.

또 말희가 비단 찢어지는 소리를 즐기자, 나라의 값비싼 비단을 모아 모두 찢게 만들었다. 임금이 이처럼 백성을 돌보지 않고 사치와 음란에 빠지자 민초들의 삶은 극도로 피폐해졌고, 굶어 죽는 자들이 속출했다. 난행(亂行, 난폭한 행동 혹은 난잡하고 음란한 행동) 끝에 걸왕은 현명한 신하 관룡봉[20]을 살해하기도 했다.

---

20) 관룡봉(關龍逄, ?~?): 하나라 말년의 대신(大臣). 걸왕이 황음무도(荒淫無道, 술과 계집에 빠져 사람의 마땅한 도리를 돌아보지 아니함)하여 조정의 정치를 돌보지 않을 때, 직간(直諫, 바른말로 잘못을 지적함)을 하였다. "폐하께서 사치에 빠지고 살륙을 일삼으시니, 백성들은 모두 폐하가 일찍 죽기를 바랍니다." 이에 걸왕은 "나는 해와 같다. 저 해가 영원하

이때, 하남성에 근거지를 두고 은인자중(隱忍自重)하면서 힘을 길러오던 제후가 한 사람 있었으니, 그가 다름 아닌 성탕(成湯)이다. 그는 민심이 걸왕으로부터 떠났음을 알아차리고, 1만 5천의 군대를 이끌고 대궐을 기습했다. 대궐 안팎에는 수천 명의 친위대가 지키고 있었다. 하지만 이들 역시 이미 충성심을 잃은 상태였기 때문에 목숨을 걸고 천자를 지켜주지 않았다. 수비대가 허무하게 무너지자 걸왕 역시 비참한 최후를 맞았으니, 450여 년 이어지던 하나라 왕조가 무너지는 순간이었다. 하나라는 이로써 멸망하였고, 그 '원흉'이라 할 수 있는 걸왕과 말희는 남소(南巢, 지금의 안휘성 소현)로 추방되어 그곳에서 생을 마감했다.

"그렇게 해서 말희는 결국 '악녀'로 기록되었네요?"

"하지만 이런 이야기도 있다네. 자신의 존재로 인하여 조국이 걸왕의 침략을 받아 멸망하자 복수를 결심하고, 걸왕으로 하여금 주지육림을 만들고 거대한 궁궐을 짓게 하였다고."

"아! 그렇게 해서 하나라를 멸망케 했으니, 말희의 조국인 유시씨 국의 입장에서 보면 애국자네요?"

"어느 쪽에서 보느냐에 따라 평가가 달라질 수는 있지. 하지만 아무리 '적국'이라 해도 무고한 백성들이 고통을 받았으니, 악녀라는 평가도 틀린 건 아니고."

2) 주왕

중국 고대 왕조 상나라[21]의 제30대 천자 주왕(紂王, 재위기간은 기원전

듯이, 나 역시 영원할 것이다"고 하며, 관룡봉을 감옥에 가두었다가 살해하였다. 그러자 백성들은 "이 해가 언제 없어지나? 내가 너와 함께 망하리라!"고 하며 왕을 원망하였다.

1075~1046년)은 용모가 아름답고, 재능이 매우 탁월했다고 한다. 맨손으로 호랑이를 때려잡을 정도로 힘이 세었고, 행정에 대한 능력도 보통 수준을 넘었다. 그러나 주왕은 타고난 이 능력들을 좋은 쪽이 아닌, 나쁜 쪽으로만 발휘하였다. 타고난 영민함과 상대방을 휘어잡는 말솜씨로 신하들의 입을 다물게 하였으며, 궤변 같은 논리로 자신의 실책을 덮어 버렸다. 지록위마(指鹿爲馬, 사슴을 가리켜 말이라 한다는 뜻)라고나 할까.

"박사님, '지록위마'라면 진시황제를 섬기던 환관 조고(趙高, ?~기원전 207년 무렵)라는 사람이 한 말 아닙니까?"

"허허. 시황제가 죽자 유지(遺志, 죽은 사람이 남긴 뜻)를 조작하여 태자였던 부소(扶蘇)를 죽이고, 어리석은 호해(胡亥, 진시황제의 열여덟째 아들로서 진나라 제 2대 황제. 왕자와 공주 20여 명과 진시황제의 측근 대신들을 살해해 진나라의 멸망을 촉진)를 옹립한 인물인데…."

어느 날, 그는 사슴 한 마리를 어전에 끌어다 놓고, "폐하, 저것은 참으로 좋은 말입니다. 폐하를 위해 구했습니다"라고 말하였다. 호해가 농담하지 말라고 하자, 조고는 정색을 한 채 중신들에게 물었다. 이에 대부분 '말'이라고 대답했으나 게 중에는 '사슴'이라 답한 신하도 있었다. 조고는 바른 말을 한 이들을 기억했다가 죄를 씌워 죽여 버렸다는 것.

"야! 그러니까 조고 전에 이미 주왕이 있었구면요?"

"황제란 자가 흰 것을 검은 것이라, 검은 것을 흰 것이라 우겨 대니 어쩔 것인가? 타고난 능력과 언변으로 기고만장해진 주왕은 무엇이든 제 맘대로 해버린 거지."

---

21) 상나라(은나라): 문헌에 따라 은(殷)이라는 이름으로도 나타지만, 은은 상나라가 멸망한 뒤 낮게 부르던 데서 비롯됨. 따라서 정확한 명칭은 상(商)이다.

그리하여 만년에 들어서는 술로 가득 채운 연못(酒池) 주변의 나무를 비단으로 휘감은 뒤, 고기(인육, 즉 '사람고기'라는 설도 있음)를 매달아 놓고(肉林) 애첩인 달기(妲己)와 함께 배를 타고 노닐면서, 손이 가는 대로 고기를 따서 먹었다고 한다. 이 장면 역시 주지육림(酒池肉林)이라는 고사성어와 딱 들어맞는다고 하지 않을 수 없다.

"박사님, 달기는 어떤 여자인가요?"
"주왕이 달기를 만난 과정도 걸왕, 말희와 비슷하다네."
달기는 유소씨(有蘇氏, 나무 위의 새 둥지를 보고 집 짓는 것을 발명했다는 전설의 인물인 유소씨-有巢氏와는 다른 인물임)의 딸로, 주왕이 유소씨를 토벌하고 전리품으로 얻은 미녀였다. 주왕은 달기의 미모에 반해, 그녀의 마음을 얻는 일이라면 무엇이든 다 했다. 황제의 의무이기도 한 천지신명에 대한 제사를 소홀히 여기고, 백성들에게 세금을 무겁게 매기며, 천하의 온갖 보물들을 모두 독차지했다. 녹대(鹿臺, 사슴각)라는 어전에다 많은 금은보화를 쌓아 놓고, 거교(鉅橋, 식량 창고가 있던 땅 이름. 지금의 하북성 곡주현. 훗날 무왕이 주나라를 친 다음, 이곳의 곡식을 꺼내어 은나라의 백성들을 구휼했다고 함)의 창고에 엄청난 양의 곡물을 저장해 두었으며, 진기한 것이면 무엇이든 궁전 가득히 모아들였다. 별궁에는 사구(沙丘, 모래 언덕)라는 정원을 만들어 놓고, 위락 단지를 조성하여 각 지방에서 모아들인 들짐승과 새를 풀어 기르게 하였다.
사구에는 향기로운 술로 채운 연못을 만들고, 나뭇가지에다 말린 고기를 주렁주렁 매달아 숲을 만들었다. 벌거벗은 남녀가 술래잡기를 하며 그 사이를 뛰어다니게 하고는, 자신은 달기를 옆에 끼고 그 광경을 구경하면서 밤낮없이 고기와 술을 먹고 마시며 놀았다. 이를 보다 못해 학정(虐政)을 그치도록 간언하는 신하가 있으면 잔인한 방법으로 살해했는데, 이른바 포락지형(炮烙之刑)으로 다스린 것이다. 신하로 하여금 기름을 발라 숯불 위에 걸쳐 놓은 구리 기둥 위를 걷게 한 다음(혹은 구리 기둥 위에 눕히고), 미끄러져 타 죽는 모습을 구경하면서 즐거워하였다고 한다. 특히 충심으로 간언하던 비간22)에 대해 "성인(聖人)의 가슴에는 구멍이 일곱 개 있다고 하던데, 어디 한번 열어보자"라는 말과 함께, 산 채로 가슴을 절개하여 심장을 보았다고 한다.

"비간이라면 기자조선을 세웠다는 '기자'와 함께 거론되는 인물이 아닙니까?"

"왜 아니겠나? 어느 시대에나 부패하고 무능한 지도자를 만나면, 백성들의 삶이 고단해지는 법이지."

그 당시 상나라의 삼공(三公)은 구후, 악공, 서백 희창 이 세 사람이었다. 주왕은 구후의 딸을 데려다가 첩으로 삼았다. 이에 화가 치민 구후가 악공과 함께 반란을 일으키려다 발각되고 말았다. 이에 주왕은 구후에게는 죽여 젓갈로 담그는 형을 가했고, 악공에 대해서는 죽여 육포로 만드는 형에 처하게 했다. 희창도 반란에 가담했다는 고발을 받고, 그를 유배시켰다. 그러다가 그가 자신의 영지 일부와 보물을 바치자 풀어 주었다.

주왕은 7년에 걸쳐 높이 180m, 둘레 800m의 호화 궁전 녹대(사슴각)를 짓느라 무거운 세금을 부과함으로써 백성들의 원성을 크게 샀다. 이

---

22) 비간(比干): 주왕의 숙부. 기자, 미자와 함께 '은말 삼인(三仁)' 또는 삼현(三賢)으로 불리며, 대대로 추앙을 받았다.

에 제후들의 맹주 격인 서백 희창(후일의 문왕)이 여상 강태공23)을 재상으로 삼았는데, 강태공은 희창의 아들 발(후일의 무왕)과 함께 군사를 일으켜 상나라를 멸망시키고, 주(周)나라를 세웠다. 무왕과의 싸움에서 패한 주왕은 사슴각의 보물전에 쫓겨 올라가 호화찬란한 보석이 박힌 옷을 몸에 휘감고, 불 속에 몸을 던져 죽었다.

"폭군이나 독재자의 말로는 한결같이 비참하더라고요."

"옛날이나 지금이나, 지배층이 부패, 향락에 빠지면 본인의 몰락은 물론 나라까지 멸망하지 않던가?"

폭군의 대명사 걸왕과 주왕에게 공통점이 있었으니, 자신에게 충언을 하던 신하를 핍박하다 그의 손에 죽었다는 사실이다. 걸왕은 충언을 하던 상나라의 탕제 자을천을 하대로 귀양 보냈다가 풀어 주었는데, 이후 탕제(성탕)가 힘을 키워 하나라를 정복하고 걸왕을 죽인다. 물론 말희도 함께. 그리고 이 탕제의 후손인 주왕 역시 서백 희창을 귀양 보냈다가 풀어 줬는데, 이후 희창은 나라를 키웠다. 그리고 그의 유지를 받든 아들 발(훗날 무왕)이 대군을 이끌고 상나라를 정복하였으니, 주왕은 자신의 궁전인 사슴각에 불을 질러 운명을 다했다. 이때 그는 "난 너희들에게 패배한 것이 아니라, 내 스스로 불나라에 가는 것이다"라고 말했으며, 이에 무왕은 그의 시체를 찾아내 다시 목을 쳤다고 한다. 그리고 달기 또한 처형을 당하였다.

---

23) 강태공(姜太公, ?~?): 주(周)나라 초기의 정치가이자 공신. 본명은 강상(姜尙). 어느 날 그가 웨이수이강(渭水江)에서 낚시를 하고 있는데, 빈새늘 샂아 떠볼년 수나라 희상(나숭에 수나라 문왕이 됨)을 만났다. 희창이 그의 인물됨을 알아보고, 주나라 재상으로 등용하였다. 훗날 '한가하게 낚시하는 사람'을 강태공이라 부르는 속어가 생겼다.

2. 중국의 4대 팜므 파탈

"박사님, 말희나 달기 같은 여자를 부르는 단어가 있지 않나요?"

"팜므 파탈(Femme fatale)이라고, 앞에 나왔던 돈 주앙이나 카사노바와 같은 '옴므 파탈'의 대칭어라고나 할까. 남성을 유혹해 죽음이나 고통 등 극한의 상황으로 치닫게 만드는 '숙명의 여인'을 뜻하지."

팜므는 프랑스어로 '여성', 파탈은 '숙명적인, 운명적인'을 의미한다. 요즘은 악녀, 요부를 뜻하는 말로까지 확대, 변용되어 사용되고 있다. 중국 역사상 불길하고 꺼림칙한 '마녀 전설'에 둘러싸인 여성들로는 전한(前漢)의 여후(呂后, 기원전 241~기원전 180년), 당나라의 측천무후, 청나라의 서태후 세 사람이다. 여기에 서진(西晉)의 가후를 추가할 수도 있다. 그들은 여자로서 권력의 최상층으로 급상승했기 때문에 음흉, 냉혈, 무도, 잔학, 방종, 음탕 등의 부정적인 이미지를 뒤집어썼다.

1) 여후

한나라의 초대 황제인 고조 유방의 아내 여후는 애초에 평범한 여자였다. 그러나 남편이 황제가 되면서부터 정치에 발을 들여놓기 시작하여 창업 공신의 숙청에까지 관여하게 된다. 한 예로 여후는 유방이 원정 나가고 궁을 비웠을 때, 반란을 도모하였다고 모함하며 한신의 허리를 끊어 살해하였다. 심지어 그의 집안 식구들까지 삼족(三族, 보통은 부계, 모계, 처족을 가리킴)을 멸하는 형을 받게 했다.

과연 한신(韓信)이 누구인가? 그로 말할 것 같으면, 유방이 천하를 통일하는데 큰 공을 세운 한나라의 개국 공신으로 소하, 장량과 함께 '한

초삼걸(漢初三杰)'이라 불린 대장군 출신이다. 불량배의 가랑이 사이를 기어 지나갔다는 일화로도 유명하거니와, 죽을 당시 "사냥개는 날쌘 토끼를 사로잡고 나면 잡아먹히고, 활은 높이 나는 새를 잡고 나면 곳간에 처박히는구나!"라며 울분을 토함으로써 '토사구팽(兎死狗烹)'이라는 고사성어와 관련된 인물로 잘 알려져 있다. 그뿐 아니라, 여후는 각지에 제후로 봉해져 있던 유방의 서자(庶子)들을 겁박하고 암살하면서 친정 쪽인 여씨 일족의 세력을 점점 키워 나갔다.

한편, 유방은 그러한 모습의 여후에게서 마음이 점점 멀어져 척부인(戚夫人)을 맹목적으로 사랑하게 되었다. 척부인은 초·한 전쟁24) 중에 유방의 눈에 띄어 그 총애를 한 몸에 받은 측실(첩)로서, 상체를 뒤로 꺾는 초나라 춤을 잘 추었다고 한다. 척부인은 당시의 황태자인 여후의 아들 유영 대신 자신의 아들을 후계자로 삼고자 유방을 졸라 댔다. 마침 유영에 대해서는 아버지인 유방 역시 그 자질에 대해 의문을 품고 있던 참이었다. 반면 척부인의 몸에서 태어난 유여의는 매우 활발하였다. 그러나 유방이 황태자 교체 의사를 밝히자, 중신(重臣)들 전원이 반대하고 나섰다. 이러한 까닭에 황태자 교체 건은 없던 일이 되고 말았다. 이리하여 결국 유방이 죽고 왕위에 오른 사람은 여후의 아들 혜제(惠帝, 본명은 유영)였다.

이때부터 여후의 처절한 복수극이 시작되는데, 먼저 (혜제의 뒤를 이어) 황태자가 된 유여의를 짐주의 독으로 독살하였다. 짐주란 '짐새'라고 하는, 맹렬한 독성을 가진 새의 깃과 털로 빚은 술을 가리킨다. 독수

---

24) 초·한 전쟁(楚·漢 戰爭): 기원전 206년 진나라가 멸망한 후 일어난, 초나라 패왕 항우와 한나라 왕 유방과의 5년에 걸친 전쟁.

리 정도의 크기를 가진 이 새는 살모사(殺母蛇, 살무사. 새끼가 어미 뱀의 몸을 파먹고 나오는 것 같다고 하여 붙여진 이름)와 야생 쥐을 먹고 살며, 온몸에 독기가 있다고 한다. 그래서 그 새가 논밭 위를 날면, 그 아래 논밭이 모두 말라 죽는다는 것. 또 그 깃털에 술잔이 스치기만 해도 이를 마시는 사람은 곧 독사(毒死)한다고 한다. 이처럼 독한 술로 척부인의 아들을 죽인 여후는 척부인마저 감옥에 가둔 뒤, 양손 양발을 잘라내고, 눈을 파내고, 귀를 태우고, 약을 먹여 말까지 못하게 만들었다. 그런 다음 고깃덩어리로 변해버린 그녀를 뒷간(변소)에 들여놓고, '인체(人彘, 인간 돼지)'라 이름 붙여 많은 사람들의 조롱거리가 되게 했다.

복수의 쾌감에 취한 여후는 아들 혜제를 불러, 이 추악한 '걸작'을 자랑삼아 보여 주었다. 그러나 혜제는 도리어 너무 놀란 나머지, 모든 의욕을 상실한 채 술과 여자에 빠진다. 그러다가 즉위한 지 7년 만인 24세에 요절하고 말았다. 이에 여후는 궁녀가 낳은 남자아이를 황제의 자리에 앉힌 다음, 입을 막기 위해 그 궁녀까지 살해한다. 꼭두각시 황제를 대신하여 여후는 전권을 행사하였고, 자신의 친정 식구들로 정부 요직을 채웠다.

마침내 여후가 62세로 세상을 뜨자, 중신들이 쿠데타를 일으켜 여씨 일족을 멸망시키고 그 세력을 깨끗이 쓸어버렸다. 그 후 후한(後漢, 25~220년) 때 '적미군'[25]은 안치되었던 여후의 사체까지 훼손하였으

---

25) 적미군(赤眉軍): 중국 신(新)나라(9~24년) 말기에 일어난 반란군의 이름. 기원후 18년, 번숭 등이 군사를 일으켜 그 세력은 1년 만에 1만여 명이 되었다. 급기야 22년에는 번숭군이 관군 1만여 명을 죽이기에 이르렀다. 번숭 등은 왕망(신나라의 황제)이 보낸 10만여 군사들과 싸우기 전, 눈썹을 붉게 물들여 아군의 표식으로 삼았다. 이로 인하여 적미(赤眉), 즉 '붉은 눈썹' 군대로 불리게 되었다.

며, 광무제(후한의 제1대 황제)는 그녀의 황후 지위와 시호(諡號, 사망 후 공덕을 칭송하여 붙인 이름)를 박탈해 버렸다.

그런데 참으로 이상한 일은 그녀가 정권을 잡은 기간 동안 '죄인은 적고 생활은 풍요로웠으며, 천하가 태평하였다'는 점이다. 결국 이것은 여성이 정권을 잡은 시기를 태평성대로 평가할 수 없었던 '배척의 힘'이 작동했다고밖에 말할 수 없을 것이다. (이나미 리츠코, 『유쾌한 에피큐리언들의 즐거운 우행』, 허명복 옮김, 가람기획, 2006, 35~41쪽)

2) 가후

다음으로, 서진(西晉)의 가후(賈后, 폐후 가씨. 257~300년)는 혜제(惠帝, 사마염의 아들로 본명은 사마충. 여후의 아들 유영과는 구별됨)의 황후로 이름은 가남풍(賈南風)이다. 본래 가남풍은 작은 키에 피부가 검고 추한 용모를 가진 여인이었다. 또 당시 진 무제 사마염은 아들 사마충의 배필로 다른 여인을 염두에 두고 있었다. 그러나 가남풍의 어머니 곽씨의 뇌물을 받은 황후와 대신들이 가남풍을 추천하자 어쩔 수 없이 그녀를 며느리로 맞았다고 한다.

그런데 가남풍의 남편이자 나중에 혜제로 등극하는 사마충은 원래 백치(白癡, 지능이 비정상적으로 낮은 사람)에 가까웠다고 한다. 흉년이 들어 백성이 굶주린다는 말을 듣자 "곡식이 없으면 어째서 고기죽을 먹지 않는 것이냐?"라고도 말하고, 밤에 공부하는데 개구리가 울자 "저 개구리들이 공적(公的)으로 울까? 사적(私的)으로 울까?"라고 묻기도 했다고 한다. 이에 옆에 있는 사람이 "사유지의 개구리는 사적으로 울고, 공유지의 개구리는 공적으로 웁니다"라고 대답했다는, 웃지 못할 이야기.

이러한 아들을 염려한 아버지 사마염은 그를 태자의 자리에서 끌어내리려고 시험 문제를 냈다. 이때 태자비 가남풍이 학자들을 매수하여 답안을 쓰게 했는데, 너무 잘 쓰면 의심을 받을 것이고 너무 못 써도 안 될 것 같아 평범한 수준으로 쓰게 했다고 한다. 물론 아버지가 100퍼센트 이를 믿었을 리 만무하지만, 주변 사람들의 도움을 받아 통치하게 하는 방법도 있고, 무엇보다 손자 사마휼이 총명했기에 태자 자리에 눌러 앉혔지 않았을까 추측된다.

가남풍은 성격이 잔혹하고 질투심이 강해 궁중 사람들이 보는 앞에서 남편 사마충의 수많은 후궁들 배를 가르고, 때려죽였다. 진 무제 사마염은 이것을 알고 크게 노하여 며느리인 가남풍을 유폐(幽閉, 아주 깊숙이 가둠)하려 했다. 하지만 이번에도 황후를 비롯한 측근들이 가남풍을 감싸 실행에 옮기지 못했다. 이후 가남풍이 후계자를 낳지 못하는 것을 걱정한 사마염은 자신의 시녀인 사구(謝玖)를 아들에게 보내어 손자(사마휼)를 낳게 했던 것이다.

사마염이 죽고 사마충이 혜제(재위 기간은 290~306년)로 즉위하자 가남풍은 황후가 되고, 사구의 아들 사마휼이 태자로 책봉되었다. 이때부터 가후는 순식간에 실권을 장악하여 맹위를 떨치기 시작한다. 한편, 태자 사마휼은 가후가 자신을 싫어하는 것을 알고 일부러 정사(政事)에 관심이 없는 척했다. 공부를 게을리 하고 조회(朝會, 임금에게 문안드리고 정사를 논하던 자리)에도 출석하지 않았다. 심지어 궁중에서 노점을 벌이며 장사를 하는 척하기도 했다.

그러나 가후의 질투심은 범상치 않아, 혜제의 아이를 밴 궁녀를 쌍갈래 창으로 마구 때려 유산시키는 일쯤은 식은 죽 먹기였다. 가후가 태자

비 시절 모욕을 준 인물 가운데 양지(楊芷, 무도황후)가 있었다. 무원황후 (시마염의 첫째 정실부인) 양염(楊艷)의 사촌 여동생으로, 가남풍의 악독한 기질을 잘 아는 무원황후가 남편인 무제에게 간청하여 황후로 삼게 한 여인이다. 그러므로 사마충(혜제)의 사촌 이모이기도 한 그녀(양지. 무도 황후)는 사마염의 둘째 정실부인으로, (가후의 입장에서는) 시어머니 뻘에 해당했다. 더욱이 무도황후는 성격이 온순한 데다가 직접 양잠을 칠만 큼 부인으로서의 미덕도 갖추고 있었다. 또 무제가 가남풍을 유폐하려 했을 때, 아직 어려서 그런다며 가남풍을 감싸기도 했었다. 그럼에도 가 후(가남풍)는 여러 차례 자신을 도와준 양지(무도황후)의 아버지를 비롯한 양씨 일족을 숙청하고, 태후인 양지를 폐서인으로 만들어 금용성(金墉 城, 지금의 하남성 낙양시 구역 북쪽에 위치)에 가두어 버린다. 나아가 양지 의 (친정) 어머니마저 사형에 처하려 한다. 이 소식을 들은 양지가 가후 앞에 무릎을 꿇고 엎드린 채, 자신의 머리카락을 잘라 바친다. 그리고 "이 죄 많은 여인에게 성은(聖恩, 임금의 거룩한 은혜)을 내리셔 모친의 생 명만이라도 지켜주십시오"라고 애원을 한다. 시어머니가 며느리에게 엎드려 빈 모양새다. 그러나 가후는 그 말을 비웃으며, 양지마저 강제로 곡기(穀氣)를 끊게 하여 굶어 죽게 만든다. 여기에 더해 (저승에 가서 선황 인 사마염에게 일러바칠까 봐) 관에 온갖 부적(符籍)을 붙여, 쉽게 저승에 가 지 못하고 떠돌게 했다고 한다.

　가후가 양지 가문을 때려잡는 데에는 시댁 식구들을 이용했다. 즉, 시 동생인 사마위와 혜제의 종조부(從祖父, 할아버지의 형이나 아우)인 사마량 을 끌어들인 것. 이때 죽은 사람이 약 3천 명에 이른다고 하는데, 이것이 이른바 '팔왕의 난(八王의 亂)'이다. 기원후 291년부터 306년까지 이어진 중국 서진의 내란으로, '팔왕의 난'이라는 명칭은 내란을 주동한 제후왕이 8명(무제 사마염을 기준으로 숙부 2명, 아들 3명, 조카 1명, 육촌 2명)인 데서 유래하며, 서진 멸망의 직접적인 원인이 되었다.

그러나 가후의 입장에서 끝까지 '눈에 낀 가시'였던 사람들은 중앙 정부에서 큰 영향력을 발휘하는 종친들이었다. 이에 가후는 시동생 사마위를 꼬드겨 조서를 꾸민 다음, 혜제의 종조부 사마량과 그 일가를 역모죄로 몰아 모조리 때려잡는다. 그런 다음 이번에는 '종친을 무고했다'며, 사마위마저 제거해 버린다.

"야! 기가 막히네요. 사마염의 손자 사마휼(司馬遹, 278~300년)은 어땠나요?"

"황태자로서 가장 위험한 인물인데, 가만 두었을 리가 없지. 사마충 혜제의 외아들인 그는 사구(무제 사마염의 시녀)의 소생으로 서자였지. 가후는 젊은 남자들을 궁 안에 불러들여 부정한 짓을 저질렀지만, 혜제와의 사이에서는 끝내 아들을 낳지 못했거든."

그렇게 해서 황태자 자리를 남편의 '서자'에게 내준 가후는 여동생 가오와 그 남편의 아들 한위조를 데려와 자신과 혜제 사이에서 태어난 아들이라고 주장하기에 이른다. 가후의 어머니 곽씨는 임종에 앞서 "다른 건 몰라도, 황태자 사마휼에게만은 해를 끼치지 말라"고 타일렀다고 한다. 하지만 가후는 이를 듣지 않는다. 가후는 사마휼을 별실에 가둔 다음, 황제의 하사주(下賜酒)라며 술 세 되를 억지로 마시게 한다. 그리고는 반악26)으로 초안을 작성하게 하여 만취한 사마휼에게 베껴 쓰게 한다.

---

26) 반악(潘岳): 시인 겸 문인으로 문학적 재능이 뛰어났으며, 용모 또한 매우 수려했음. 황제

그 내용은 "폐하(사마충)와 가남풍께서는 이제 그만 물러나십시오. 그러지 않으면 가만있지 않겠습니다"라는 것이었다. 술 때문에 쓰러져 적지 못한 부분은 그의 필적을 이용해 가후가 보충했다.

다음 날 사마충은 사마휼을 폐위시켜 서인(庶人)으로 만든 다음, 허창(하남성 허창현 장반향에 위치)으로 압송케 했다. 이걸로도 부족했든지, 가후는 그녀의 정부(情夫)였던 태의령(太醫令, 황실의 의료 담당자) 정거(程據)에게 독약을 만들게 하고, 항문(黃門, 왕의 시종) 손려의 손에 그것을 들려 보냈다. 이때 사마휼은 측간에서 일을 보고 있었는데, 갑자기 뛰어 들어온 손려가 강제로 독약을 먹이기 시작했다. 이에 사마휼이 저항하자 약 찧는 절구로 때려죽이는데, 그 소리가 담장 너머까지 들렸다고 한다. 당시 그의 나이는 겨우 23살이었다.

이러한 가후의 폭정에 견디다 못해 무제의 숙부이자 조왕(趙王)인 사마륜이 군대를 이끌고 쳐들어와 가밀(가후의 조카)을 참수하였고, 혜제는 가후를 폐서인으로 강등시켜 유폐시켰다. 그 후 사마륜은 가남풍에게 독약을 강제로 먹여 자결케 한다. 이에 가남풍은 "사마륜이 역적이다!"라며 숨을 거두었다. 향년 44세. 추녀에 잔인한 성정, 호색까지 겸비한 악녀, 그가 바로 가후(가남풍)였던 것이다. (위키백과, "가후")

가후의 수많은 악행 가운데 특히 유명한 것은 그 상식을 벗어난 '음탕함'이었다. 그녀는 저잣거리에서 미소년들을 납치하여 실컷 즐긴 다음 마음에 들면 보물을 주고, 마음에 들지 않으면 목을 졸라 죽인 후 상자나 자루에 넣어 강에 버렸다고 한다. 가후에게는 여후에게서 나타난 강한

의 곁에서 시중을 드는 급사황문시랑(給事黃門侍郎, 5품)의 벼슬을 맡았으나 성품이 경박하고 아첨을 잘하여, '팔왕의 난' 때 체포되어 살해당함.

질투심, 잔인성, 친정 식구들에 대한 편애라고 하는 결점 외에 '음탕성'이라는 새로운 요소가 첨가되어 있었던 것이다. (이나미 리츠코, 앞의 책, 42~44쪽)

3) 측천무후

중국 역사상 유일한 여제(女帝)가 된 측천무후(본명은 무측천)는 당나라 제3대 황제인 고종(재위 649~683년)의 아내이다. 최고의 정치적인 감각을 지닌 유능한 인물이지만, 철두철미 현란한 추문의 주인공이기도 하다. 벼락부자 장사꾼인 그의 부친은 벼슬에 대한 야망을 불태우다가 겨우 지방 장관 자리에 올랐다. 그러나 무측천이 12세 때 세상을 떠나고 말았다. 그로부터 3년 후, 풍만한 미소녀로 자란 무측천(측천무후)은 그 미모를 앞세워 당나라 2대 황제인 태종의 후궁으로 들어간다. 당 태종(599~649년)의 본명은 이세민으로서, 아버지를 핍박하고 형제들을 살해하여 황제 자리에 오른 인물이다. 고구려를 침략했다가 안시성 전투(성주 양만춘과 백성들이 힘을 보아 세계 최강이던 당나라 군대를 물리침. 태종이 눈에 화살을 맞았다는 이야기가 전해짐)에서 치명적인 패배를 당하기도 했던 그는 중국 역사상 '최악의 폭군' 혹은 '최고의 현군(賢君)'이라는 모순된 평가를 받기도 한다. 그러나 이렇다 할 인연도 없이 그(태종)가 세상을 하직하자, 무측천은 장안의 감업사라는 절로 들어가 여승이 된다. 그곳에서 참배 나온 태종의 아들 고종의 눈에 들어, 다시 후궁으로 들어간다. 그러나 태종 생전에 이미 고종과 깊은 관계였다는 설이 있다.

명문가 태생인 황후 왕씨(王氏, 고종의 황후)는 미모와 인품, 처신이 나무랄 데 없었으나 남편과의 사이에 자식이 없었다. 그 와중에 후궁인 숙비 소씨가 고종의 총애를 받으며 그 아들을 황태자로 삼으려 하자, 그녀를 견제하기 위해 태종의 후궁이었던 무측천을 궁으로 불렀다는 설도 있다. 그야 어떠하든, 무측천(측천무후)이 아들을 얻은 다음 막 딸까지 낳았을 때, 황후 왕씨가 무측천의 거처로 위문을 온다. 이때 방안에는 갓난아이밖에 없었다. 잠시 후 황후 왕씨가 떠나고 고종이 왔을 때, 아기는 싸늘한 시체로 변해 있었다. 황후 왕씨가 살해의 혐의를 뒤집어쓸 수밖에 없는 상황이었다. 그러나 실제로 아이를 살해한 장본인은 무측천 자신으로서, 그녀는 황후 왕씨가 자리를 떠난 뒤 이불을 뒤집어씌워 아이를 질식사시켰다고 한다. 사건의 진상을 알 리 없는 고종은 이 일로 황후 왕씨를 폐위시키고 무측전을 황후로 세우기 위해 중신들에게 압력을 가한다. 그러나 황후 왕씨 뒤에는 세습 군벌들이 지키고 있어 일이 제대로 진척되지 않았다. 그러자 '산동 집단'이라 불린 신흥 관료 계층이 일치단결하여 무측천을 지지하기 시작한다. 그리고 마침내 무측천은 655년, 32세의 나이로 그토록 바라던 황후의 자리에 오르고야 만다. (이나미 리츠코, 앞의 책, 45~48쪽)

한편, 왕씨는 숙비 소씨와 함께 사방이 막혀 밥그릇 하나가 겨우 들어갈 수 있는 방에 감금되었다. 그러던 어느 날, 문득 두 사람이 그리워진 고종은 몰래 찾아가 음식을 넣어 주었다. 이 사실을 알게 된 측천무후는 왕씨에게 장 1백 대를 때리고, 손발을 잘라 죽였다. 그리고 왕씨의 성을 '구렁이'를 뜻하는 망(蟒)으로 바꾸게 하였다. (위키백과, "측천무후")

측천무후는 고종을 대신하여 전권을 장악한 다음, 다른 여성의 자식이었던 황태자 이충을 폐위시키고 자신의 장남인 이홍을 황태자로 앉혔다. 그리고 수렴청정을 통해 실질적으로 중국을 통치하였다. 3대 황제

고종의 병세가 악화하자 무후는 섭정이 되어 전권을 행사했으며, 그 해 이홍이 죽자 둘째 아들인 이현(李賢)을 황태자로 세웠다. 680년에는 둘째 아들 이현을 폐위시키고, 셋째 아들인 이현(李顯)을 황태자로 세운다. 683년 고종이 죽자 이현(李顯)이 황제가 되었는데, 이 사람이 바로 4대 황제인 중종(中宗)이다. 그러나 중종이 처가 식구들을 후하게 대접하려고 하자 그를 냉혹하게 끌어내리고, 넷째 아들 이단(李旦)을 황제로 삼았으니 그가 당의 5대 황제인 예종이다.

684년 서경업 형제가 일부 황족들과 연합하여 양주에서 반란을 일으켰으나 측천무후는 40일 만에 이를 진압하였다. 688년에도 태종 이세민(측천무후의 시아버지)의 열네 아들 가운데 하나인 월왕 이정(越王 李貞)이 군사를 일으켰지만 곧바로 진압하였고, 이정은 음독자살한다. 무후는 반대파에 대한 밀고와 감시를 기초로 공포 정치를 펼치며 자신의 권력을 강화하였다. 황실 안팎의 반대파를 제거한 무후는 67세 때인 690년, 예종을 폐위시키고 직접 황제 자리에 올랐다. 그리고 나라 이름을 '대주(大周)'라 고치고, 수도를 장안에서 뤄양(낙양)으로 옮겼다. 이때부터 당나라 이름은 사라지고, 새로운 주 왕조가 등장한 것이다. 이때의 주(周)를 고대의 주(周)나라와 구분하기 위해 무주(武周)라 부르며 측천무후, 즉 무(武)측천이 일으킨 이 쿠데타를 무주혁명(武周革命)이라 일컫는다.

측천무후는 친정인 무씨(武氏) 일족으로 하여금 정치권력의 중추를 장악하게 하는 한편, 비밀경찰을 수족(手足, 손발)처럼 움직여 반대 세력을 말살토록 했다. 또 황제를 천황(天皇)으로, 황후는 천후(天后)라고 부르게 함으로써, 천상(天上)까지 포함한 전 우주의 지배자임을 과시하였다. 또 관례를 고쳐서 '어머니가 돌아가신 때에도 아버지의 경우와 마찬가지로, 삼년상을 지낼 것'을 조례로 발표하기도 했다. 유교의 '여성 배척 이데올로기'에 대한 일종의 도전인 셈이다.

측천무후는 미각이 뛰어났던 데다 미모 또한 출중했다고 한다. 아름다운 미모는 식습관과 연관이 깊다고 추측되는데, 측천무후는 비타민과 무기질이 많이 들어 있는 음식을 자주 먹었으며, 꽃으로 만든 음식을 즐겼다고 한다.

측천무후는 즉위 2~3년 전, 마약 장사였던 한 남자를 알게 되고, 그를 승려로 만들어 궁중에 드나들 수 있게 하였다. 이 남자(이름은 설회의)는 측천무후의 총애를 등에 업고 위세를 떨쳤다. 그러나 상식에 벗어난 그의 행동에 염증을 느낀 측전무후는 그를 면직시킨 다음, 딸인 태평공주로 하여금 그를 죽여 버리도록 했다. 이러한 추문이 그녀를 음녀(淫女) 전설의 시초로 세운 것이 아닐까 짐작해본다. 물론 60이 넘은 나이로 염문을 일으켰다는 사실이 잘 이해가 되지는 않지만.

이 남자의 뒤를 이어 장역지, 장창종이라는 미소년 형제가 등장한다. 80세에 가까워진 측천무후는 이 미소년 형제를 총애했다. 그에 따라 형제는 권세를 부렸고, 사람들은 당연히 그들에게 비웃음과 분노를 나타냈다. 699년 이후 환관(내시)을 비롯한 총신(寵臣, 총애를 받는 신하)들이 횡포를 부리는 와중에 그녀 자신도 병석에 눕게 되었다. 이에 705년 중종을 따르는 무리가 반란을 일으켜 황궁으로 쳐들어왔다. 재상 장간지(張柬之)는 장역지, 장창종 형제를 살해하고 측천무후에게 물러날 것을 요구하였다. 이에 측천무후는 태상황으로 물러나고, 다시 황태자가 되었던 중종이 698년에 복위하여 당 왕조가 부활하였다. 이후 상산시는 승승장구하다가 위황후(韋皇后, 중종의 황후)에 의해 좌천된 후, 울분 속에 사망하였다. 한편, 측천무후는 82세 되던 해 12월 16일, "황제가 아니라 황후로서 장례를 치르고, 묘비에 한 글자도 새기지 말라"는 등의 유언을 남기고 세상을 떠났다. 이에 따라 측천무후의 무주(武周) 왕조는 겨우 15년 만에 막을 내리게 되었다. (이나미 리츠코, 앞의 책, 48~55쪽)

"그래도 험하게 죽진 않았네요. 박사님, 측천무후가 잔인하긴 했으되, 업적도 있지 않을까요?"

"물론. 오랫동안 굳어 있던 정치 시스템에 숨통을 트이게 하고, 또 민중들에게도 대단히 인기가 있었다고 해. 그런데도 '여자'가 세상을 바꾸려고 한 사실을 보아 넘길 수 없었던 사람들은 그녀를 온갖 단점과 불명예의 진흙탕 속으로 끌어들이려 하였던 거지. 그러고 보면, 중국의 '마녀 전설'은 역사의 픽션(허구)에 의해 만들어진 것인지도 몰라."

"마녀 전설이요?"

"보통 마녀(魔女)라고 하면, 저주 및 약물 제조에 능한 전설 속의 여성혹은 사악한 여자 요정을 가리키거든. 마녀들이 타고 다닌다는 '빗자루'가 남근을 상징한다고도 하고. 마녀가 이 빗자루에 환각성 마약을 발라사타구니에 끼운 채 펄쩍펄쩍 뛰어다니는 까닭은 국부(局部) 속으로 그마약이 들어갔기 때문이라는 이야기도 있단 말이지. 유럽에서 중세 말기 이후 '마녀사냥'이 시작되었는데, 이때에는 마녀들이 악마들과 난교(亂交)를 맺는다는 생각이 퍼져 있었어."

측천무후는 과거 제도를 통해 인재를 등용하였으며, 행정 체계를 대대적으로 정비하였다. 때문에 백성들의 생활은 안정되었다. 그녀의 통치기는 태종이 통치하던 '정관의 치'에 버금간다는 평가를 받아 '무주의치'라고 불리며, 이후 당의 전성기인 현종27) 때의 '개원의 치'의 기초를 마련하였다는 평가를 받는다. 이 시기에 일처다부제가 실시되기도 했었는데, 거대한 제국 가운데 이런 사례는 유례를 찾아보기가 어렵다.

4) 서태후

"서태후도 아주 독했다면서요?"

"여후, 측천무후와 더불어 중국 역사상 3대 악녀 중 하나로 꼽히고 있는 여자. 서태후는 사치와 환락 면에서도 따라올 사람이 없었는데, 우선 그녀가 얼마나 잔인하다고 알려져 있는지부터 알아보세."

서태후(1835~1908년)는 죄인의 옷을 벗긴 뒤 그물로 몸을 조여 매고, 그물코로 불거지는 살을 단도(短刀, 날이 한쪽에만 서 있는 짧은 칼)로 도려내어 죽였다고 한다. 이때 1천 번을 버티는 사형수는 석방해 줬다고. 또 매일 남자를 한 명 골라 음란한 밤을 보낸 후, 그 다음날 그 남자를 머리만 내놓고 땅에 묻어 버렸다.

"왜 그랬을까요?"

"자신의 치부를 드러낸 꼴이라 그걸 발설하지 못하게 하려 그랬는지, 아니면 싫증이 나서 그랬는지 그건 몰라. 하지만 문제는 거기서 끝이 아니라는 사실이야."

서태후는 땅에 묻혀 꼼짝 못하는 남자의 두피에 길게 칼집을 낸 뒤, 수은28)을 끓여 상처를 벌려 들이부었다. 그렇게 하면 수은이 피부 밑으

---

27) 현종: 당나라의 제6대 황제(재위 712~756년). '개원의 치'로 칭송받는 태평성대를 이룸. 그러나 말년에 중국 역사상 최고의 요부로 알려진 며느리 양귀비와의 로맨스로 국정을 살피지 않아 755년 '안사의 난'이 일어나는 빌미를 제공했음.
28) 수은(水銀): 상온(常溫, 자연 그대로의 기온. 보통 섭씨 15도를 가리킴)에서 유일하게 액체 상태로 있는 은백색의 금속 원소. 독성이 있으며, 끓는 온도는 섭씨 356.6도이다.

로 흘러 들어가고, 결국 남자는 고통을 이기지 못해 그 가죽을 땅에다 남겨 놓고 근육 덩어리 채로 밖으로 뛰쳐나온다. 그리곤 격심한 고통에 몸부림치다가 죽었다고 한다.

"이야, 세상에…."

"상대를 자신과 똑같은 '인간'으로 보았다면, 차마 그럴 수가 없겠지. 반면 자신의 육체를 위해서는 온갖 탐욕과 사치를 다 부렸는데…."

우선 식탐(食貪, 음식을 탐냄)이 대단했고, 진귀한 음식에 관심도 많았다. 서태후는 음식뿐만 아니라 외모에도 각별히 신경을 썼다. 노년에는 자신의 미용을 위해 날마다 산모(産母)들을 처소까지 불러, 신선한 모유(母乳)를 매일같이 먹었다고 한다. 이때 산모는 무릎을 꿇은 채 서태후에게 젖을 물려야 했는데, 이는 서태후가 본인의 존엄성이 훼손되는 것을 싫어했기 때문이라고 한다. 그래서 이화원29)에 살 때도 전화를 놓지 않았는데, 그 까닭은 상대방이 누워서 통화하는지 무릎을 꿇고 통화하는지 알 수 없었기 때문이다. 서태후의 운전기사도 무릎을 비스듬히 꿇고 차를 운전해야만 했기 때문에, 늘 잔사고가 많았다고 한다.

옷은 3천여 상자나 되어 하루에도 몇 번씩 갈아입었고, 언제나 비취(에메랄드 녹색을 띠는 장식용 광물)와 진주로 머리 장식을 했으며, 비취 구슬과 진주를 매단 옷을 입었다. 비취 팔찌, 비취 반지뿐 아니라 손톱에까지 비취 보호판을 달았다. 물론 이러한 내용에 다소의 과장은 있는 것으로 보인다.

---

29) 이화원: 중국 베이징의 북서쪽 하이뎬 구에 위치한 황실 원림. 1153년 금나라 해릉양 왕이 이곳 산기슭에 행궁을 짓기 시작한 이래, 서태후에 이르러 중건(重建, 보수하거나 고쳐 지음)되었다. 1998년 유네스코 세계 유산에 등재되었다.

"참 이상한 것이 성욕이 강한 사람은 먹는 것, 입는 것, 사는 곳… 즉 의식주(衣食住)에도 굉장히 집착하더라고요."

"모든 일에 절제심이 부족한 때문이 아닐까? 육체에 열중한다는 공통점도 있고. 서태후의 성장 과정부터 알아보세나."

1852년 봄, 청나라 황실의 전국 궁녀 간택에서 16세의 소녀가 황제의 눈에 들어 궁녀로 뽑혔다. 황실 등기부에 '나랍 씨(만주족 가문인 엽혁 나랍 씨 출신) 여자'라고만 올라 있을 뿐, 이름은 없었다. 그러나 10년도 채 되지 않아 이 소녀는 권력의 사다리를 타고 올라가 중국의 최고 통치자가 되었던 바, 그가 바로 자희(慈禧, 서태후)이다. (장융, 『서태후』 제1권, 이종인 옮김, 책과함께, 2015a, 19쪽)

1850년 2월, 청 제국의 제8대 황제인 도광제가 사망하고, 그의 네 번째 아들이 함풍제(1831~1861년)로 즉위했다. 그의 즉위식 후에 전국 규모의 후궁 간택이 실시되었고, 자희는 그 후보 명단에 올라 북경(베이징, 청의 통치 기간 중국의 수도)으로 갔다. 자희의 집안은 여러 세대에 걸쳐 정부 관리로 근무하였고, 그 덕분에 자희의 어린 시절은 근심 걱정이 없었다. 자희는 한문을 조금 읽고 쓸 줄 알았으며, 그림을 그리고, 장기를 두고, 옷을 만들고 수놓는 기술도 익혔다. 만주족이었기에 전족(纏足, 어린 소녀의 발을 묶어 자라지 못하게 하는 풍속)은 하지 않았다. 간택을 위해 후보들은 집안 배경과 용모 외에 여성적인 품위를 보여야 했고, 황실에서 행동하는 요령 또한 숙지해야 했다.

자희의 경우 뛰어난 미인은 아니었지만, 기품 있는 자태를 지니고 있었다. 150cm를 겨우 넘어 그리 크지 않은 키였지만, 겉옷과 신발, 머리 장식 덕분에 실제보다 커 보였다. 피부는 매우 좋은 편이었고, 두 손은 부드러웠다. 코는 높았고, 아름다운 입과 붉은 입술, 하얀 치아, 반짝거리는 눈을 갖고 있었다. 간택 과정에서 자희는 표현력 풍부한 눈빛으로 함풍제의 마음을 사로잡았다. 최종 후보에 올라간 자희는 자금성[30]에서 하룻밤을 묵었다. 그리고 다른 소녀들 몇몇과 함께 그녀가 원하던 후궁으로 간택되었다.

자희가 입궁할 날짜는 1852년 6월 26일로 정해졌는데, 도광제의 2년 복상(服喪, 상복을 입는) 기간이 끝난 직후였다. 후궁 중에서도 가장 낮은 등급이었던 자희에게는 네 명의 궁녀가 딸려 있었고, 하루 3kg의 고기만 소비할 수 있었다. 그런데 본디 함풍제는 조산아로 태어나 건강이 좋지 않은 데다 말에서 떨어지는 바람에 다리까지 절었다. 그럼에도 방사(房事)를 좋아하여 후궁 수를 19명으로 늘렸다. 후궁들 외에 자금성 바깥에서 여자들을 데려오기도 했다. 다만 자금성에는 엄격한 규칙이 있었기 때문에 여자들을 외딴곳에 자리한 여름 궁전 원명원(圓明園, 베이징시 하이뎬 구에 위치)으로 몰래 들여오기도 했다. 함풍제는 이러한 분위기 속에서 거의 2년 동안 자희에게 특별한 총애를 보이지 않았다.

그러나 자희는 서로 사이가 좋았던 '입궁 동기생' 정 황후의 도움으로 6급에서 5급으로 승진하였고, 동시에 '의귀비(懿貴妃, '의'는 '모범'이라는 뜻)'라는 지위를 하사받았다. 드디어 1856년 4월 27일, 자희는 아들을 낳았고 이 사건은 그녀의 운명을 송두리째 바꾸어 놓았다. 자희의 아들

---

30) 자금성(紫禁城): 중국 베이징에 있는 명·청 시대의 궁궐. 1420년 완공되었으며, 24명의 황제가 이곳에서 살았다. 현존하는 세계 최대 규모(동서 길이 약 753m, 남북 길이 960m, 담장 길이 약 4km)의 궁전으로, 800여 채의 건물과 8,886여 개의 방을 가지고 있다. 1925년부터는 고궁(故宮)박물원으로 개관하여 다양한 유물을 전시하고 있다. 1987년 유네스코 세계 문화유산으로 지정되었다.

은 황제의 첫아들로서, 황실로서는 원자(元子, 장차 황태자로 책봉될 황제의 맏아들)를 얻은 셈이었다. 황제는 그 즉시 자희를 1급으로 승급시켰다. 아들 덕분에 자희는 내명부(內命婦, 궁중에서 봉사하던 여자들의 품계)에서 정 황후 다음 가는 2인자의 자리를 확고히 보장받았다. 이에 힘입어 자희는 황제로 하여금 자신의 18세 여동생을 황제의 이복동생인 순친왕과 결혼시키기까지 하였다. (위의 책, 26~42쪽)

함풍제는 자신의 임종 사리에 최측근 8명을 불러 유언을 남겼다. "자희가 낳은 다섯 살 재순이 황위에 오를 것이다"라는 내용이었다. 아들이 황위에 올랐지만, 자희에게는 정치적 실권이 없었다. 귀비(貴妃, 황제의 후궁. 황후 다음의 서열)의 신분이었기에 새 황제(동치제)가 될 재순의 공식적인 어머니도 아니었다. 공식 어머니는 바로 정 황후였다. 이제 자희에게 정 황후와의 갈등은 불가피해 보였다. 이때 섭정단(군주를 대신하여 나라를 통치하는 집단)이 묘책을 찾아내었으니, 두 사람 모두에게 '황태후'라는 칭호를 주기로 한 것이다. 이때부터 자희는 '동태후'인 정 황후와 구별하여 '서태후'라 불리게 되었다.

그러나 두 여인에게 '공동의 적'이 있었으니, 그것은 오랫동안 정사(政事)를 주무르는 8명의 고명대신(顧命大臣, 왕의 유언을 받은 대신)들이었다. '정변'은 서태후의 묘략에서 출발하였는데, '모든 칙명(勅命, 임금이 내리는 명령)에 서태후와 동태후의 인장(印章)이 들어가야 한다'는 조항을 넣도록 하는 한편, 당시 신분이 가장 높은 공친왕(함풍제의 이복동생)을 동맹으로 삼은 것이다. 그로 말할 것 같으면, 성품이 고결하여 별다른 욕심이 없었다. 전열을 가다듬은 서태후는 고명대신의 지도자 격인 숙순(함풍제의 대리청정까지 맡았던, 황족 출신의 장군)을 체포하여 단두형에 처하고, 정친왕 단화와 이친왕 재원은 기다란 비단 천으로 자결하도록 명하였으며, 다른 5명은 모두 풀어 주었다. 남편인 함풍제가 사망한 지 두 달 만에, 세 명만 죽이고 정권을 빼앗아오는 데 성공한 것이다. 1861년 10월 9일(음력), "앞으로 국사는 두 황태후가 친히 결정할 것이다"라는 내용의 새 황제(재순) 명의의 칙령이 선포되었다. 그리고 마침내 서태후의 아들 재순은 황위에 올라, 청나라 제10대 황제 동치제(同治帝)가 되었다. (위의 책, 74~89쪽)

"야! 서태후가 쿠데타를 일으킨 것이네요?"

"허허허. 하지만 그것은 백성들의 소망을 반영한 것인 데다, 능수능란하게 처리되었다네. 그래서 마치 장관 한 사람을 바꾸는 것처럼 자연스럽게 비추어졌고. 또 그때부터 서태후는 엄청난 존경의 대상이 되었지."

"잔인하고 비정한 서태후에게도 '사랑'이 있었을까요?"

"비극으로 끝난 사랑(1869년)이 있었다네."

청 제국의 통치자로서 보낸 초창기에 서태후는 20대 후반에서 30대 초반의 나이였다. 환관들로 둘러싸인 깊은 구중궁궐에서 그녀는 소안자(혹은 안덕해)라고 하는 환관을 사랑하게 되었다. 태후보다 8살 아래인 소안자는 총명하고 잘생겼는데, 서태후는 그에 대해 매우 대담하면서도 위험한 조치를 취하게 된다. 그것은 소안자를 소주(蘇州, 쑤저우. 비단과 정원으로 유명한 운하 도시)에 파견하여 용포(龍袍, 임금이 입던 정복) 준비를 감독하게 한 일이다. 이에 대해 많은 사람들이 (환관) 구경을 나왔고, 고위 대신들은 충격에 빠졌다. 청나라에는 '환관들이 도성 밖으로 나가서는 안 된다'는 규정이 있었기 때문이다. 순친왕, 옹동화(동치제의 스승),

공친왕을 포함하여 거의 모든 대신들은 그를 처형해야 한다고 입을 모았다(대관들은 두 사람의 '추문'이 널리 퍼지는 것을 사전에 막으려 했음). 동태후가 나서 선처를 호소했지만, 소용없었다(당사자인 서태후는 그 결정에 참여할 수 없었음). 결국 현지에서 소안자는 참형에 처해졌고, 다른 여섯 명의 환관과 고용된 일곱 명의 경호원도 참수의 칼날을 피하지 못했다.

소안자의 시체가 며칠 동안 공개되자 사람들은 그에게 성기(性器)가 없다는 사실을 직접 확인하게 되었다. 서태후는 소안자의 사물(私物)들을 모두 수습해 가져오게 한 다음, 그것을 친정 남동생들 가운데 한 사람에게 보관토록 하였다. 그리고 "서태후가 소안자를 죽게 했다"고 불평한 소안자의 친구를 잡아들여, 목 졸라 죽이도록 명령했다.

이후 몸과 마음이 무너진 서태후는 한 달 이상 침대에 누워 있어야만 했다. 어의들은 일종의 신경쇠약이라고 진단했다. 그녀는 위로조차 받지 않으려 했다. 심지어 아들의 병문안조차 거절했다. 다만 자신의 궁궐에서 매일 연극을 상연하도록 하고, 끝없이 음악을 연주하게 했다. 소안자의 처형은 서태후에게 '다시는 애인을 만들지 않겠다'는 결심을 하도록 만들었다.

"서태후에게도 그런 면이 있었네요?"

"그 상처 때문에 이후에는 사랑보다 정치에 심혈을 기울였던 것이 아닌가 싶어."

서태후의 아들 동치제(청나라 제 10대 황제)는 다섯 살 때부터 엄격한 교육을 받았다. 그의 사부들은 학식이나 도덕에 있어 최고의 수준에 오른 인물들이었다. 하지만 동치제는 학문에 그리 흥미를 느끼지 못했고, 이에 스승 옹동화는 자신의 일기에 엄청난 분노를 표현하며 신음하였다. 즉위하기 직전까지도 학업이 부진하여 두 태후가 울음을 터뜨릴 정도였다.

한편, 10대 사춘기에 이른 동치제는 방사(房事, 남녀의 성관계)의 즐거움에 빠져들었다. 이 길로 인도한 사람은 궁중의 잘생긴 젊은 학자 왕경기(王慶祺)였다. 글방의 동무로 임명받은 그는 황제와 함께 기회가 있을 때마다 자금성 밖으로 빠져나가 창녀와 남창(男娼, 창부. 돈을 받고 매춘 행위를 하는 남자)을 찾아다녔다. 그러는 동안 궁중은 그의 후비(后妃) 간택으로 분주했다. 그의 비빈을 고르는 일은 3년이나 걸렸는데, 중간에 소안자 사건과 서태후의 신경쇠약이 끼어들었기 때문이다. 1872년 초, 그가 16세가 되기 직전에 비빈이 결정되었다. 수백 명의 젊은 처녀들 중에서 몽골 출신의 아로특 씨(가순)가 황후로 간택되었다.

이 10대 소녀는 모범적이고 흠잡을 데 없는 규수라는 평가를 받았다. 그녀의 아버지는 회시(會試, 3년에 한 번씩 수도인 북경에서 행하는 최종 과거 시험)에서 장원 급제를 한 유일무이한 몽골인이었다. 훌륭한 몸가짐에 용모가 아름다운 그녀는 유교 경전에도 박식했다. 동치제와 동태후는 가순을 맘에 들어 했다.

그러나 서태후는 가순을 탐탁지 않게 여겼다. 왜냐하면, 가순의 외할아버지 정친왕은 고명대신 가운데 한 명으로서, 정변 당시 그녀가 하얀 천을 내려 자살토록 한 인물이었기 때문이다. 또 그녀에 의해 참형에 처해진 숙순은 가순의 친할아버지의 사촌 형이었다. 그래서 서태후는 가순 대신에 봉수(鳳秀, 만주족 군대에 속한 6품 관직 출신)의 딸로서 재기발랄한 푸차(부찰)가 더 마음에 든다는 의견을 내놓았었다. 그럼에도 아들의 호소에 굴복하여 그가 선택한 여자를 받아들였던 것. 고집을 꺾은 서태후는 가순의 외가에 몰수된 저택을 돌려주고, 남자 후손들의 지위도 회복시켜 주라고 지시했다. 서태후가 맘에 들어 한 봉수의 딸에게는 황제의 두 번째 배우자로서 혜비(慧妃)라는 칭호가 주어졌다.

하지만 궁전 밖의 성적 쾌락에 심취해 있는 동치제의 입장에서는 가순과 동침할 생각이 전혀 없었다. 첫날밤 신랑은 신부에게 사랑을 나누는 대신 당시(唐詩)를 암송해 보라고 했다. 이 의무적인 하룻밤을 보낸 후, 가순은 동치제의 처소에서 물러나 황후의 궁으로 갔다. 결국 가순과 봉수의 딸, 다른 세 명의 후궁 모두는 똑같이 고독한 한 평생을 보낼 운명이었다.

1873년 가을, 동치제는 칙명을 내려 원명원(북경에 있는 황실 정원)을 재건하겠다는 뜻을 알렸다. 명분은 두 태후가 은퇴 후 거주할 궁전이 필요하다는 것. 서태후는 이에 열광했다. 그런데 동치제는 그곳에 자신이 머물 거처를 먼저 만들라고 지시했다. 자금성을 빠져나와 북경의 홍등가를 찾아다니는 일에 불편을 느꼈던 그는 밖에 나가지 않고도, 자유로이 '성적 모험'을 추구하고 싶었던 것이다. 그러나 곧 복구공사에 반대하는 목소리들이 터져 나왔다. 동치제는 그 탄원자들을 비난하며, 일종의 '경고'로서 한 관리를 파면했다. 이러한 대치 국면에서 동치제의 지나친 연극 감상, 정무 태만, 야간의 미복(微服, 지위가 높은 사람이 남의 눈을 피하려고 입는 남루한 옷) 외출 등이 거론되었다. 공사 추진이 불가능해지자 동치제는 자금성 서쪽에 있는 서원(西苑, 황실의 정원. 오늘날 중국 공산당 최고위 간부들이 사는 중남해)으로 시선을 돌렸다. 대신들이 이 집들을 보수하는 데 동의하면서 공사는 바로 시작되었다. 그러던 어느 날, 동치제는 천연두에 걸리고 말았다. (위의 책, 158~170쪽)

이에 신하들과 황제까지 나서 두 태후가 국정을 맡아달라고 탄원서를 올렸다. 서태후는 권력이 다시 자신의 손에 들어와 한결 안심이 되고 기쁘기도 했다. 여전히 동치제의 몸은 회복되지 않았다. 1875년 1월 12일, 그는 만 19세가 되지 않은 나이로 사망했다. 서태후가 그를 독살했다는 주장도 있으나 이것은 근거 없는 말이다. 다만 동치제가 천연두가 아닌 매독으로 사망했다는 주장에 대해서는 일부 그럴 수도 있겠다는 설이 있다. 이후 동치제의 놀이 친구인 왕경기는 궁중에서 쫓겨나고, 동치제를 모시던 환관들은 매질과 유배 등의 징벌을 받았다. 이 무렵 가순황후의 친정아버지 숭기는 딸에게 음식 통을 보내왔다. 열어 보니 빈통. 딸은 그것을 '곡기를 끊어 자결하라'는 뜻으로 알고, 남편이 사망한 지 70일 후인 3월 27일에 세상을 떠났다. 서태후가 며느리를 학대하여 죽음으로 몰아넣었다거나 서태후가 권력을 놓지 않기 위해 사자(嗣子, 상속자)를 임신한 가순 황후를 살해했다는 주장도 있다. 물론 어느 쪽에도 객관적인 증거는 없다.

서태후는 새 황제로 세 살 난 재첨을 지명했다. 그는 순친왕과 서태후의 이복동생 복진 사이에서 태어난, 말하자면 서태후 자신의 조카였다. 이때 함께 있던 순친왕은 발작을 일으키며, 방바닥에 계속 머리를 찧다가 기절하고 말았다. 재첨보다 먼저 태어난 아들이 죽었는데, 이제 재첨마저 영원히 잃어버릴 것이라는 상실감 때문이었다(소안자 사건으로 순친왕에게 원한이 맺힌 서태후가 그에게 복수한 사건으로 보기도 함). 동이 트자 이제 막 잠에서 깨어난 아기는 몇 가지 의식을 거쳐 황제 자리에 올랐으니, 이가 바로 광서제이다. 1881년 동태후마저 급사(서태후가 독살했다는 주장도 있음)하자 정치는 완전히 서태후의 독무대가 되었다. (위의 책, 176~185쪽)

서태후는 잘 정돈된 삶을 살았다. 아침 8시까지 뭉그적거리다가 숙소의 창문을 열면 온 궁전이 들썩거렸다. 서태후가 직접 디자인한(진주로 장식한) 망토를 겉옷 위에 입고 앞부분이 네모꼴로 된 신발을 신고 전각(殿閣, 왕이나 황제가 사는 큰 건물) 밖으로 걸어 나가면, 궁녀가 휘장을 열어젖힌다. 그 순간, 기다리고 있던 환관들이 일제히 무릎을 꿇고 큰소리로 외쳤다.

"오늘도 모시게 되어 커다란 즐거움입니다!"

담배를 두 대 피우고 나면, 아침 식사가 나왔다. 제일 먼저 나오는 것은 차와 우유였는데, 서태후가 마시는 우유는 사람의 젖에서 나온 것이었다. 그래서 여러 명의 유모가 고용되었는데, 유모들은 그들의 젖먹이들과 함께 궁중에 들어왔다.

서태후는 식욕이 좋아서 하루 세끼(매 끼마다 접시 100개 이상)를 충분히 먹고도 중간에 간식을 먹었다. 그녀에게는 하루 31kg의 돼지고기와 닭과 오리 각각 한 마리, 그 밖에 채소와 식자재가 추가되었다. 진열된 음식통 안에는 여러 종류의 죽, 떡, 과자(찐 것과 구운 것, 튀긴 것 등)가 있었고, 콩국에서 맑은 수프까지 다양한 국거리가 있었다. 또 간장과 기타 향긋한 양념으로 요리한 오리 간 같은 반찬들도 많았다. (위의 책, 262~263쪽) 쌀을 비롯한 곡물류, 벌꿀, 호도 열매, 소나무 열매, 계란, 제비집,31) 생선 지느러미 살, 목이버섯(탕수육 등의 요리에 많이 쓰이는 귀와 비슷한 모양의 버섯) 등이 준비되었다.

---

31) 제비집(燕窩, 연와): 바닷가 절벽 80~100m 높이에 해초와 생선뼈 등을 모은 바다제비가 자기의 깃털에 침을 뒤섞어 만든 둥지. 빈혈, 이비노신 등이 풍부한 신성식품이시난, 채취하기가 어려운 만큼 값이 매우 비싸다. 청나라 제6대 황제인 건륭제가 매일 아침 '제비집 수프' 한 그릇을 마신 덕분에 88세까지 장수하였으며, 서태후 역시 '제비집 요리'를 무척 좋아하였다고 한다.

그러나 이 가운데 서너 가지에만 손을 댈 뿐, 나머지는 쳐다보지도 않았다. 거창함을 강조하기 위해 장식용으로 차린 것이다. 그녀의 식사에 초대받은 사람은 황제를 제외하고는 모두 서서 먹어야 했다. 그녀의 식탁에서 나온 음식들은 황실의 호의 표시로서 신하들에게 나누어졌다. (위의 책, 258~264쪽)

서태후가 있는 자리에선 누구라도 무릎을 꿇거나 서 있어야만 했다. 서태후가 궁을 이동할 때마다 지정된 관리들은 반드시 무릎을 꿇고, 궁 앞에서 마중을 해야 했다. 어느 비 오는 날, 한 관리는 몸에서 빗물이 뚝뚝 떨어지는 채로 무릎을 꿇고 대기했다. 이상하게 붉은색과 초록색 물이 떨어져 자초지종을 알아보니, 가난하여 색종이로 만든 관복을 입고 있었다. (장융, 『서태후』 제2권, 이종인 옮김, 책과함께, 2015b, 513~514쪽)

이홍장(우두머리 총독으로서 청나라의 근대화와 부국강병에 힘씀)의 후임인 원세개(위안 스카이. 조선에 주둔한 청군의 사령관 및 1912~1916년 중화민국 초대 대총통을 역임함)가 어느 날 서태후에게 자동차를 선물했다. 자동차는 황실의 상징인 황색으로 도색되고 용무늬가 그려졌으며, 옥좌 같은 의자가 안에 장착되어 있었다. 서태후는 그 자동차를 몹시 타고 싶어 했다. 하지만 운전사가 무릎을 꿇거나 선 채로 자동차를 모는 일은 불가능했기 때문에 결국 자동차를 타지 않았다. (위의 책, 516쪽)

서태후는 여자들에 대한 오래된 편견을 싫어했다. 한 연극 중에 가수가 '가장 사악한 것은 여자의 마음'이라는 가사를 되풀이하여 부르자, 벌컥 화를 내며 그 가수를 무대에서 끌어내리라고 지시하기도 했다. 남존여비 사상을 거부하는 그녀의 태도는 자신의 경험에 의해 형성된 것으로 짐작된다. 아들(10대 황제인 동치제)과 양아들(11대 황제 광서제)을 대신한 그녀의 통치가 성공적이었음에도 불구하고, 그녀는 자신의 이름으로 통치하는 천명(天命)은 거부당했다. 아들들이 성년이 되면 그녀는 물러나야 했고, 더 이상 정치에 관여할 수 없었다. 현재의 상태를 바꾸려면 폭력적이고 극단적인 수단을 써야 하는데, 그녀는 그러고 싶은 마음은 없었다. 당시 서태후는 측천무후와 달리 합의에 의한 통치를 선호하여, 반대세력을 학살하기보다 설득하는 방식을 택했다. (장융, 앞의 책, 2015a, 276~277쪽)

"잔인한 성정 치고는 의외네요?"

"허허. 현실을 고려한 선택일 수도 있고."

"정말로 욕심이 없었을까요?"

"물론 서태후도 대가가 크지 않다면, 여황제 선언을 하고 싶었겠지."

1908년 11월 14일 오후 6시 33분, 어의들은 광서제(서태후의 지원으로 즉위한 제11대 황제)의 붕어(崩御, 황제의 죽음)를 알렸다. 광서제가 비소(砒素) 중독으로 죽었다는 사실은 2008년, 그의 유해를 법의학적으로 조사한 결과 명확하게 밝혀졌다.[32]

"스스로 황제가 될 것도 아니면서 왜 그랬을까요?"

"(만약 서태후가 광서제를 죽게 했다면) 그를 무능하다고 본 거지. 그런 황제를 남겨두고 본인이 먼저 죽으면, 청 제국이 일본의 손아귀에 넘어가고 말 것이라 염려한 거 아닐까?"

광서제가 사망한 후, 여러 해 동안 훈련시킨 재풍(순친왕. 광서제의 이

---

[32] 비소 중독 사망: 중국 전문가팀이 2003년부터 조사를 벌인 끝에, 광서제가 비소 성분의 비상(砒霜)을 먹고 살해된 것을 확인했다.

복동생이자 부의의 친아버지)이 섭정으로, 그리고 그의 두 살 난 아들 부의[33]가 차기 황제로 지명되었다. 아이를 황제로 지목했다는 것은 재풍을 섭정으로 두겠다는 뜻이며, 더 나아가 혹시 그녀가 죽지 않을 경우 계속 권력을 통제하겠다는 의지를 드러낸 것이었다. 서태후는 밤을 새워 일을 처리했다. 아침 11시가 되자 그녀는 일하는 것을 그만두어야만 했다. 죽음이 임박했기 때문이다. 그로부터 세 시간도 지나지 않아 그녀는 사망했다.

서태후가 사망한 지 3년 뒤인 1911년, 봉기와 폭동이 대규모로 일어나고, 만주족에 대한 학살이 시작되었다. 12월 6일 재풍은 섭정 자리에서 물러나며, 모든 결정을 황태후(광서제의 아내였던 융유황후)에게 맡긴다고 선언했다. 이로써 268년간 중국을 지배하던 청나라는 종말을 고하고, 동시에 중국을 2천 년 이상 지배해 온 전제 군주제도 막을 내렸다. (장융, 앞의 책, 2015b, 559~566쪽)

"박사님, 서태후의 업적은 뭘까요?"

"청나라를 근대화의 길로 이끌었다는 점이겠지."

서태후로 인해 청나라는 근대 국가의 특성들(철도, 전기, 전보, 전화, 서양 의학, 현대식 육해군, 현대식 해외 무역 및 외교 수행)을 받아들일 수 있었다. 서양식 학교와 대학이 자리를 잡고, 언론이 창달했으며, 선거가 도입되었다. 여성들을 전족에서 해방하였으며, 처음으로 여학생들을 외

---

33) 부이(溥儀, 푸이): 세 살의 나이로 제12대 황제 자리에 올라 아버지의 섭정을 받으며 3년간 황제로 있었다. 1911년 신해혁명이 일어나면서 제위에서 물러났으며, 1934년 일본의 괴뢰국인 만주국 황제로 추대되었다. 소련에 포로로 억류되었다가 중국으로 송환되었으며, 베이징에서 사망했다.

국으로 보냈다. (장융, 앞의 책, 2015b, 497~500쪽)

하지만 그녀의 무덤은 끝내 훼손되고 말았다. 1927년 장개석이 이끄는 급진적인 국민당원들은 정변을 일으켜 새롭게 정권을 잡았다. 서태후가 사망한 지 20년이 지난 1928년, 제멋대로인 군인들이 부장(副葬)한 보석들을 약탈하기 위해 그녀의 능묘로 침입했다. 장교와 병사들은 다이너마이트를 사용해 벽에 구멍을 내고 들어간 뒤, 서태후의 관을 총검과 쇠막대기로 마구 찔러 열었다. 서태후 주변의 보석들을 강탈한 뒤에도 그녀의 옷을 찢고 치아를 뽑아내는 등 숨겨진 보물이 없는지 확인했다. 그녀의 유해는 드러난 채로 방치되었다. (장융, 앞의 책, 2015b, 567~569쪽)

청의 마지막 황제 부의는 이 소식을 들은 뒤, 엄청난 충격을 받았다. 1924년 자금성에서 쫓겨나 천진(톈진. 화베이에 위치)에서 살고 있던 그는 가문 사람들을 보내 서태후의 유해를 다시 매장한 뒤, 장개석 정부에 항의했다. 부의는 서태후의 입안에 있던 진주가 장개석의 부인 송미령34)의 신발 장식이 되었다는 풍문을 듣고, 지독한 원한을 품게 되었다. 이로 인해 그는 일본과 손을 잡아야겠다고 결심하였다. 이후 만주를 정복한 일본은 괴뢰국인 만주국을 세워 부의를 황제로 앉혔다. 이어서 일본은 1937년, 중국 본토를 침략했다.

노벨문학상을 수상한 펄 벅35)은 "모두가 그런 것은 아니지만, 서태후

---

34) 송미령(쑹메이링): 재벌 송씨 가의 세 자매 중 막내. 장개석(장제스. 중국국민당 정부의 주석 및 타이완의 국민정부 주석)과 결혼한 중국의 정치가. 1966년에는 대한민국의 독립을 지원한 공으로 건국훈장 대한민국장을 받기도 했음. 둘째 언니인 송경령은 남편인 손문(쑨원. 중화민국의 대총통)이 사망한 후, 제부(弟夫)인 장개석과 정치적으로 대립각을 세웠다고 함.
35) 펄 벅(1892~1973년): 미국의 소설가. 중국 가난한 한 농가의 삶을 그린 소설 『대지(大地)』로 퓰리처상을 받고, 1938년 노벨문학상을 수상하였다. 1967년 부천에 '소사희망원'을

의 백성들은 그녀를 사랑했다. 그녀가 죽었다는 소식을 듣고, 작은 마을 사람들은 '이제 누가 우리를 돌봐 준단 말인가?'라며 울었다"고 기록하고 있다. (장융, 앞의 책, 2015b, 569~571쪽)

3. 서양에 등장하는 팜므 파탈

화려한 외모와 선정적인 몸매의 한 여자가 한 남자를 감미롭게 유혹한 후, 파멸로 이끈다는 팜므 파탈. 때로는 공멸(共滅)을 자초하기도 한다. 팜므 파탈이 문학적인 캐릭터로 가장 잘 형상화된 것은 문학사에 있어서 유례없는 스캔들을 일으킨 보들레르(프랑스의 시인, 1821~1867년)의 시집 『악의 꽃』이다.

1) 『악의 꽃』

깊은 하늘에서 오느냐, 심연에서 솟느냐,

오 미녀여! 네 시선, 그악스럽고도(사납고 모질고도) 거룩하여,

선행과 죄악을 어지럽게 쏟아 부으니,

너를 그래서 술에 빗댈 수 있으니.

너는 네 눈에 석양과 여명(黎明, 새벽)을 담고 있거니,

너는 폭풍우 몰아치는 저녁처럼 향기를 내뿜고,

네 입맞춤은 미약(媚藥, 성욕을 일으키는 약), 네 입은 술 단지,

세워 한국 전쟁 고아, 혼혈 아동을 손수 돌보았다. 박진주(朴眞珠)라는 한국어 이름도 있다.

영웅을 비겁하게 아이를 담대하게 만든다.

캄캄한 구렁텅이에서 나오느냐, 별에서 내려오느냐?
운명이 넋을 잃고 개처럼 네 속치마를 뒤쫓는구나.
너는 닥치는 대로 환희와 재난을 뿌리고,
일체를 다스리되 일절 책임지지 않는다.

넌 주검들을 밟고 가는구나. 미녀여! 네가 비웃는 그들을.
네 보석들 중에도 공포는 매력이 적잖고,
너의 가장 값진 장신구들 가운데 살인이
너의 오만한 배 위에서 어여삐 춤추는구나.

현혹된 하루살이가 너, 촛불을 향해 날아들어,
따닥따닥 불타면서도 하는 말, "이 불길을 축복하자!"
제 예쁜 여자 위에 몸을 기울이고 헐떡거리는 애인은
제 무덤을 어루만지는 다 죽어가는 환자 같아라.

네가 천국에서 오건 지옥에서 오건, 무슨 상관이냐.
오 미녀여! 거대하고, 끔찍하고, 천진난만한 괴물아!
만일 너의 눈, 너의 미소, 너의 발이 내가 사랑하면서도
일찍이 알지 못한 무한의 문을 열어만 준다면?

사탄에게서 건, 신에게서 건, 무슨 상관이냐?

천사건, 세이레네스36)이건, 무슨 상관이냐, 만일 네가,-비로드37) 눈의 요
정이여,

율동이여, 향기여, 빛이여, 오 나의 유일한 여왕이여!-

세상을 덜 추악하게 하고, 순간순간을 덜 무겁게만 해 준다면?

- 샤를 보들레르, 「미녀 찬가」, 앞의 책, 29~31쪽

이 작품에 대해 황현산은 "전체 시 구성의 토대가 되는 하늘/지옥, 천
사/악마의 이분법은 그 자체로 팜므 파탈 또는 매혹적인 미의 이중성을
드러낸다"고 평했다. 그러나 이 시집은 출판(1857년) 직후 '종교와 풍속
을 해친다'는 이유로 기소되어 재판 소동을 벌인다. 시집의 출간으로 가
난에서 벗어나려 했던 보들레르는 오히려 상당한 액수의 벌금을 지불해
야 했으며, 시집은 여섯 편의 시를 삭제당하여 치명적인 손상을 입는다.
(샤를 보들레르, 앞의 책, 104~109쪽)

"보들레르의 독특한 성품과 기질이 성장 환경에서 영향을 받았을까요?"

"아버지는 6살 때 돌아가셨고, 어머니는 소령과 재혼하는데….."

일찍부터 사창가를 드나들기 시작한 보들레르는 대학에 입학하기
전, 이미 성병에 걸려 있었다. 손에 돈이 들어오면 바로 써 버렸고, 옷을
사기 위해 많은 빚을 냈다. 21살 때 상당한 재산을 상속받았으나 25개
월 만에 절반을 탕진해 버린다. 그의 가족들은 나머지 돈을 법정 후견인

---

36) 세이레네스(Seirens): 반(半)은 여자이고 반(半)은 새인 바다의 괴물 혹은 마녀. 바닷가 외
    딴 섬에 살면서 절묘한 연주와 노래로 지나가는 뱃사람들을 유혹하여 좌초시켰다. 오늘
    날 경보 장치인 '사이렌(Siren)'은 바로 이 그리스 신화에 착안하여 프랑스의 발명가가 이
    름을 붙인 것이다.
37) 비로드: 포르투갈로 veludo(비로드), 영어로 velvet(벨벳), 우리말로 우단(羽緞)이라고
    도 함. 곱고 짧은 털을 촘촘히 돋게 짠 비단.

에게 맡겨 1년에 일정액의 연금만 받아가도록 하였다. 이 무렵 보들레르는 매춘부의 딸 뒤발을 만나 애인 관계가 된다.

보들레르의 첫 작품은 『1845년의 살롱』이라는 예술 비평이었는데, 출판 직후부터 사람들의 관심을 끌었다. 그해 여름, 칼로 자살을 시도했으나 실패하고 만다. 게으르고 느린 데다 까다롭기까지 한 보들레르는 1857년, 첫 시집이자 가장 유명해진 작품 『악의 꽃』을 출판한다. 여기에서 그는 섹스와 죽음, 레즈비언, 우울, 도시의 붕괴, 사라진 순수성, 삶의 억압성 등의 주제를 다룬다. 그는 어머니에게 보낸 편지에서 이렇게 말하고 있다.

"이 책은 차갑고 불길한 아름다움을 입고 있습니다. 이것은 분노와 인내로 쓰인 책입니다. …(중략)… 이 책은 사람들을 화나게 만듭니다. 그러나 나는 이 책이 문학적 소양이 있는 독자들에게 빅토르 위고(『노트르담의 꼽추』, 『레 미제라블』로 널리 알려진 프랑스의 낭만파 작가)나 고티에(프랑스의 낭만파 시인이자 소설가) 등의 명시(名詩)들과 나란히 기억될 것을 알고 있습니다."

보들레르는 1861년 삭제된 6편의 시 대신 새로 35편을 더하여 재판(再版)을 출간한다. 그리고 유죄 판결을 받은 지 1백여 년이 지난 1949년 5월 11일, 보들레르에게는 무죄 판결이 내려졌고, 그의 삭제된 6편의 시는 프랑스에서 다시 출판되었다.

보들레르는 아름답고 매력적인 여인의 11가지 태도를 정의해, 팜므 파탈의 구체적인 모습을 그려 내기도 했다. 그것은 ①싫증난 태도 ②지루해하는 태도 ③감정을 드러낸 태도 ④뻔뻔스러운 태도 ⑤냉정한 태도 ⑥속이 뻔히 들여다보이는 태도 ⑦지배하려는 태도 ⑧의지를 드러내는 태도 ⑨심술궂은 태도 ⑩아픈 듯한 태도 ⑪어리광과 무관심과 악의가 섞인 고양이 같은 태도 등이다.

2) 성경에서의 팜므 파탈

"오늘날 팜므 파탈의 이미지가 드라마, 연극, 영화, 광고, 대중매체 등으로까지 확장되고 있는 것은 여성의 사회 진출과 관계가 있지 않을까요?"

"그렇게 바라보는 시각도 있지. 어떻든 남성에게 있어 팜므 파탈은 두려움과 성적 욕망의 대상으로 표현되곤 한다네."

"성경에서도 인류의 에덴동산 추방 사건을 여자와 관련시키고 있잖아요? 이브(하와)38)가 남편인 아담을 선악과로 유혹한 일 말입니다. 과연 이브는 악녀였을까요?"

"글쎄. 나로서는 왈가왈부할 수 있는 문제가 아닌 것 같네만, 일단 그 내용부터 알아보도록 하세."

신화에 등장한 인류 최초의 여자는 판도라(이른바 '판도라의 상자'는 인류의 불행과 희망을 상징함)이고, 구약성서에 나오는 최초의 여자는 이브이다. 어느 날 하나님은 최초의 인간 아담이 매사에 흥미를 잃고 침울해 한다는 사실을 알았다. 그를 안쓰럽게 여긴 하나님은 아담이 잠든 사이에 갈비뼈 하나를 꺼내 이브를 창조했다. 그런데 사악한 뱀의 꼬임에 넘어간 이브가 금단(禁斷)의 열매인 선악과를 따 먹고, 남편에게도 먹기를

---

38) 이브(하와): 히브리어(이스라엘 어) '하바'에서 출발해 헬라어(그리스어) '유와'와 라틴어(로마 어) '헤바'를 거쳐 영어 성경에서 '이브'로 확정됨. 그러므로 히브리어로 된 성경을 번역하면 '하와(모든 살아 있는 것들의 어머니)'가 되고, 영어로 된 성경을 번역하면 '이브'가 된다.

권한다. 선악과를 먹은 후 눈이 밝아진 두 사람은 자신들이 알몸임을 깨닫고, 수치심에 얼굴을 붉힌다. 동시에 둘은 선과 악, 사랑과 미움, 삶과 죽음의 차이도 알게 된다.

인간이 금기를 어긴 사실을 알게 된 신은 둘을 낙원에서 추방한다. 쫓겨난 부부는 살을 섞는 황홀한 쾌락을 맛본 대신, 노동과 출산의 고통, 죽음의 공포를 경험한다. 인간은 육욕의 기쁨을 얻은 대가로 불행을 겪게 되었다. 육체적 사랑에서 원죄가 생겨났고, 섹스가 신과 인간 사이를 영원히 갈라놓은 것이다. 이리하여 이브는 순진한 남자를 유혹하여 죄악의 구덩이로 빠뜨린, 사악한 요부의 표본이 되었다.

이후 미술가들은 여성에 대해 남자를 유혹하는 음란한 괴물로 표현하기 시작했다. 여자가 악마의 속삭임에 열심히 귀를 기울이거나 시탄과 성교하는 순간을, 또는 뱀이 여자의 생식기와 가슴을 칭칭 감고 있는 엽기적인 장면을 그림에 묘사했다. 성직자들도 '여자 때리기'에 발 벗고 나섰다. 교회는 '저주받은 존재'인 여성이 남성을 타락시키지 않도록 철저한 예방 조치를 취했다. 여자가 수도원에 접근하는 것을 금지했고, 여성들이 교회에 바치는 기부금도 거절했으며, 여성이 성직자의 길을 선택하는 것마저 철저히 막았다. 여성은 지옥의 딸이자 악마의 공범자라는 인식이 팽배했기 때문이다.

그러나 어느덧 여성은 승리자로 표현되기에 이르렀다. 오스트리아 화가 클림트(1862~1918년, 2014년 기준 '세상에서 가장 비싼 그림 100위' 안에 그의 작품 4개가 들어감)는 실로 관능적인 이브를 창조했다. 만개한 꽃처럼 농염한 이브의 몸에서 생명의 에너지가 넘치는 데 반하여, 이브의 배경으로 전락한 아담의 몸에서는 죽음의 냄새가 풍겨 나온다. 이브가 찬란한 빛이라면, 아담은 그녀의 어두운 그림자이다. 이브는 사랑의 승리자요, 아담은 성욕의 덫에 걸려든 희생자이다.

셰익스피어 이후 가장 위대한 영국 작가로 손꼽히는 밀턴은 그의 서사시 「실낙원」[39]에서 아담이 이브와 공모하여 신을 거역하는 것으로 묘사했다. 아담은 이브가 혼자만 죄악에 빠지는 것을 두고 볼 수 없어 함께 선악과를 나눠 먹는다. 아담은 이브를 향한 넘치는 사랑을 주체하지 못해, 그녀의 죄를 스스로 뒤집어쓰고 고통의 길을 택한 것이다. 이로써 이브는 아담을 유혹하여 타락의 길을 걷게 한 요부가 된다. 이브의 후예인 모든 여자는 팜므 파탈이 될 수밖에 없는 운명을 타고난 것이다. 지금 이 순간에도 아담의 후손들은 영원한 생명을 지닌 채 낙원에서 사느냐, 아니면 섹스의 기쁨을 누리면서 지상에서 고통스럽게 살 것이냐를 놓고 고심한다. 이브는 끊임없이 남자의 영혼과 육체적 욕망을 시험하고 저울질한다. (이명옥, 『팜므 파탈』, 시공아트, 2016, 198~211쪽)

"성경에는 들릴라라는 여인도 나오는데요?"

"삼손이 그 우락부락한 힘으로도 어쩌지 못하고, 머리를 깎이고 마는 장면인데…."

삼손은 『구약 성경』의 「사사기」에 나오는 이스라엘의 장사로서, 그 강한 힘으로 이스라엘을 블레셋으로부터 구해내는 것이 사명이었다. 그러나 애인 들릴라의 꼬임으로 힘의 원천인 머리털을 잘리고 힘을 잃어, 블레셋 사람들에게 두 눈을 잃게 된다. 하지만 하나님에게 기도하여

---

39) 「실낙원(失樂園)」: 영국의 시인 존 밀턴의 장편 서사시(1667년). 『구약성서』의 「창세기」를 소재로 아담과 이브의 타락과 낙원 추방, 인류 구원에 대한 희망 등을 묘사함.

다시 힘을 회복한 다음 이교도(異敎徒, 기독교 이외의 종교를 믿는 사람)의 신전을 무너뜨리고, 자신도 장렬하게 최후를 맞는다.

"들릴라가 여성 악역인 팜므 파탈이란 뜻인가요?"

"들릴라는 당시 유대인과 적대적이었던 블레셋 민족 출신의 창녀였는데, 삼손을 유혹해 괴력의 원천을 알아내려고 했던 것이거든."

들릴라는 성서에 나온 가장 유명한 팜므 파탈이다. 삼손은 미쳐 날뛰는 사자와 맞붙어 맹수의 입을 맨손으로 찢어 단숨에 숨통을 끊어 버리고, 당나귀 턱뼈를 휘둘러 블레셋 사람 1천 명을 저승으로 보낼 정도로 힘이 강했다. 그러나 태어날 때부터 나실인(거룩하게 구별된 자)이었고 나중에 이스라엘의 사사(士師, 정치 및 군사 지도자, 해방자)가 된 삼손에게는 반드시 지켜야 할 몇 가지 금기 사항이 있었다. 술과 부정한 음식을 먹지 않고, 시체를 가까이 하지 않으며, 괴력의 근원인 머리카락을 자르지 않는 것. 그러나 블레셋 지도자들로부터 은 1천 냥에 매수된 들릴라가 갖은 아양을 떨면서 비밀을 가르쳐 달라 조르자, 삼손은 그녀의 꾀임에 넘어가 그 비밀을 털어놓고 만다. "내 머리카락이 잘리면, 초인적인 힘은 몸에서 떠나게 된다오."

회심의 미소를 짓던 들릴라가 삼손을 잠재우자 적들은 그의 머리카락을 벤 후, 칼로 두 눈을 도려냈다. 그리고 노예처럼 방아를 돌리게 한다. 그러나 블레셋 사람들이 간과한 사실이 하나 있었다. 그것은 그의 머리털이 다시 자라면, 힘을 회복하게 된다는 것. 그들은 삼손을 다곤(농사를 주관하는, 블레셋 족속의 주신) 신전으로 끌고 가 조롱을 퍼부었다. 이때 힘을 되찾은 삼손은 신전의 기둥을 뽑아 신전을 무너뜨리고 함께 죽는데,

이곳에서 한 번에 죽인 자가 그전까지 살면서 죽인 자보다 더 많았다고 한다. 그럼에도 불구하고 삼손은 여자의 간교한 유혹에 빠져 비극을 초래한 남자, 정욕에 눈이 멀어 자신의 본분을 망각한 자로 기록되어 있다.

삼손과 들릴라가 펼친 '사랑과 배신의 드라마'는 예술가들의 창작욕을 끊임없이 자극했다. 예술가들은 수많은 작품 속에서 들릴라를 요부로 묘사했다. 그녀가 팜므 파탈이 된 까닭은 자신의 성적 매력을 미끼삼아 남자를 유혹하고, 배신하여 잔인하게 파멸시켰기 때문이다. 두 사람의 러브스토리가 후세에 전하는 메시지는 명확하다. 아름다운 여성이 간계(奸計, 간사하고 교활한 꾀)를 써서 성적 공세를 펼치면, 남자는 속수무책으로 당한다는 것.

이스라엘의 영웅 삼손은 여자의 속임수에 넘어가 비참하게 몰락했다. 연약한 여자 들릴라는 섹스라는 무기로 '인간 터미네이터(종결자라는 뜻을 가진 무적의 전사)'를 굴복시켰다. 이로써 들릴라의 이름은 음욕(淫慾)의 동의어가 되었고, 삼손의 이름은 정욕으로 자멸한 남자의 대명사가 되었다. 음탕한 요부, 돈과 성욕을 반죽해 빚어낸 탕녀(蕩女), 그가 바로 들릴라이다. (위의 책, 241~252쪽)

3) 살로메

"동서양의 역사를 보면, 타고난 미모와 지략(智略)으로 영웅들을 침실로 인도하고, 마침내 영웅과 그 나라까지 파멸로 몰아간 여성들이 많았던 것 같아요."

"앞에서 말한 여후, 가후, 측천무후, 서태후 외에도 희대의 미녀로 손꼽히는 서시, 소설 『금병매』의 요염한 주인공 반금련까지. 서양의 팜므 파탈의 이미지도 다양한데, 예컨대 잔혹과 신비, 음탕과 매혹 등으로 나타난다네."

첫째, 잔혹. 성경에 등장하는 살로메(1세기에 활동한 유대 여성)는 동서고금을 통하여 가장 악명 높은 요부로 단연 첫손가락에 꼽힌다. 그녀는 자신의 성적 매력을 미끼로 한 남성을 유혹하여 그가 또 다른 남성을 살해하도록 부추긴다. 그녀는 그 남성에게 자신이 점찍은 남자의 잘린 머리를 쟁반에 담아 선물로 줄 것을 요구한다. 그리고 선혈이 낭자한 남자의 잘린 머리를 받고는 더없는 희열을 느낀다.

> 마침 헤롯의 생일이 되어 헤로디아의 딸이 연석(宴席, 잔치 자리) 가운데서 춤을 추어 헤롯을 기쁘게 하니 / 헤롯이 맹세로 그에게 무엇이든지 달라는 대로 주겠다고 약속하거늘 / 그가 제 어머니의 시킴을 듣고 이르되 세례 요한의 머리를 소반(小盤, 짧은 발이 달린 작은 상)에 얹어 여기서 내게 주소서 하니 / 왕이 근심하나 자기가 맹세한 것과 그 함께 앉은 사람들 때문에 주라 명하고 / 사람을 보내어 옥에서 요한의 목을 베어 / 그 머리를 소반에 얹어서 그 소녀에게 주니 그가 자기 어머니에게로 가져가니라.
>
> — 『마태복음』, 14장, 6~11절

그런데 젊고 아름다운 공주가 왜 하필 세례자 요한(예수에게 세례를 베풀고, 장차 예수가 메시아로 올 것을 예언함)의 목을 요구했을까? 이를 알기 위해서는 먼저, 성경에 등장하는 여러 명의 '헤롯 왕'에 대한 설명이 있어야 한다. '헤롯 대왕'은 예수가 태어날 무렵 "두 살 아래의 모든 남자아이를 죽여라"라고 명령을 내렸던 왕이다. 예수의 가족이 이집트로 피난해 있을 무렵 사망하였으며, 세 아들에게 이스라엘 땅을 물려주었다.

첫째 아들 아켈라우스는 헤롯 대왕과 사마리아 여인 말타케 사이에서 태어났는데, 성품이 매우 잔인하고 포악했다. 아버지 헤롯 대왕을 이어 유대의 임금이 되었으나 무능한 통치자로 평가되어 기원후 6년 폐위당하였다.

둘째 아들 헤롯 안티파스는 이웃 나라인 나바테아의 공주 파샬리스와 결혼했으나 이혼하고, 그의 배다른 형제 헤롯 빌립 1세[40]의 아내이자 자신의 조카인 헤로디아와 결혼하였다. 성경에 나오는 '헤롯 왕'은 대개 이 사람을 가리킨다. 헤로디아는 헤롯 대왕의 아들들 가운데 하나인 아리스토볼로스의 딸로서, 자신의 이복 삼촌인 헤롯 빌립 1세와 결혼하여 살로메를 낳았다. 그러나 남편을 버리고, 남편의 형제이자 자신의 이복 삼촌인 헤롯 안티파스와 재혼하였다.

요한은 바로 이 지점을 파고들었다. 즉, 헤롯 안티파스가 제수(弟嫂)이자 조카인 헤로디아와 근친결혼을 감행하자, '그것은 옳지 않은 일'이라며 왕에게 수차례 직언한 것이다. 또 헤로디아에게도 그녀의 부정(不貞)한 행실을 맹렬히 비난하고 저주를 퍼붓는다. 이에 앙심을 품은 헤로디아는 요한을 제거할 음모를 꾸민다. 거기에는 왕이 요한을 의롭고 거룩한 사람으로 여기는 데다 내심 그를 두려워하고 있었던 까닭도 있었다.

헤로디아 왕비는 남편이 의붓딸인 살로메에게 홀딱 반한 점을 이용하는데, 늙은 왕이 딸의 풋풋한 아름다움과 성적 매력에 혼을 빼앗겼다는 사실을 잘 알고 있었던 것이다. 그녀는 자신의 꿈을 실현시키기 위해 딸

---

40) 헤롯 빌립 1세: 헤롯 대왕과 대제사장의 딸 마리암메 사이에서 태어난 아들로서, 헤로디아의 최초의 남편이자 살로메의 아버지이다. 공직에는 오르지 않았다.

을 세뇌시킨다. 살로메의 춤추는 모습을 보면 왕이 숫제 넋이 나간다는 점을 이용하여, 왕이 도저히 거절할 수 없도록 맹세를 받아 내라고 거듭 쐐기를 박은 것이다.

드디어 왕의 생일 잔칫날, 살로메는 왕과 수많은 축하객들이 지켜보는 가운데 관능적이고도 간드러진 춤을 춘다. 춤을 끝마친 살로메는 계부(繼父, 의붓아버지)에게 춤을 춘 대가로 세례자 요한의 목을 달라고 요구한다. 왕은 살로메에게 그 요구를 거둬 줄 것을 요청하지만, 살로메는 차갑게 거절한다. 얼마 후 피가 줄줄 흐르는 요한의 머리가 은쟁반에 담겨져 살로메에게 전해졌고, 그녀는 성자(聖者, 예수를 '죽었다가 살아난 요한'이라 부를 만큼 세례 요한의 영향력이 컸음)의 머리를 모친인 헤로디아에게 자랑스럽게 보여준다. 소름 끼치도록 차갑고 냉정한 살로메의 치명적인 아름다움, 이것이야말로 르네상스 화가들의 마음을 강렬하게 사로잡은 이미지였다.

살로메는 춤을 춘 대가로 값비싼 보석을 주겠다는 것도 단호히 거절하고, 오직 성자의 머리만을 요구한다. 게다가 요한의 잘린 머리를 선물받고 더없는 희열을 느낀다. 그뿐만이 아니다. 이 엽기적인 처녀는 빼어난 미모까지 지녔다. 살로메는 매혹적인 자태로 음란한 춤을 추면서 왕을 욕망의 노예로 만들었다. 즉, 관능미와 잔인함을 환상적으로 구현한 존재가 바로 살로메라는 뜻이다. (이명옥, 앞의 책, 18~30쪽)

"이야! 그토록 잔인할 수가 있다니요. 핏물이 사방으로 튀기는 공포 영화를 본 기분이네요."

"허허. 기분이 오싹하지? 다음은…."

4) 클레오파트라

기원전 50년 무렵, 이집트의 왕좌에 올랐던 여왕 클레오파트라 7세. 그녀는 완벽한 미인이라기보다 재치가 넘치며 분위기 파악에 능한 센스형 미녀였다. 외국어를 구사하는 천부적인 소질을 지녔고, 동서고금의 문헌들을 꿰뚫을 만큼 지성적이었다.

당시 이집트 왕실은 왕실의 순수한 피를 보존하기 위해 근친결혼을 법으로 정해 놓았었다. 따라서 공주인 클레오파트라는 남동생들과 결혼하여 공동 통치자가 될 수밖에 없는 운명이었다. 이에 그녀는 왕을 제거하고 스스로 여왕이 되고자 하였다. 하지만 기원전 48년, 클레오파트라는 남동생인 프톨레마이오스 13세와의 권력 투쟁에서 패배한 후, 강제로 폐위당해 유배되고 만다. 이때 클레오파트라는 알렉산드리아를 정복한 카이사르[41]가 이집트 왕궁에 머물고 있다는 정보를 알아냈다. 과연 그가 누구인가? 루비콘 강[42]을 건널 때 "주사위는 던져졌다"며 계속 전진해갔던 장군, "왔노라, 보았노라, 이겼노라!"라며 정복의 감격을 표현했던, 로마제국의 최고 통치자가 아닌가 말이다.

칠흑같이 어두운 밤, 어깨에 양탄자를 둘러맨 그녀의 충복이 로마 병사들에게 다가가 "집정관에게 바칠 값진 선물을 가져왔다"라고 고한다. 호기심이 발동한 카이사르가 그 양탄자를 풀었을 때, 그 안에서 눈부시게 아름다운 반라(半裸)의 비너스가 솟아올랐다. 카이사르는 평소의 냉

---

41) 카이사르(기원전 100~기원전 44년): 로마 공화정 말기의 정치가이자 장군. 폼페이우스, 크라수스와 제1차 삼두정치(三頭政治)를 시작하였으나 나중에 집정관으로서 최고 지배자가 됨. 그러나 브루투스 등에게 암살됨. 영어로는 '시저', 독일어로는 '카이저'라 부름.
42) 루비콘 강: 이탈리아 북부의 작은 강. 본래 전쟁에 나갔던 장군이 이 강을 건널 때에는 무장을 해제해야 했음. 그러므로 카이사르가 무장한 군대를 이끌고 이 강을 건넜다는 것은 로마 원로원에 대한 일종의 선전포고임.

정함을 잃고 여왕의 매력에 사로잡히고 만다. 그리고 여왕의 정적들을 모두 제거하고, 그녀를 왕좌에 복귀시킨다. 클레오파트라는 당시 열 살인 남동생 프톨레마이오스 14세와 결혼을 하지만, 실질적인 파라오(고대 이집트의 왕)는 클레오파트라였다.

내연(內緣)의 관계인 카이사르와 클레오파트라는 40척에 이르는 호화로운 배를 타고 나일 강을 가로지르며 열정을 불태웠다. 카이사르는 클레오파트라를 기념하는 황금 조각상을 세우고, 두 사람 사이에서 태어난 카이사리온을 자기 아들로 공표하였다. 그러나 기원전 44년 3월 15일, 카이사르는 원로원 회의장에서 무려 23군데나 칼에 찔린 채 처참하게 살해되고 만다. "브루투스, 너마저." 세계를 호령하던 통치자가 친아들처럼 사랑했던 사람의 손에 암살당하며 내뿜은 절규였다(브루투스의 어머니 세르빌리아가 카이사르의 젊은 시절 애인이었다는 설이 있음). 클레오파트라는 카이사리온를 데리고 황급히 이집트로 돌아왔지만, 그곳은 정적들의 음모와 기근, 흑사병이 겹친 최악의 상황에 놓여 있었다. 위기감에 빠진 클레오파트라에게는 새로운 권력자가 필요했다.

그녀는 카이사르의 추도 연설에서 로마의 대중들을 사로잡으며 유력한 차세대 통치자로 떠오른 안토니우스(카이사르 사후, 레피두스 및 옥타비아누스와 제2차 삼두정치를 시행)가 로마제국 동부 지역 사령관 지위에 오른 후, 동방 원정에 나선다는 정보를 입수했다. 기원전 41년, 28세의 클레오파트라는 왕실의 재산을 몽땅 털어 온갖 보석으로 화려하게 치장한 배를 타고 강을 거슬러 올라가 안토니우스를 만난다. 선체는 황금색, 바람을 받아 부풀어 오른 돛은 자주색이었으며, 갑판 중앙에는 금실로 수놓은 장막이 좌우로 열려 있고, 그 아래 옥좌에 사랑의 여신 비너스로 분장한 클레오파트라가 앉아 있었다. 노예들은 은으로 만든 노를 저으며 피리와 하프 가락에 맞춰 춤을 추었고, 배에서는 달콤한 향기가 바람을 타고 코끝을 자극했다. 상상을 초월한 파격적인 첫 만남에 안토니우스는 그만 혼을 뺏기고 말았다. 이후에도 클레오파트라는 안토니우스가 권태를 느끼지 않도록 늘 새로운 볼거리를 개발하고, 산해진미에 악사와 무희를 동원한 화려한 쇼를 연출한다. 심지어 그의 눈앞에서 자신이 뛰어난 미식가이며 부자라는 것을 과시하기 위해, 귀에 걸고 있던 커다란 진주를 포도주 잔에 담가 녹여 마시기도 했다.43)

두 사람 사이에서 이란성 쌍둥이가 태어났고, 클레오파트라의 끈질긴 요구에 의해 정식 결혼식도 거행되었다. 안토니우스는 결혼 선물로 엄청난 이권(利權)이 걸린 오리엔트 지방(보통은 이집트, 아라비아, 시리아, 팔레스타인, 이란까지 포함)의 통치권을 넘겨주었고, 부부의 얼굴을 새긴 동전을 주조했다. 이로써 클레오파트라는 지중해 지역에서 가장 많은 재물을 소유하고 막강한 권력까지 거머쥔 여왕이 되었다. 안토니우스는 대중들의 사랑을 받는 성실부인 옥타비아에게 이혼을 통보했고, 카이사리온(3살 때, 모친 클레오파트라와 함께 이집트의 공동 통치자가 됨. 프톨레마이오스 왕조의 마지막 왕)을 '카이사르의 아들'로 인정한다고 공식 발표했다.

물론 로마인들은 이러한 행태를 참고 바라볼 수 없었다. 기원전 32년, 로마 원로원은 마침내 안토니우스의 권한을 박탈하고 클레오파트

---

43) 진주(眞珠): 순결과 부귀, 건강, 사랑과 쾌락, 상냥함을 상징하는 보석. 젊음을 유지하고 아름다워질 수 있다고 생각한 때문인지, 클레오파트라가 진주를 '식초'에 녹여 먹었다는 이야기가 있다.

라를 '국가의 적'으로 선포한다. 기원전 31년 악티움 해전(그리스의 서북부 악티움 앞바다에서 일어난 싸움)에서 안토니우스는 옥타비아누스(카이사르의 조카 손자이자 옥타비아의 오라버니)에게 완벽한 패배를 맛보고, 결국 자결한다. 안토니우스의 장례를 치르기가 무섭게 클레오파트라 또한 뱀에 물려 39년의 생애를 마무리한다.

후세인들은 그녀가 무화과 바구니 바닥에 숨겨서 들여온 코브라 독사에 젖가슴을 물려 죽은 것으로 추정했다. 이집트인들에게 뱀은 불멸(不滅)을 상징하고, 특히 코브라는 여신 이시스(Isis, 고대 이집트 신화에 나오는 중요한 아홉 신들 가운데 하나)의 분신으로 간주되었다. 그러나 일본의 소설가 시부사와 다쓰히코는 그녀가 맹독성 뱀인 바이퍼라 에스피스의 일종인 혼드 바이퍼에게 젖가슴을 물려 죽었다고 주장한다. 이 뱀의 몸길이는 30인치(약 76.2cm)에 이른다. 그 주장에 따르면, 독성에 관해 잘 알고 있었던 여왕이 고통 없이 순식간에 죽기 위해 맹독성이 가장 강한 것으로 알려진 독사를 선택했다는 것이다.

클레오파트라는 자신의 미모와 성적 매력, 뛰어난 언변을 미끼 삼아 로마의 두 권력자를 유혹하여 왕좌를 차지하고, 부귀영화를 누렸다. 이 때문에 그녀에게는 부도덕하고 탐욕스럽고 뻔뻔하며, 성을 미끼로 더러운 거래를 한 여자라는 꼬리표가 따라다닌다.

"하지만 클레오파트라는 권력욕에 불탄 창부(娼婦)이기보다 정치를 사랑처럼 즐겼던, 진정한 여걸이라는 평가도 있던데요?"

"당시 여왕 입장에서는 위기에 빠진 조국을 구하기 위해서라도, 로마의 권력자들과 우호적인 관계를 유지할 필요가 있었거든."

그녀는 권력의 상징인 강력한 카리스마와 그 시대 여성의 유일한 무기(?)였던 섹스를 결합하면 이집트의 영광을 재현할 수 있으리라는 확신을 가졌고, 결국 그 판단은 옳았다. (이명옥, 앞의 책, 105~126쪽)

5) 카르멘

셋째, 음탕. 카르멘은 프랑스 작가 프로스페르 메리메가 1845년에 발표한 소설 『카르멘』의 여주인공 이름이다. 카르멘은 스페인 세비야(남부에 있는 광역 자치주 안달루시아의 주도)의 담배 공장에서 일하는 노동자였다. 하지만 부초(浮草)처럼 떠도는 집시의 피가 몸속에 흐른 탓일까. 밀수단과 손잡고 검은돈을 거래하는가 하면, 매혹적인 용모를 미끼로 부유한 외국인들을 낚은 다음 남자들의 호주머니를 털기도 했다. 남편이 범죄를 저지르고 감옥에 갇혀 있는 동안 수많은 남자와 바람을 피우면서도 티끌만큼의 죄책감도 느끼지 않았다. 마음에 들면, 즉시 애인으로 삼아 몸을 섞었다. 화끈하게 사랑하고 미련 없이 끝내는 것, 이것이 바로 카르멘식 사랑과 이별의 방식이었다.

이 여자를 나바라(이베리아반도의 북동쪽에 자리한, 스페인의 광역 자치주) 출신의 순진한 청년 돈 호세가 미치도록 사랑하게 되었다. 군인 돈 호세는 담배 공장에서 다른 여공을 칼로 찔러 체포된 카르멘을 감옥으로 이송하던 중, 그녀의 꼬드김에 넘어가 도망치는 것을 눈감아 준다. 이 사건으로 돈 호세는 졸병으로 강등당하고, 한 달 동안 감옥에 갇히는 신세가 되었다. 하지만 돈 호세에게 그러한 불행은 그 자신도 어떻게 해볼 수 없는 것이었다. 카르멘의 악마적인 아름다움에 홀려 사랑의 노예가 된 돈 호세는 그녀를 위해 싸움을 하고, 밀수 단원이 되고, 산으로 도망치고, 질투심에 눈이 멀어 카르멘의 남편을 살해하는 등 갖은 악행을 저지르며 악명 높은 악당으로 변모해 갔다.

그러나 바람둥이 카르멘은 돈 호세의 순정을 잔인하게 짓밟았고, 돈 호세는 그러한 카르멘을 '악마 같은 계집'이라고 불렀다. 돈 호세는 거짓말을 밥 먹듯 하는 데다 변덕이 죽 끓듯 하는 카르멘을 고향 마을의 날씨에 비유하기도 했다.[44] 하지만 몹쓸 여자에게 유혹당하고 파멸당하는 줄 알면서도 그녀를 떠날 엄두조차 내지 못했다. 반면 돈 호세와의 불꽃같은 사랑이 진부(陳腐)한 일상으로 바뀐다는 것을 깨달으면서 카르멘의 열정은 차갑게 식어버린다. 바람둥이 기질이 발동한 카르멘은 잘생기고 야성적인 투우사와 새로운 사랑에 빠진다. 절망에 빠진 돈 호세는 애인을 죽일 결심을 하게 된다. 그토록 사랑하는 여자를 죽일 수밖에 없는 까닭은 그녀의 바람기를 막을 방법도 없었던 데다, 그 여자의 무수한 애인들을 죽이는 일에도 지쳤기 때문이다. 돈 호세는 그녀가 마음을 돌려 자신의 뜻을 따르기를, 아니면 차라리 도망치기를 바랐다. 그러나 놀랍게도 카르멘은 살해 협박에 겁을 먹기는커녕 돈 호세가 선물한 반지를 빼내 땅바닥에 던지면서, 비수와 같은 막말을 서슴없이 내뱉었다.

"당신은 내게 홀딱 반했어. 그래서 나를 죽이려 들잖아? 하지만 나는 너를 사랑하지 않아. 너와 함께 살고 싶지 않아."

사랑의 구걸도 간청도 헛된 꿈임을 깨닫는 순간, 이성을 잃은 돈 호세는 카르멘을 칼로 찔러 살해한다.

---

44) 나바라 지역의 날씨: 피레네 산맥(프랑스와 스페인의 국경에 걸쳐 있는, 길이 435km의 산맥)의 영향으로 기후가 매우 다양하게 나타남. 높은 곳은 여름에 시원한 고원 기후를 보이지만, 대서양에 인접해 있는 북부 지역은 연중 온난하고 습기가 많은 해양성 기후를 보임.

철학자 니체가 카르멘에게 애착을 느낀 까닭은 사회적 금기와 계율, 윤리 도덕을 뛰어넘어 불꽃처럼 뜨거운 인생을 살다 간 여성이었기 때문이다. 비제(프랑스의 작곡가) 역시 열정적이면서 자유분방한 카르멘에게 매료되어 소설이 출간된 지 30년 후인 1875년, 오페라『카르멘』을 초연(初演)했다.

순정적인 남자 돈 호세를 흉악한 살인범으로 만든 카르멘은 남성의 욕망이 빚어낸 매혹적인 몬스터(monster, 괴물, 기괴한 짐승, 악한)이다. 그녀는 신비스럽고 불길하며, 사랑스럽고 악마적인 팜므 파탈의 본보기이다. 카르멘은 돈 호세의 사랑을 거부하고 죽음을 선택했다. 이것은 자유를 향한 그녀의 열망이 사랑의 욕망보다 더 강했다는 얘기이다. 카르멘은 본능에 충실하고 욕망의 부름에 따랐기에, 영원히 유혹적인 팜므 파탈의 전형(典型, 기준이 되는 형)이 될 수 있었다. (이명옥, 앞의 책, 289~302쪽)

6) 비너스

넷째, 매혹. 여기에서는 미의 여신 비너스가 등장한다. 아프로디테(Aphrodite)는 그리스 신화에 나오는 올림포스 12신 중 하나로서, 탐스러운 가슴을 드러낸 벌거벗은 몸으로 표현된다. 아프로디테는 하늘의 신 우라노스(크로노스의 아버지이자 제우스의 할아버지)가 그의 아들 크로노스의 낫에 의해 성기가 잘리면서, 그 성기에서 흐른 정액 한 방울이 바다에 떨어져 생긴 거품에서 태어났다. 그녀는 가장 아름다운 여신이면서 신이나 인간의 사랑을 주관하는 연애의 여신이기도 했다. 아프로디테가 권력을 행사하면 신들도, 인간도 저항할 수 없는 힘에 이끌려 상대를 열렬하게 사모하게 된다. 자신이 원하건 원치 않건, 사랑의 열병을 앓게 되는 것이다. 그 때문에 바람둥이 제우스는 아름다운 여자에게 눈독을 들일 때면, 연애의 달인 아프로디테에게 달려가 조언을 구하곤 했다. 또 아프로디테는 눈부신 미모로 신들의 마음을 단숨에 사로잡았다. 아름다운 그녀와 눈길을 마주치는 것만으로 욕망에 몸이 달아올랐고, 상사병을 앓곤 했다.

어느 날, 신들의 전령 헤르메스[45]는 제우스에게 '제발 그녀와 하룻밤을 보낼 수 있도록 해 달라'고 통사정을 했다. 이 하룻밤의 정사로 남성과 여성의 특성을 함께 지닌 헤르마프로디토스(Hermaphroditos, 헤르메스와 아프로디테의 합성어로서 양성을 갖춘 신)가 태어났다. 아프로디테는 정숙함과는 거리가 멀었고, 습관적으로 바람을 피웠다. 그녀는 청순함과 요염함, 발랄함과 수줍음, 달콤함과 냉혹함을 교묘하게 뒤섞어 상대를 유혹했기에 누구도 그 매력을 거부할 수 없었다.

아프로디테는 원래 그리스 신화에 나오는 신이었다. 하지만 로마가 그리스를 정복한 후에는 베누스(Venus)라는 이름으로 로마 신화 속에 받아들여졌다. 이 여신은 이탈리아 화가 보티첼리의 작품이자 서양 회화의 걸작으로 알려진 〈비너스의 탄생〉이나, 1820년 에게해의 밀로스 섬에서 밭을 갈던 농부에 의해 발견되어 현재 루브르 미술관에 보관되어 있는 조각상 〈밀로의 비너스〉의 모델로도 유명하다. 높이 204cm의 대리석 조각상인 〈밀로의 비너스〉는 기원전 150~기원전 100년 사이

---

45) 헤르메스: 탁월한 간계와 술책으로 '신들의 제왕' 제우스를 최측근에서 보좌하는 책사. 감쪽같은 도둑질과 탁월한 거래 능력을 보임으로써 도둑과 상인의 신이 됨. 죽은 사람을 저승으로 인도하거나 저승에서 이승으로 안내하는 길잡이이기도 함.

에 그리스에서 제작되었는데, 여체의 이상적인 아름다움과 관능성이 완벽한 조화를 이루어 최고의 걸작이라는 찬사를 받고 있다. 매혹적인 몸매와 황금빛 머리카락을 지닌 비너스는 바다 거품에서 태어난 이후, 아름답고 섹시한 여성미의 원형이 되었다. 미의 여신 비너스 덕분에 인류는 '육체적 아름다움은 사랑을 부르고, 사랑은 성욕을 자극한다'는 사실을 알게 되었다. 아름다운 그녀가 있기에, 남자들은 여자에게 매혹당하고, 결합하기를 갈망하고, 후손을 잉태시키면서 덧없는 생명을 영원으로 이어간다. (이명옥, 앞의 책, 359~371쪽)

"박사님, 아프로디테는 많은 이의 삶을 혼란 속으로 몰아넣고 불행에 빠뜨렸음에도 불구하고, 왜 많은 사람의 사랑을 받으며 지금까지도 미의 여신으로 자리 잡고 있을까요?"

"허허허. 왜 그녀를 증오하지 않았을까 하는 거지? 그 이유는 그녀가 '이상적인 여인상'이었기 때문이야."

반쯤 흘러내린 옷 사이로 속살이 드러난, 혹은 가슴이 완전히 드러난 알몸의 아프로디테는 남성의 성적 욕망을 자극하는 아름다움을 발산한다. 이는 헤라(제우스의 누나이자 아내로, 결혼과 가정의 여신)의 정숙한 아름다움이나 아테나(지혜의 여신. 로마의 미네르바에 해당)의 청초한 아름다움과 대비된다. 그 때문일까, 트로이의 왕자 파리스는 '가장 아름다운 여인에게 선사한다'라고 새겨진 황금 사과를 위의 세 여신 중에 (지상 최고의 미인인 헬레네를 품에 안겨 주겠다고 약속한) 아프로디테에게 바친다. 그리고 헬레네가 파리스의 유혹을 받아 트로이로 도망가는 바람에 트로이에는 기나긴 전쟁의 광풍이 몰아친다. 그 후로도 아프로디테는 못생긴 남편 헤파이스토스(불과 대장간의 신)의 아내로 머물러 있지 않고, 끊임없이 바람을 피운다.

아름답고 매력적인 용모, 그리고 자유분방한 심성을 지닌 아프로디테는 남녀를 불문하고 그리움의 대상이 되기도 했다. 그것을 증명이라도 하듯, 그녀를 주제로 한 수많은 노래, 연극, 소설 등이 계속 발표되고 있다. 도덕적으로는 좀 꺼림칙할지 몰라도 모두의 마음속에 그리움의 대상이 된 여성, 바로 아프로디테(비너스)이다.

4. 경국지색(傾國之色) — 중국의 4대 미인

"박사님, 이른바 '중국의 4대 미인'은 누구누군가요?"

"제일 먼저 춘추시대(기원전 770~기원전 403년)의 서시가 있지. 침어(沈魚)라는 말로 유명한데, 서시의 아름다운 얼굴을 본 물고기가 헤엄치는 것을 잊고 가라앉았다는 뜻이라네. 또 한나라(기원전 206~기원후 220년)의 왕소군과 관련해서는 낙안(落雁)이라는 말이 생겼는데, 왕소군의 비파 연주하는 모습을 본 기러기가 하늘을 날다가 날갯짓을 멈추고 떨어졌다는 뜻이고."

"그것 참 재미있네요. 미모에 물고기가 가라앉고, 기러기가 떨어지다니요. 하하하!"

"어디 그뿐인가? 중국 삼국시대(220~280년)의 초선에 대해서는 폐월(閉月)이라는 말이 생겼는데, 초선이 달을 바라보자 달빛조차 움츠려 구름 속으로 모습을 감췄다는 뜻이라네. 당나라(618~907년)의 양귀비에 대해서는 수화(羞花)라는 말이 있는데, 양귀비가 꽃을 만지자 그 아름다움에 꽃도 부끄러워 잎을 말아 올렸다는 뜻이고. 허허….”

“그래서 경국지색(傾國之色)이란 말도 나왔던 모양이지요?”

“‘나라를 기울게 할 만큼 아름다운 미인’을 일컫는 말이지. 앞에서 살펴보았던 말희와 달기도 이에 속하는데, 말희는 걸왕을, 달기는 주왕을 정신 못 차리게 하여 결국 나라를 망하게 하지 않았는가? 이외에도 주나라 유왕은 포사라는 미인 때문에 나라를 멸망의 구렁텅이로 밀어 넣었고, 진나라 말기의 항우는 우미인 때문에, 오나라 ‘부차’는 조금 전에 말한 서시 때문에, 당나라 현종은 양귀비 때문에 나라를 기울게 했지.”

1) 서시

서시(西施)는 춘추시대 말기 월나라 저라산 출신으로 미인의 대명사로 알려져 있으며, 중국 4대 미녀(서시, 왕소군, 초선, 양귀비) 가운데 가장 오래된 인물이다. 서시가 살았던 마을은 동서로 나뉘어 있었는데, 그녀가 서쪽에 살았기 때문에 이름을 서시라 불렀다고 한다. 물론 동쪽 마을에 사는 동시(東施)라는 여자도 있었다. 서시의 아버지는 나무꾼이었고, 어머니는 빨래를 업으로 삼았다. 이 때문에 서시도 늘 시냇가에 나가 빨래를 했다. 어느 날 서시가 빨래를 하는데, 붉은색, 노란색 등 여러 종류의 금붕어들이 완사계(浣纱溪, 서시 고향 마을의 시내) 물속에서 노닐고 있었다. 그런데 이 금붕어들이 서시의 아름다운 얼굴을 보고, 넋을 잃은 채 호수 바닥에 가라앉고 말았다. 여기서 ‘침어(沈魚)’라는 말이 나온 것이다.

서시는 아름다운 외모를 가진, 천하의 절세 미녀로 태어났다. 이 때문에 그 지방 여자들은 서시의 흉내를 내면, 무엇이건 아름답게 보일 것이라 여겼다. 그런데 어릴 적부터 위장병을 앓았던 서시는 배가 아플 때마다 얼굴을 찡그리곤 했다. 이 모습은 오히려 형용할 수 없을 만큼 아름다운 자태로 나타났다. 이에 오나라와 월나라의 여인들은 한쪽 얼굴을 찡그리고 다니는 것이 유행이었다. 이로부터 '서시의 눈살 찌푸리는 것을 흉내 낸다'는 뜻의 서시빈목(西施矉目, 찡그릴 빈, 눈 목)이라는 말이 생겼다.

"박사님, 서시와 관련하여, 우리가 익히 들었던 오나라 월나라 이야기가 있지 않나요?"

"우선 두 나라와 관련하여서는 오월동주(吳越同舟, 오나라와 월나라가 같은 배를 탔다는 뜻. 서로 미워하는 사이라도, 어려운 상황에서는 마음을 함께 해야 한다는 말)니, 와신상담이니 하는 말들이 더 유명할 걸세."

오나라 왕 부차에게 굴욕적인 패배를 맛보고 3년 동안 부차의 시중을 들다가 귀국한 월나라 왕 구천은 복수의 칼을 갈고 있었다. 부차는 베옷을 입고 양을 끌고 나와 항복한 구천을 살려주는 대신, 그로 하여금 자신의 아버지인 합려의 무덤을 돌보게 했다. 노예처럼 일하는 동안 구천은 병에 걸린 부차의 변(便, 똥)까지 맛봐야 했다. 이와 같이 갖은 치욕을 견딘 후 아내마저 부차의 첩으로 빼앗겨 버린 채, 오나라에 충성할 것을 맹세하고 목숨 하나를 간신히 구해 홀로 월나라에 귀국했다. 여기에는 범려(월나라 왕 구천을 섬겨 차후 오나라를 멸망시킨 공신이자 대부)를 비롯한 몇몇 신하들이 오나라 왕의 총신인 백비(월나라의 문종으로부터 뇌물을 받고 부차를 설득. 오나라가 월나라에 멸망당한 뒤, 구천에 의해 살해됨)에게 뇌물을 주어 일을 잘 무마한 덕도 있었다. 하지만 구천은 그 원통함을 잊을 수 없어, 매일같이 가시 많은 거친 땔나무 위에서 자고 쓰디쓴 짐승의 쓸개를 옆에 두고 핥으면서, 나라를 부강케 하고 군사력을 키워 오나라를 멸망시킬 기회를 노리고 있었다. 여기에서 나온 고사성어가 와신상담(臥薪嘗膽, 땔나무 위에 눕고 쓸개를 씹는다는 뜻으로 원수를 갚으려고 온갖 괴로움을 참고 견딤을 이르는 말)이다.

이때 범려와 대부 문종(大夫 文種) 등이 구천에게 미인계(美人計, 아름다운 여자를 이용하여 남을 꾀는 술책)를 권하여 전국적으로 미인을 선발하게 되었다. 하지만 구천의 눈에 절세미인이라 부를 만한 여자는 띄지 않았다. 관상을 잘 보는 신하 17명에게 명령하였으나 몇 달이 지나도록 재색(才色)을 겸비한 여자는 한 사람도 데려오지 않았다. 바로 그때, 여행을 떠났던 범려 일행이 아름다운 여자 둘을 데리고 나타났다.

"폐하! 지난 6개월 동안 여행을 하면서 후궁으로 적당한 자 둘을 찾아냈습니다. 하오나 아직 예의를 제대로 몰라 교육을 시키느라 다소 늦어졌습니다."

"오, 그래? 어디서, 어떻게 만났단 말이냐?"

범려가 한 여인을 찾아낸 스토리는 이렇다. 그가 풍광이 좋기로 유명한 절강성 소흥시 저라촌(苧羅村)에 도착했을 때, 계곡에서 비단 빨래를 하는 한 여인이 눈에 띄었다. 비록 행색은 초라했으나 청초한 모습에 기품마저 있어 보였다. 이튿날 범려는 네 하인에게 비단을 들리고 예복을 갖춰 입은 뒤, 말을 타고 마을로 들어섰다. 미리 귀띔을 받았는지, 동네 이장(里長)이 앞을 인도했다. 여인의 집에 당도하자 온 식구들이 나와 땅바닥에 무릎을 꿇었다. 범려는 방 안에 들어가 자초지종을 설명했다. 이렇게 하여 서시는 21세가 되던 봄에 세상으로 나오게 되었다. 이때 같은 마을에 사는 아름다운 친구 정단(鄭旦)이라는 여자도 동행하였다.

"폐하! 정단도 보기 드문 미인이옵니다만, 특히 서시가 더 아름답다 여겨지옵니다."

"오! 그럼 서시를 먼저 불러라."

이리하여 서시는 구천의 후궁으로 들어간다. 구천은 서시를 매우 총애했으나 웬일인지 서시의 얼굴은 어둡기만 했다. 시골 벽촌에서 21년을 보내는 동안 처음으로 맞이한 늠름하고 훌륭한 남자, 그녀의 마음은 이미 범려 쪽을 향해 있었던 것이다! 얼마 후 서시의 요청에 의해 정단이 후궁으로 들어왔다. 그러나 구천은 그녀를 조금도 돌아보지 않았다. 대신 이토록 아름다운 서시를 폭군(부차)의 손에 넘기는 것이 아쉬워, 그것만 고민하고 있었다. 이에 범려는 '회계산의 치욕'[46]을 잊지 말라며, 구천을 다그친다. 그리고 서시를 찾아 자초지종을 털어놓았다.

"아무것도 모르는 너에게 원수지간인 부차에게 가라는 말은 차마 나오지 않는구나. 하지만 이 모든 것이 나라를 위한 일인데 어쩌겠느냐?"

"나리의 뜻이 그러하시다면, 소인은 기꺼이 따르겠사옵니다."

서시는 눈물을 훔치며 결의를 다졌다. 범려는 서시의 뜻을 구천에게 전했다. (요네다 유타로, 『대륙의 꽃 — 서태후와 중국 4대 미인』, 박현석 옮김, 현인, 2016, 321~332쪽)

---

46) 회계산의 치욕: 기원전 494년 월나라 왕 구천은 '부차가 밤낮으로 병사들을 훈련시킨다'는 말을 듣고, 부차를 선제공격했다가 대패하고 말았다. 부차가 월나라의 수도 회계(지금의 절강성 소흥시)를 포위하자 구천은 패잔병 5천여 명을 데리고 회계산 꼭대기에 피신하여 강화를 요청했다. 부차는 월나라와 강화한 후, 구천을 오나라로 불러 자기의 노예로 삼았다. 이를 '회계산의 치욕'이라 부른다.

"박사님, 서시를 월나라 궁전으로 데려올 때, 구경꾼들이 인산인해를 이루었다면서요?"

"허허허. 수레가 앞으로 나아갈 수 없을 정도였다네."

겨우 사흘 만에 궁전에 도착했는데, 그녀를 본 경비병은 그 아름다움에 취해 기절해 버렸다. 그 후 범려는 서시의 얼굴을 구경하는 데 한 사람당 1전씩 돈을 내도록 했는데, 돈이 산처럼 쌓이자 그 돈으로 무기를 만들고 병사들을 훈련시켰다고 한다.

"그 후로 서시가 오나라로 갔나요?"

"물론. 범려는 서시에게 문장과 예능, 가무(歌舞)를 가르치고 예절을 배우도록 하는 등 3년 동안 '특수 훈련'을 시켜 오나라 왕 부차에게 보냈지."

서시는 타고난 아름다움 외에 금주가무(琴柱歌舞, 거문고, 비파에 맞추어 노래 부르고 춤을 춤)에 뛰어났을 뿐만 아니라, 특히 잠자리에서 남자를 녹이는 재주가 탁월했다고 한다. 서시에게 완전히 마음을 빼앗긴 부차는 그 품에서 빠져나오지 못하고, 밤낮 쾌락(快樂)으로 날을 지새웠다. 정신이 혼미해진 부차는 정치를 돌보지 않고, 서시가 하고 싶은 일은 무엇이든 하게 했다. 특히 그녀가 뱃놀이를 좋아한다 하여 대운하 공사를 벌였던 바, 이는 국력을 낭비케 하고 높은 세금과 강제 노역으로 백성들의 원망을 사는 결과를 가져왔다. 또 충신 오자서(伍子胥, 사마천에 의해 강인한 대장부라 평가되고, 당나라 때 영렬왕으로 추존됨)의 충고를 무시하고 결국 그를 자결하게 하는 등 오만한 정치를 일삼았다. 이때를 기다린 월나라 왕 구천은 오나라를 공격하여 단번에 멸망시키고 말았다. 구천은 17

년간의 와신상담 끝에 지난날의 원한과 치욕을 갚고, 부차를 고소산(姑蘇山, 중국 강소성 소주시 오중구의 서남쪽에 있는 산)에서 자결토록 했다. 그야말로 경국지색. 서시의 미색(美色)이 오나라를 멸망에 빠트린 것이다.

"서시도 함께 죽었겠지요?"

"그녀의 죽음에 관해서는 여러 설이 있는데, 첫째는 연인이었던 범려와 함께 도망쳐서 장쑤성 우시에 위치한 태호(太湖) 안의 작은 호수 여호(蠡湖)에서 행복한 여생을 보냈다는 설이 있고, 둘째는 오나라 사람들이 '나라를 망친 요물'이라 하여 강에 빠뜨려 죽였다는 설, 셋째는 마음속 깊이 부차를 사랑하여 그가 죽자 함께 따라 죽었다는 설 등이 있는데, 첫 번째 설을 전하는 기록이 가장 많다네."

"서시를 월나라 궁전으로 데려온 사람이 바로 범려였지요? 끈질기게 인내하며 때를 기다릴 줄 아는 범려의 성품으로 보건대, 충분히 그럴 수도 있겠네요. 본인이 천거한 서시를 오랫동안 맘속에 품고 있다가, 때가 되자 단번에 낚아채었겠지요. 서시도 그를 좋아했다니까요."

2) 왕소군

"다음으로 왕소군에 대해 알아볼까요?"

"그럴까?"

왕소군(王昭君)의 이름은 장(嬙), 자(字, 성인이 되었을 때 예우하여 불러주는 이름)는 소군(昭君)으로서, 남군(南郡, 지금의 호북성 흥산현 자귀 지방)의 명망 있는 가정에서 태어났다. 아름다운 딸을 가진 그녀의 부친 왕양(王穰)은 사위를 고르는 데 남들보다 한층 더 고심할 수밖에 없었다.

그러는 동안 3년이라는 세월이 흘러 딸은 스무 살에 가까워졌다. 그

때 한나라 원제(기원전 48~기원전 33년)가 양갓집 규수를 골라 궁중의 빈어(嬪御, 임금의 첩)로 삼겠다는 포고를 발표했다. 이에 아버지와 함께 귀주성 관아로 출두한 왕소군은 백수십 명의 여자들과 함께 도읍으로 들어갔다. 그러나 수많은 여자들을 일일이 살펴보는데 지친 원제는 직접 면접을 보는 대신, 여자들의 초상화를 그리게 하여 그 가운데 선택하는 방법을 택했다. 이에 모연수(毛延壽, 당대 인물 초상화의 명인)를 비롯한 10여 명의 화공들은 환관과 시종들이 고른 여자 1천여 명의 초상화를 그리기 시작했다. 이 무렵 한 환관이 찾아와 화공에게 뇌물을 바칠 것을 종용하였다. 그러나 왕소군은 단칼에 거절하였다. 이에 앙심을 품은 이 환관은 원제가 왕소군의 초상화를 추켜들자, "그 여자의 양쪽 뺨 위에 검은 반점이 세 개 있습니다. 그러한 여자는 자신의 부군(夫君, 남의 남편을 높여 이르는 말)에게 반드시 해를 끼친다고 하옵니다"고 거짓 정보를 흘렸다. 이 말이 왕소군과 같은 고향 출신인 장숙정(張淑貞)이라는 빈어의 귀에 들어갔고, 장숙정은 왕소군에게 이 소식을 전해주며 위로했다. (위의 책, 279~290쪽)

왕소군이 원제의 방문을 한 번도 받지 못한 채 궁전 나인(內人, 궁중에서 왕족의 사생활을 시중했던 여자 구실아치)에 머물러 있던 중, 기원전 33년, 흉노의 제 14대 선우(單于, 황제)인 호한야(呼韓邪, 한나라의 원조를 받아 흉노를 통일한 인물)가 한나라에 '왕후가 될 사람을 한인(漢人) 가운데서 골라 보내 달라'는 요청을 사신 편에 보내온다. 동시에 선우는 황금 백 근, 하얀 구슬 열 쌍을 원제에게 바쳤다. 그러나 당시 흉노로 시집가겠다고 나서는 궁녀는 하나도 없었다. 그러던 중 액정령(掖庭令)이라는 선발 관리가 '자진하여 흉노에게 가겠다고 나선 여인이 있다'는 보고를 원제에게 올린다. 초상화를 보니, 반년쯤 전에 환관과 나누었던 대화가 떠올랐다. 아리따운 용모를 지녔음에도 얼굴에 반점이 있다 하여 물리쳤던, 바로 그 여인! 원제는 그 뜻이 갸륵하여 큰 송별 잔치를 열도록 명령한다.

그러나 왕소군의 모습을 처음 본 원제는 그 아름다움에 넋을 잃고, 육궁(六宮, 황후궁 이하 부인들의 다섯 궁실)의 여인들은 낯빛을 잃고 말았다. 환관에 속았다는 사실을 알아차린 원제는 왕소군으로 하여금 자기 곁에 머물 것을 종용하였다. 그러나 왕소군은 이를 거절한다. 조국(한나라)이 흉노에게 신망을 잃어서는 안 된다는 이유에서였다. 얼마 후 황제의 사신이 와 그녀의 지위를 황희(皇姬, '황제의 딸'이란 뜻)로 올려 주고 영안공주에 봉한다는 뜻의 친서를 전해 주었다. 하지만 왕소군의 마음은 '문란한 후궁의 지위에서 벗어나, 맘껏 자유를 누릴 수 있을 것'이라는 기대로만 넘쳐났다.

드디어 길을 떠나는 날. 황제는 황제의 마구간에서 기르던 명마(名馬) 10필, 낙타 4마리, 비단옷, 여우 모피로 만든 옷 등을 선물로 내려보냈다. 도읍을 떠날 때, 왕소군은 곡 하나를 연주하여 이별에 대한 기념으로 삼았다고 한다. (위의 책, 291~297쪽) 왕소군이 정든 고국산천을 떠나기 위해 말 위에 앉은 채 비파로 이별의 곡을 연주하자, 남쪽으로 날아가던 한 무리의 기러기가 그만 땅에 떨어지고 말았다는 이야기가 있다.

이와 비슷하면서도 조금 다른 버전이 있다. 선우는 한나라 황실의 사위가 될 수 있도록 허락해 줄 것을 요청하지만, 거절을 당한다. 대신 황실 궁녀 5명을 하사받는데, 이 가운데 한 명이 바로 왕소군이었다는 것.

이때 원제는 후궁 가운데 가장 못생긴 사람을 보내고자 하였고, 이에 화공에게 뇌물을 주지 않았던 왕소군이 휩쓸려 들어간 것이다. 그런데 왕소군의 미모를 확인한 원제가 크게 화를 내며 모연수의 목을 쳐 죽이고 시체를 거두지 않았으며, 그의 재산을 몰수하였다고 한다.

한편, 흉노족에 끌려간 왕소군은 호한야 선우의 총애를 받아 두 명의 아들을 낳았는데, 그 가운데 이도지아사(伊屠智牙師)는 훗날 우일축왕(右日逐王)이 되었다. 또 왕소군은 두 명의 딸을 더 낳았다. 장녀의 이름은 운(雲)이고, 차녀의 이름은 당(當)인데, 후에 이들은 모두 흉노의 귀족에게 시집을 갔다. 특히 큰딸은 흉노에서 정치적으로 강력한 인물이 되었다.

기원전 31년. 재위 28년 만에 호한야가 죽자, 왕소군은 모국인 중국으로 돌아갈 것을 요청했다. 그러나 한나라 원제의 뒤를 이은 성제(成帝)는 흉노의 역연혼47) 관습을 따르라고 명령했다. 결국 왕소군은 '왕이 죽으면, 그 본처의 자식이자 다음 후계자가 될 이와 결혼해야 한다'는 흉노의 풍습에 따라, 호한야의 배다른 아들 복주루약제 왕과 결혼하였다. 그와의 사이에서 다시 딸 둘을 낳았으며, 그녀 자신은 '평화를 이끌었다'는 의미의 영호알씨(寧胡閼氏)에 봉해졌다. 또 다른 전설에 의하면, 그녀는 자기 아들과의 결혼을 피하기 위하여 남편이 죽은 후 자결했다고도 한다.

"미인박명(美人薄命, 아름다운 여인은 대개 명이 짧거나 불운하다)이란 말이 괜히 나오진 않았던 것 같아요."

---

47) 역연혼(逆緣婚): 배우자의 한쪽이 죽으면, 죽은 자의 가족 중에서 배우자를 정하는 혼인 형태. 과부가 죽은 남편의 형제와 혼인하는 형제역연혼, 홀아비가 죽은 아내의 자매와 혼인하는 자매역연혼 등이 있다. 역연혼이 실시되는 이유는 '혼인이란 개인 간의 결합이 아니고, 가족간의 결합'이라는 의미가 강하고, 이에 따라 죽은 자의 가족 중에서 대용자(代用者)를 공급하여 가족 관계를 지속시키기 위함이라고 한다.

"어디 그게 여자의 잘못이겠는가? 또 얼굴이 예쁘다고 모두 불행하게 되는 것은 아니겠지. 다만 워낙에 남자들이 가만두질 않으니….'"

"왕소군의 경우에도 본인의 의지와는 상관없이, 멀리 이국땅에서 비참하게 죽어 간 것 아니어요?"

황량한 초원뿐인 흉노의 땅에서, 다시는 돌아갈 수 없는 고향 땅을 그리며 느꼈을 왕소군의 감정을, 당나라 시인 동방규는 「소군원」(昭君怨, 소군의 원망이라는 뜻)이라는 시에서 이렇게 노래하고 있다.

한나라는 융성한 때여서
조정에는 무신들이 많이 있는데
어찌하여 박명한 여인에게
슬프고 괴로운 화친을 시키나
소군이 구슬 안장 추어올려
말에 오르니 붉은 뺨에는 눈물이 흐르네
오늘은 한나라 궁궐의 사람인데
내일 아침에는 오랑캐 땅의 첩이로구나
눈물을 가리고 궁궐을 떠나
슬픔을 머금고 백용구로 나아가네
선우는 놀라며 한없이 좋아하지만
다시 옛 모습은 돌아오지 않으리

오랑캐 땅에는 화초가 없어
봄이 와도 봄 같지 않네

저절로 허리띠가 느슨해짐은

몸매를 관리해서가 아니라네

만 리 밖 멀고 먼 변방의 성에

첩첩산이라 가는 길 험난하네

머리 들어 해를 바라볼 뿐이니

어느 곳이 장안(長安, 한나라 당시의 수도. 현재의 시안)이런가

'오랑캐 땅에는 꽃과 풀이 없으니, 봄은 왔으되 봄 같지 않구나'라는 구절에 그녀의 애절한 심정이 잘 나타나 있다. 지금도 '춘래불사춘(春來不似春, 봄이 와도 봄 같지가 않다)'은 그리움의 인용구로, 혹은 정치적인 용어로 널리 쓰이고 있다.

"왕소군은 결국 국가 권력의 희생자가 된 거 아니어요? 솔로몬 왕이나 알렉산더 대왕의 '정략결혼', 또 오늘날 재벌, 고관대작들의 '혼맥(婚脈)' 형성 등은 성을 도구화시키는 것 아닐까요?"

다윗 왕의 아들이자 이스라엘 왕국의 제3대 왕 솔로몬은 '지혜의 왕'으로서, 이웃 나라와 평화를 유지하기 위해 그 나라의 왕녀들과 결혼하여 동맹을 맺었다. 7백 명의 후궁과 3백 명의 첩을 거느리기도 했다. 한때 왕국의 전성기를 맞이하기도 했으나, 사치스러운 생활에 따른 무거운 세금 등으로 인해 왕국의 분열을 초래했다. 또한 마케도니아의 알렉산더 대왕(재위 기원전 336~기원전 323년)은 그리스, 페르시아, 인도에 이르는 대제국을 건설한 후, 동서 융합 정책을 추진하였다. 그리스 사람과 피정복 지역의 주민들을 결혼하도록 주선하였고, 그 자신도 적국이

었던 페르시아 군주 다리우스 3세의 딸과 결혼했다.

"결과가 어떠하든, 성이 본래의 목적과 다르게 사용된 거라고 봐야지. 호한야에게는 왕소군 외에도 여러 명의 여자와 그들과의 사이에서 태어난 많은 아들들이 있었거든."

3) 초선

"박사님, 세 번째 미인은 초선인가요?"

"그렇지."

어느 날 각 관아의 장관, 중요한 위치에 있는 사람들에게 왕윤(137~192년)으로부터 초대장이 날아들었다. 소신 있고 깨끗한 한나라의 관료로서, 왕윤은 삼공(三公, 천자를 보좌하던 세 벼슬)의 하나인 사도(司徒, 행정 전반을 통괄하는 '승상' 격에 해당하며 삼공 중 가장 높은 직책)가 되어 있었다. 그럼에도 술자리를 싫어하고 여흥을 즐기지 않았던 그였기에 사람들은 매우 의아하게 생각하였다. 게다가 초대일은 특별한 날도 아니었으니. 그 일을 기뻐한 쪽은 왕윤보다 높은 지위에 있으면서, 동한(東漢)의 천자까지도 폐위시킬 정도의 권력을 가진 동탁(董卓) 부자(父子) 정도라고나 할까. 드디어 많은 참석자 앞에서 왕윤이 입을 열었다.

"이번에 제가 수양딸을 하나 얻어, 여러분을 모시게 되었습니다."

그러자 열예닐곱 살 정도의 아름다운 여자가 시녀 2명의 부축을 받아 나타나더니, 붉어진 얼굴로 왕윤 옆에 앉았다. 그제야 모두가 웃으며 마음을 놓았다. 그러나 동탁은 은근한 목소리로 "혹시 측실(첩)이 아니라면, 내 십으로 늘이지 않겠는가!"라고 붙었다. 거리에서건 마을에서건 조금이라도 눈에 띄는 여자가 있으면, 모조리 저택 안으로 끌고 가 욕망을 채우던 동탁이었다. 비록 그 자리에서는 양아들 여포(呂布)의 아내로 맞이할 것처럼 말했으나 실은 딴마음을 품고 있었던 것이다. 흥이 무르익자 완전히 취한 동탁은 왕윤과 그의 딸 사이에 앉아, 딸에게 억지로 술을 따르게 하였다. 바로 이 딸이 동한(東漢)의 말기에 나타난 절세미인 초선이다.

왕윤이 초선을 만난 것은 불과 한 달여 전. 초선이 가난에 찌든 부모를 따라 상경한 지 한 달 만에 왕윤의 행렬과 마주치게 되었고, 초선의 아름다움을 발견한 왕윤이 자신의 양녀로 삼았던 것이다. 이 일로 일개 서생(書生, 글만 읽은 선비)이었던 그 부친도 낮은 벼슬자리에나마 오를 수 있었다. 그러나 초선은 워낙에 갑작스레 일어난 일이라 꿈과 같은 일로 여기며 살아가던 중에 오늘과 같은 잔치를 맞이한 것이다. 그에 앞서 잔치 바로 전날 밤, 초선은 왕윤의 방으로 불려간 일이 있었다. 단둘이 되었을 때, 왕윤이 입을 열었다.

"초선아. 내가 너에게 부탁할 일이 하나 있구나. 다름이 아니고, 내일 잔치가 열리면, 틀림없이 태사(太師, 태자의 스승. 정1품) 동탁이 너를 자기 집으로 들이려 할 것이다. 그때 거절하지 말거라."

그리고는 갑자기 책상 위에 단도 하나를 올려놓는 것이었다.

"이 칼로 극악무도한 동탁의 가슴을 찔러주었으면 한다."

깜짝 놀라는 초선에게 왕윤은 긴 설명을 이어갔다.

"지금 나라가 얼마나 어려운지 너는 잘 모르지? 전한(前漢)의 고조 폐하(劉邦, 유방)께서 나라를 세우신 지도 2백여 년. 그 사이에 한통(漢統)이 거의 끊길 뻔 했던 적도 있지만, 광무(光武)의 중흥이 실현되어 오늘 동한

(東漢, 25~220년)에 이르렀구나. 광무제(후한 제1대 황제인 유수)께서 외척 세력을 물리치자 환관들이 머리를 쳐들었고, 이들을 주살한 것이 동탁이다. 그런데 이제는 동탁이 소제(少帝, 후한의 제13대 황제인 유변)를 폐하고, 지금의 폐하이신 헌제(獻帝, 동한 최후의 황제인 유선. 실권 없는 황제의 대명사)를 옹립하여 제 맘대로 정치를 주무르고 있지 않느냐? 게다가 그는 요즘 옥새(玉璽, 임금의 도장으로 국권의 상징)를 엿보며, 천하를 훔치려 한다. 다시 말해 한실(漢室, 한나라 왕조)을 멸망시키려 하는 거지. 때문에 이 동탁이란 자만 제거하면, 모두가 태평하게 살아갈 수가 있을 것이다. 이와 같은 때, 하늘이 너처럼 훌륭한 아이를 내리셨구나. 내 말을 알아듣겠지? 이 일로 인해 너는 나라를 위해 큰일을 하는 사람이 된다. 나는 나대로, 그 뒤에 또 할 일이 있어서….”

초선은 단도를 쥐고 말없이 방을 나갔다. 그로부터 4, 5일쯤 후 동탁이 가마를 보내 초선을 자신의 집으로 데려갔다. 동탁은 매우 소중하게 그녀를 대우해 주었다. 그러는 사이 그의 양아들 여포가 초선에게 마음을 빼앗기기 시작했으니. 어느 날 그는 초선의 방으로 찾아와 간절한 마음을 털어놓았다. 바로 그때, 동탁이 창(槍)을 들고 방으로 뛰어들어 왔다. 그러자 여포는 창문을 통해 정원으로 뛰쳐나갔고, 동탁은 그의 등을 향해 창을 날렸다. 하지만 이미 여포가 사라진 뒤였다.

한편, 초선을 보낸 지 2개월, 3개월이 지나도 아무런 소식이 없자 왕윤은 초조해지기 시작했다. 그러던 중 초선을 사이에 두고 부자(父子) 사이가 틀어졌다는 소식이 들려왔다. 왕윤은 회심의 미소를 띤 채 여포를 찾아가, 대화를 나눈 후 집으로 돌아왔다. 바로 그날 밤. 동탁은 양아들 여포의 손에 살해되고 만다. 그러나 이 일로 초선을 손에 넣을 것으로 알았던 여포는 왕윤이 보낸 사람들에게 체포되어 처형을 당한다. 이 모든 사실을 안 초선은 동탁이나 여포보다도 양아버지 왕윤의 존재가 더 섬뜩하게 느껴졌다. 아니나 다를까. 동탁의 저택으로 찾아온 왕윤이 수양딸을 불러 나무라는 듯한 투로 말했다.

"초선아. 너도 목숨을 끊어야겠구나."

지금까지 동탁을 직접 죽이지 못한 데에 대한 질책이었는지, '후환'을 없애기 위한 치밀함이었는지 그건 알 수 없었다.

"너의 임무는 이제 끝났다. 너와 내 이름은 청사(青史, 대나무의 푸른 껍질에 역사적 사실을 기록했다는 데서 온 말)에 길이 남을 것이다."

초선은 눈물을 삼키며, 왕윤이 건네준 칼로 자신의 목을 찔렀다. (위의 책, 299~316쪽)

"역시 미인의 최후는 비참하네요?"

"가슴 아픈 일이지. 하지만 초선의 이름은 정식 역사서에 나오지 않는다네."

다만 『삼국지』의 「여포전」에 "여포가 동탁의 시종(侍從, 여기서는 하녀)과 사사로이 정분을 통하여 발각될까 봐 마음이 불안했다"는 기록이 나온다. 바로 이 시종을 두고, 초선이라 추측하기도 한다.

"조금 전에는 사도 왕윤의 수양딸로 나왔잖아요?"

"양아버지(왕윤)에 의해 동탁에게 보내진 다음, 동탁과 여포 사이를 비집고 들어가지 않았을까?"

당시 16세였던 그녀는 나라에 보답하려는 마음으로 동탁과 여포의 마음을 이간질하여 결국 여포가 동탁을 죽이는 데 결정적인 역할을 한 것으로 나온다.

"결말이 어떠하든, 초선은 가공인물이란 말인가요?"

"그럴 거라고 보는 거지. 『삼국지』에 나오는 '시종'이라는 말과 초선(抄選, 관직자들의 자리를 관리하는 직책)인 시녀를 결합한 것이 최초의 '초선' 캐릭터가 아닐까 싶네."

초선은 지혜와 담력, 그리고 자신의 정조까지 내버리는 희생정신의 소유자로 그려졌으며, 이처럼 독특한 캐릭터 딕분에 임청난 인기를 누렸다.

한편, 동탁을 제거한 왕윤은 대대적인 숙청을 감행하여 조정을 장악한다. 하지만 점차 교만해지기 시작한다. 그러던 중 동탁의 부하 이각, 곽사 등이 반란을 일으켜 전세가 기울게 된다. 결국 왕윤과 그 일족은 모두 살해되고, 왕윤의 시체는 저자(시장 거리)에 효시(梟示, 목을 베어 높은 곳에 매달아 놓음)되었다.

"그리고 보면, 권력에는 피도 눈물도 없는 것 같아요. 동탁과 여포는 원래 어떤 사람들인가요?"

"간단히 살펴보도록 하세."

변방에서 무공을 쌓은 동탁(?~192년)에게 기회가 찾아온 것은 '십상시의 난' 무렵이다. 십상시(十常侍, 중국 후한 말 영제 때에 정권을 잡아 조정을 농락한 10여 명의 환관들)가 얼마나 위세를 떨쳤는지는 그들 곁에서 훈육된 영제(靈帝, 후한의 제12대 황제)가 십상시의 수장인 장양을 아버지, 부수장인 조충을 어머니라고 불렀던 데서도 충분히 짐작할 수 있다. 그러던 중 189년, 영제의 병이 깊어지자 영제는 십상시 가운데 한 명인 건석과 후계자 자리를 논의하였다. 이때 건석은 황후의 오라버니 대장군 하진을 죽일 계획을 세운다. 그러나 건석의 계획을 미리 알아차린 하진은 영제가 승하하자마자, 사예교위(서울특별시장 겸 경기도지사 겸 수도방위사령관 겸 감사원장 정도) 원소에게 5천 명의 군사를 주어 궁궐로 쳐들어가게 한다. 그리고 자신의 조카인 유변을 후한 13대 황제 소제(少帝)로 즉위시킨다. 바로 이것이 후한 189년 9월 22일에 일어나 2천 명에 달하는 환관과 사람들이 죽은 사건, 즉 '십상시의 난'이다.

장양 등은 황제를 협박하여 궁궐을 탈출했지만, 원소의 추격이 급박해지자 강에 뛰어들어 자결하고 만다. 이 혼란을 틈타 동탁이 황제의 신병(身柄, 보호나 구금의 대상이 되는 사람의 몸)을 확보해 수도에 난입한다. 사실 동탁의 군사는 그리 큰 규모가 아니었다. 그러나 기만술을 써서 군대가 계속 도착하는 것처럼 꾸몄다. 이에 하진(황후의 오라버니) 형제가 이끌던 병사들은 동탁 편에 서게 되었고, 동탁이 권력을 잡게 되었다. 낙양(뤄양)에 입성한 동탁은 소제를 폐위하고 헌제(獻帝)를 새 황제로 삼았다.

그러나 절대 권력에 취한 동탁은 부패, 살인, 약탈, 도굴, 방화, 축재 등 온갖 폭정을 휘두르기 시작했다. 이에 관리들의 대규모 항명 사태와 각종 암살 시도가 일어났고, 결국 왕윤과 여포에게 죽임을 당하고 만다.

"여포라면 그가 탔다는 적토마로 유명하지 않나요?"

"그렇지. '사람 가운데는 여포, 말 가운데는 적토마'라는 이야기가 전해지지 않던가?"

적토마(赤兔馬)는 희대의 명마(名馬)로, 하루에 천 리를 달릴 수 있다고 기록되어 있다. 원래 동탁의 애마였으나, 여포를 꾀어 오기 위한 계책으로 여포에게 주어졌다고 한다. 훗날 여포가 조조(『삼국지』에 등장하는 영웅이자 폭군)에게 사로잡히면서 조조의 손에 들어간다. 그 후 조조가 관우(유비, 장비와 함께 촉한을 세운 장군)에게 선물하였고, 관우를 따라 수많은 전쟁에 참여하였다. 관우가 처형된 후 마충(삼국시대 촉나라의 장군)에게 주어졌으나, 사료를 먹지 않고 굶어 죽었다는 이야기로 소설화되었다.

초선은 중국의 4대 미인 중에서도 가장 매혹적인 인물로 꼽힌다. 영웅호걸들의 혼을 흔들어 놓았기 때문이다. 동시에 초선은 가장 미스터리한 인물이기도 하다. 그녀의 참모습을 파악하기 어려울 뿐 아니라, 과연 실존의 인물인지 아니면 전설상의 인물인지조차 확실하지 않다. 다만 2000년 6월, 중국 성도시(成都市, 춘추전국시대 촉나라의 수도. 서북부로 가는 교통의 요지)에서 초선의 무덤이 발견되었다는 소식이 전해지면서, 그녀의 실존 여부가 다시 주목을 받고 있다.

4) 양귀비

"박사님, 마지막으로 양귀비가 나오는데, 꽃 이름에도 양귀비가 있잖아요?"

"허허허… 한자도 똑같다 보니, 사람들이 헷갈려하는 것도 당연하지."

식물 양귀비는 한해살이풀로서 관상용 또는 약용으로 재배된다. 익지 않은 열매에 상처를 내어 받은 기름을 60℃ 이하의 온도로 말린 것이 바로 아편이다. 이 아편으로부터 모르핀이 추출되고, 모르핀에서 헤로인이 뽑혀 나온다. 이 때문에 우리나라에서는 꽃을 재배하는 일이 법으로 금지되어 있다.

"그렇다면, 과연 양귀비꽃과 미인 양귀비 가운데 어느 것이 더 먼저 나왔을까요?"

"미인 양귀비에 비길 만큼 아름답다고 해서 지어진 꽃 이름이 양귀비라네. 사람이 먼저 나왔다는 뜻이지. 사람의 마음을 미혹하고 중독 시키는 아편 꽃에 '양귀비'란 이름을 붙인 걸 보면, 그녀의 미모는 어지간히도 치명적이었던 것 같네."

양귀비(楊貴妃)의 본명은 양옥환이다. 산시성(섬서성. 중국의 중부에 위치) 출신이지만, 어린 시절 부모를 여의고 쓰촨성(사천성. 서부 내륙에 위치) 관리이던 숙부 양립의 집에서 자랐다. 양옥환은 노래와 춤에 능하고 미모가 출중해, 17세에 당나라 제 6대 황제인 현종의 18번째 아들이자 서자인 수왕 이모(壽王 李瑁)의 비가 되었다. 수왕 이모는 당 현종과 무혜비(세 명의 왕자를 모함하여 죽게 한 뒤, 38세에 병사함) 사이에서 태어난 왕자로, 황제 계승권으로부터는 멀리 떨어진 수많은 왕자 가운데 한 명이었다.

이 무렵 현종은 사랑하는 무혜비를 떠나보낸 후, 시름에 잠겨 있었다. 이때 환관 출신의 간사한 인물 고력사(高力士, 현종의 총애를 이용하여 권력을 휘두름)가 현종에게 한 여인을 추천했다. "그 아름다운 자태로 말할 것 같으면, 부용(연꽃) 같은 얼굴, 버들가지 같은 머릿결이 달 속 궁전의 항아(姮娥, 전설 속의 선녀)도 비할 바 못 되며, 게다가 학문은 더 이상 배울 필요도 없고 서화와 가야금, 바둑 등과 같은 잡기에 이르기까지 못하는 것이 없습니다."

양귀비가 나타나기 전까지 현종이 총애했던 비(妃)이자, 여류 시인이었던 매비(梅妃)의 등장이었다. 뛰어난 솜씨를 가진 의원(醫員)의 무남독

녀로 태어난 그녀의 본명은 강채평(江采萍) 혹은 강채빈(江采蘋)이다. 채평에 대한 현종의 총애는 무혜비에 대한 사랑에도 뒤지지 않았다. 그녀가 매화 향기를 좋아한다고 하자 멀리 강소(江蘇), 절강(浙江) 지역에서 오래 된 나무를 가져오게 해서 매화원을 만들고, 그곳에 채평을 살게 했다. 이후로 그녀를 매비(梅妃)라고 부르게 되었다. (위의 책, 194~198쪽)

한편, 양옥환이 한 살 아래인 수왕과 결혼한 후, 두 사람 사이는 그리 나쁘지 않았던 것으로 알려져 있다. 그러나 스물세 살의 양옥환은 어느 날, 현종 처소의 환관인 고력사의 은밀한 방문을 받는다. 아름답다고 소문이 난 그녀를 현종의 술자리로 불러낸 것이다. 당시 현종은 매비에게서조차 뭔가 부족함을 느끼고 있었다. 기교라곤 전혀 없었던 데다 너무나 순종적인 태도, 쓸쓸한 아름다움에 싫증이 나기 시작한 것이다. 바로이 순간, 그의 눈앞에 나타난 양옥환의 '투명한 듯 하얀 피부와 통통한 얼굴, 하늘하늘한 비단옷'에 현종은 넋을 잃고 말았다.

양옥환은 이 자리에서 음악 애호가였던 현종이 연주하는 가락에 맞춰, 자신의 장기인 아름다운 춤을 선보였다. 춤이 끝나기도 전, 당시 예순을 바라보던 현종의 마음에 사랑의 불길이 당겨졌다. 고력사가 파견한 궁녀들이 망설이는 양옥환을 설득하기 시작했고, 물량 공세와 함께 구애가 이어졌다. 마침내 양옥환은 수왕을 버리고, 그 아버지 현종의 여자가 되기로 결심한다.

"세상에, 박사님. 남편을 버리고, 그 아버지와 합방(合房)을 한다는 게 말이 됩니까?"

"인간사에는 가끔 말도 안 되는 일들이 종종 벌어지지만, 양옥환보다도 황제의 뜻이라고 봐야겠지. 어마어마한 권력 앞에서 어떻게 거절할 수 있겠어? 앞에서 보았듯, 측천무후도 태종의 후궁이었다가 그 아들 고종의 비가 되지 않았는가? 이번에는 일이 거꾸로 되긴 했지만. 어떻든 그래도 주위의 눈에는 신경이 쓰였던가 봐."

아들의 아내를 바로 빼앗을 수 없었던 현종은 일단 양옥환을 도교(道教, 노자를 시조로 하여 불로장생을 목표로 삼은 일종의 종교)의 도사로 입문시킨다. 도교에 입문하면 그 이전에 있었던 속세의 일들은 다 지워지는 것으로 여겼기 때문에, 현종은 이를 자기의 몰염치한 사랑에 이용했던 것이다. 이때 양옥환은 '태진'이라는 이름을 얻었다. 현종은 그 사이, 아들 수왕에게 위씨 성을 가진 여인과 재혼하도록(측실을 갖도록) 주선하였다. 수왕 이모는 아버지 현종에게 본부인 양귀비를 측실로써 빼앗긴 후 측실 2명, 서얼 자녀들과 함께 궁궐 바깥으로 쫓겨났으며, 불가에 귀의하였다. 하지만 이후로도 자유로이 첩을 두면서, 일평생 슬하 5남 22녀(27남매)를 낳았다.

현종은 도사를 모셔와 가르침을 받는다는 핑계로 태진궁을 짓고, 그곳에 양옥환을 살게 하였다. 이때부터 태진궁은 그들만의 사랑의 장소가 되었다. 이후 양옥환은 27세가 되던 해, 귀비(貴妃, 귀빈, 귀인과 더불어 3부인이라 일컬어짐. 서열은 황후 다음으로, 재상과 대등) 책봉을 받아 '양귀비'가 되었다. 비록 비의 신분이었지만, 당시 황후의 자리가 비어 있었기 때문에 실질적으로는 황후나 다름없었다.

현종은 젊었을 때 정치에 꽤 소질이 있는 황제였다. 치세 전반기는 현종의 연호를 따 '개원의 치'48) 라는 칭송을 받을 정도로, 중국 역사상 몇

---

48) 개원(開元)의 치(治): 6대 황제 현종이 다스렸던 29년 동안(713~741년)의 통치 시기. 현종

안 되는 태평성세를 구가하였다. 그러나 양귀비를 맞으면서 정치는 관심 밖의 일이 되고 말았다. 양귀비를 낀 환관과 탐관오리가 득세하면서 부정부패가 만연했고, 백성들의 삶은 급속히 몰락해 민심은 흉흉해졌다.

현종은 양귀비를 위해 화청지(华清池, 중국 섬서성 서안 시, 즉 장안에서 북동쪽으로 약 30km 떨어진 여산에 자리한 온천지)에 궁을 짓고, 오로지 양귀비와 사랑하는 일에만 전념하였다. 어느 날 현종은 연꽃을 구경하다가 "연꽃의 아름다움도 '말을 이해하는 이 꽃'에는 미치지 못하리라"고 하여, 양귀비를 해어화(解語花)라 불렀다. 양귀비가 즐겨 먹는다는 이유로 2천 리 밖에서 열리는 과실 여주(열매는 실타래 모양으로 길쭉한 방추형, 양쪽 끝이 뾰쪽하고 표면에 우둘투둘한 돌기가 많음)를 매일 공수해 오도록 하였고, 양귀비가 원하는 모든 사치를 다 누리도록 해 주었다.

더불어 그녀의 일가는 말할 것도 없고 그녀와 조금이라도 연고가 있는 자들은 모두 출셋길에 올랐다. 아버지는 병부상서(兵部尙書, 고려 때로 말하면 정3품)에, 어머니는 양국부인(凉國夫人), 숙부는 광록사경(光祿寺卿, 국가 제사나 연회를 준비하는 관리), 오빠는 시어사(侍御史, 문무백관의 불법이나 과실을 적발하고 체포, 고문할 수 있는 관리)에 임명되었다. 또 그녀의 세 자매에게는 화장료로 은 10만 전을 현종이 직접 지급했을 정도이다. (위의 책, 211~212쪽).

이때 등용된 양귀비의 6촌 오빠 양소는 건달 출신의 부도덕한 간신배였지만, 현종에게서 '국충(國忠)'이라는 이름까지 하사 받았다. 부패 권

은 현명한 재상들을 등용하고 선정을 베풀었다. 이 결과 인구가 늘어나고 농업 생산력이 증대되었으며, 군사력이 증강되고 외국과의 교류도 활발해졌다. 이백, 두보, 왕유 등의 작가들이 배출되는 등 문화적으로도 번성한 시기이다.

력의 상징이자 외척 정치(왕후, 황후, 후궁의 친정 사람들이 권력을 잡아 이루는 정치)의 표본으로 손꼽히는 양국충(양소)은 환관 고력사 등과 결탁하여 40여 개의 관직을 독점하며, 권력을 맘껏 휘둘렀다. 그리하여 '안사의 난'이 일어나는 빌미를 제공하였을 뿐만 아니라, 이때 그 자신도 처형되고 말았다.

"양귀비는 키가 158cm에 체중이 75kg나 나갔다면서요?"

"날씬하고 가녀린 미녀와는 거리가 멀었다고 봐야지. 기록에서도 그녀의 용모를 가리켜 '자질 풍염(資質 豊艷)'이라 하였는데, 체구가 둥글고 풍만하여 농염한 미인이란 뜻이야. 양귀비 이전에 현종의 총애를 받았던 후궁 매비(梅妃)가 양귀비를 일컬어 비비(肥婢, 살찐 종년)라 욕했다는 말도 있거든."

매비와 양귀비는 완전히 스타일이 달랐다. 마르고 단아한 매비와 달리, 양귀비는 뚱뚱하고 요염했다. 조용하고 온화한 매비와 다르게, 양귀비는 기가 세고 질투심이 강했다. 현종은 자신이 총애하는 두 후궁이 사이좋게 지내길 바랐지만, 둘은 지나다니는 길목도 피할 만큼 서로를 증오했다. 결국 부드럽고 선량한 성품의 매비는 저돌적인 양귀비의 적수가 되지 못한 채, 현종의 처소로부터 멀어진다.

그렇다고 현종이 매비를 잊은 것은 아니었다. 어느 날, 현종은 은밀한 곳에 있는 매비를 찾아 하룻밤을 함께 보낸다. 그런데 고력사가 황급히 달려와 "지금 양귀비가 이리 오고 있다"는 소식을 전한다. 깜짝 놀란 현종은 창에 묵직하게 드리워진 장막 뒤로 매비를 숨겼다. 그 직후 입구에 들어선 양귀비가 취화각 안을 두리번거리기 시작했다. 그러고는 베개

근처에 떨어져 있는 비취 팔찌와 금비녀를 주워 들고 따져 물었다. "폐하, 이것은 누구 것이지요?" "그것은⋯." 현종이 미처 대답을 못하자, 양귀비는 눈물을 주르륵 흘리더니 계단을 내려가 버렸다. 그제야 장막 뒤에서 몸을 드러낸 매비는 커다란 슬픔을 안은 채 매화원으로 돌아갔다. 그로부터 4~5일 후, 매비는 정들었던 매화원에서 쫓겨나 멀리 있는 동궁의 한 구석에서 연금(軟禁)과 다름없는 생활을 시작하게 되었다.

한편, 안록산과 양귀비에 얽힌 이야기가 있다. 애초에 영주(현재 랴오닝 성의 차오양시)의 절도사 장수규의 양자로 들어갔던 그는 점차 전공(戰功)을 세워 나감으로써 현종과 양귀비의 총애를 받기 시작했다. 그리고 현종의 신하들에게까지 끊임없이 뇌물 공세를 편 끝에 드디어 영주의 도독(都督, 지방의 군사 및 행정을 책임지는 관직)과 평로(랴오닝 성의 조양시) 절도사(節度使, 변방 지역을 다스리던 장군)를 겸하는 자리에 임명된다. 그리고 마침내 현종을 가까이에서 보필하기에 이르렀는데, 현종은 안록산의 추한 용모에 완전히 마음을 놓았고, 양귀비 역시 '놀이 상대'로 삼을 생각은 추호도 하지 않았다.

하지만 날이 갈수록 그의 추한 용모가 이상한 매력으로 다가왔다. 양귀비는 안록산을 가까이 하기 시작하였다. 당시 20대의 양귀비가 40대의 안록산을 수양아들로 삼았는데, 두 사람 사이에 부적절한 관계가 맺어졌다는 설도 있다. 안록산이 장안을 방문했을 때, 살이 쪄서 뱃살이 무릎에 닿을 정도(?)인 그녀를 홀딱 벗겨 목욕시킨 다음, 아기 옷을 입혀 가마에 태우고 돌아다녔다는 일화도 있다. 현종도 그걸 보고 웃으면서, '아기 씻긴 값'을 주었다는 것.

현종은 두 사람의 관계를 조금도 의심하지 않았다. 오히려 양귀비가 안록산을 총애하는 것만큼, 그를 더욱더 높은 지위로 끌어올렸다. 반면 안록산의 성장에 위협을 느낀 양국충은 현종 앞으로 나아가 이렇게 고했다. "폐하! 안록산을 장안에 너무 오래 머물게 하면 안 되옵니다. 그를 평로, 범양, 하동 3진의 절도사로 삼고, 동평군 왕의 작호를 내리시는 것이 좋을 듯 하옵니다."

이렇게 하여 안록산을 떠나보낸 양귀비는 온갖 영화를 누리는 것으로 쓸쓸해진 마음을 다잡으려 하였다. 36개 궁을 개축했는데, 화청궁의 온천에는 향수 온탕을 만들고, 16개의 계단을 설치해 보석으로 장식하고, 요옥(瑤玉, 아름다운 구슬)을 깔아 현종과 둘이서 유희의 시간을 즐겼다. (위의 책, 225~265쪽)

"양귀비가 그토록 오랜 기간 황제의 사랑을 독차지한 비결이 뭘까요?"

"당시에는 통통한 여자가 미인상에 가깝다는 인식이 하나 있고, 양귀비 스스로 황제의 사랑을 붙잡아 두기 위해 끊임없이 노력했다고 봐야지. 새로운 화장법을 개발하고, 또 목욕을 즐겨 늘 희고 매끄러운 피부를 유지했다고 하거든."

그 밖에 양귀비는 가무(歌舞)에도 뛰어난 데다, 군주의 마음을 끌어당기는 총명까지 겸비하였다고 전해지고 있다. 이는 양귀비의 별명 '해어화'를 통해서도 어느 정도 짐작할 수 있는 대목이다. 얼굴만 예쁜 것이 아니라 말을 알아듣는 꽃, 즉 지적(知的)인 여자였다는 뜻이다. 이 때문에 동시대를 살았던 이백(李白, 이태백. 1,100여 편의 작품이 현존하는 중국 최고의 시인)은 그녀를 '활짝 핀 모란'에 비유했고, 백거이(白居易, 이백과 두보, 한유와 더불어 이두한백-李杜韓白으로 불리는 시인)는 「장한가(長恨歌)」에서 그녀를 '중국 역사상 가장 로맨틱한 여주인공'으로 묘사하였다.

> 연꽃 휘장 속에서 보낸 뜨거운 봄밤
> 봄밤이 너무 짧아 해가 높이 솟았구나.
> 황제는 이날 이후 조회(朝會, 아침 회의)에도 안 나오네
> 후궁에 미인들은 3천 명이나 되었지만
> 3천 명의 사랑을 한 몸에 받았네.
> 금으로 치장한 궁궐에서 화장을 끝내고 기다리는 밤
> 백옥누각에 잔치 끝나면 피어나는 봄
> 비로소 천하의 부모들이
> 아들보다 딸 낳기를 중히 여기네

"이때도 남존여비 사상이 있었다는 반증이구먼요. 양귀비의 겨드랑이에서 냄새(암내)가 심했다는 말도 있던데요?"

"곁에 있던 시종이 솜으로 코를 막고 다닐 정도였다니까. 이 때문에 양귀비는 항상 향이 나는 주머니를 옆구리에 끼고 다녔고. 더욱이 현종은 고질적인 축농증(콧구멍과 연결된 부비동에 고름이 고이는 병)이 있어 냄새를 몰랐다고 하니, 둘은 천생연분이라 해야 할 것 같아. 허허….'"

그러던 어느 날, 안록산이 강대한 병력들을 보태어 커다란 세력을 드러내게 되었다는 보고가 양국충의 귀에 들어왔다. 양국충은 그를 장안으로 불러들여야 한다고 진언하였고, 현종과 양귀비도 그에 동의했다. 그러나 미처 손을 쓰기도 전에 안록산은 양국충을 제거한다는 명목으로

반기를 들어, 30만의 대군을 거느리고 중원으로 쳐들어왔다. 안록산은 스스로 황제라 칭하며 연호(年號, 군주가 즉위한 첫 해를 원년으로 삼아 연수를 표기하는 일)를 제정하였고, 마침내 수도 장안을 정복하였다. 이것이 바로 '안사의 난(755~763년, 안록산과 사사명 등이 일으킨 반란)'이다. 양귀비와 사랑에 빠진 안록산이 그녀를 다시 만나기 위해 난을 일으켰다는 내용의 중국 희곡(戲曲, 노래와 춤으로 이야기를 풀어가는 전통 연극. 북경 지역에서 유행했던 경극-京劇이 유명함)도 있다.

그야 어떠하든, 태진궁에서 양귀비와 술을 마시던 현종은 '반란'의 소식에 노발대발했으나 이미 대세는 기울어져 있었다. 현종은 양귀비의 조언에 따라 거짓으로 '친정(親政, 왕이나 황제가 직접 다스림)'을 선언하고, 이른 새벽 은밀히 대궐 문을 나섰다. 이때 현종은 매비와 함께 떠나고자 하였으나, 양귀비가 용납지 않았다. 날이 밝고 현종이 도주했다는 소식이 알려지자, 벼슬아치들도 사방으로 흩어져 달아나기 시작했다. 불과 10여 명뿐인 현종 일행은 황폐해진 마을에서 비어 있는 농가를 찾아 주린 배를 움켜쥔 채, 여러 밤을 보냈다. 황제의 가마가 장안에서 1백여 리쯤 가 섬서성 마외역에 도착했을 때, 성난 장병들이 달려들어 양국충을 갈가리 찢어 놓았다. 그 옆에서 떨고 있던 양국충의 처첩과 아들, 양귀비의 세 자매까지 칼날에 목숨을 잃었다.

드디어 용무장군 진현례가 황제에게 "병사들이 귀비 전하의 몸에 칼을 대려 하오니, 그 전에 자결을 명해 주시기 바랍니다"라고 했다. 양귀비는 현종에게 눈인사로 이별을 고한 다음, 길가 무너진 불당 앞에 서 있는 배나무에 고력사가 걸어 준 비단 천에 목을 매달았다. 10대 후반의 나이로 궁에 들어와 이후 20년 가까이 현종의 총애를 받았던 양귀비. 그

녀는 756년 6월, 38세의 나이로 최후를 맞았다. (위의 책, 265~278쪽)
양귀비가 생을 마감하고 나자, 현종은 그녀의 시체를 수습해 인근 조그마한 산에서 장사를 지냈다. 다음은 백거이가 서사시 「장한가」에서 묘사한 양귀비의 죽음이다.

> 서쪽으로 도성 문 백여 리를 나오더니.
> 어찌 하리오! 호위하던 여섯 군대 모두 멈추어 서네
> 아름다운 미녀 굴러 떨어져 말 앞에서 죽으니
> 꽃 비녀 땅에 떨어져도 줍는 이 아무도 없고,
> 비취깃털, 공작비녀, 옥비녀마저도.
> 황제는 차마 보지 못해 얼굴을 가리고
> 돌아보니 피눈물이 흘러내리네.

"그러고 보면, 죽네 사네 하는 사랑도 죽음 앞에서는 별 수 없는가 봐요…? 혹시 현종 자신이 죽고 양귀비를 살릴 수 있다면, 그렇게 했을까요?"
"설령 그러겠다고 한들, 병사들이나 백성들이 그걸 용납했겠어?"
'안사의 난'이 평정된 뒤, 다시 궁으로 돌아온 현종은 매비를 찾았다. 그러나 그녀는 어디에도 없었다. 반란의 와중에서 목숨을 잃은 것이다. 현종은 황위를 아들 숙종에게 물려주고, 태상황(太上皇, 상황, 즉 '자리를 물려준 황제'를 높여 이르는 말)이 되었다. 이후 그는 양귀비의 초상화를 앞에 두고, 지켜주지 못한 회한(悔恨)과 그리움 속에서 6년 세월을 보내다가 762년, 78세의 나이로 숨을 거둔다.
"여자를 '쾌락의 도구'쯤으로 여기는 남자가 있는가 하면, 목숨만큼

사랑한 경우도 있네요?"

"진실은 서로 통하니까."

"양귀비의 죽음에 대해, 재미있는 전설이 있던데요?"

"그녀의 아름다움이 너무나 뛰어나 고력사나 따라간 군졸들이 차마 죽이지 못하고, 일본으로 탈출시켰다는 이야기인데. 실제로 양귀비의 후손이라고 족보까지 들고 나선 사람들도 있다고 하지. 하지만 말 그대로, '전설'에 불과하지 않을까 싶네."

제4장

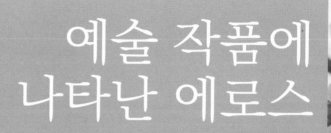

예술 작품에
나타난 에로스

복숭아꽃
성은 공정한가

1. 섹스와 사회의식 — 『금병매』

"박사님, 지금까지 4대 미인에 대해 알아보았는데요. 소설에 나오는 미인도 있다면서요?"

"아! 젤 먼저 반금련이라고, 중국 명나라 때 작자 미상의 장편 소설 『금병매』의 주인공이라네. 『금병매(金甁梅)』라는 책 이름은 서문경의 첩 반금련과 이병아(李甁兒), 그리고 반금련의 시녀 춘매(春梅)에서 한 글 자씩 따 왔고."

『금병매』는 상인(常人, 보통 사람. 평민)과 관료, 그리고 무뢰한 등 명나라 각계각층의 추악하고 음탕한 모습을 그린 작품이다. 중국 사대기서 (四大奇書, 『삼국지연의』, 『수호전』, 『서유기』, 『금병매』의 네 작품. 『금병매』 대신 『홍루몽』을 넣기도 함) 중의 하나로, 고대 소설 가운데 가장 뛰어난 작품으로 일컬어진다. 먼저 『수호전』의 대략적인 내용을 살펴보면 다음과 같다.

호랑이를 맨손으로 때려잡은 호걸 무송은 고향 근처 지역의 현령 눈에 들어,

도두(都頭, 군대 지휘관) 자리에 발탁되었다. 어느 날 무송은 저잣거리에서 우연히 형 무대와 마주친다. 동생 무송이 '신장 팔 척(1척을 예전처럼 23cm로 할 경우, 8척은 184cm)에 위풍당당한 신체'를 가진 데 반해, 형 무대는 '오 척(1척을 오늘날의 기준인 30.3cm로 잡더라도, 150cm가 겨우 넘음)이 되지 않은 키에 추남'이었다. 형은 동생을 집으로 데려가 요염한 미녀인 아내 반금련에게 소개하고, 함께 살기로 한다. 그날부터 시동생 무송에게 반한 반금련은 갖은 교태를 다 부렸으나, 심지(心志)가 굳은 무송은 유혹을 뿌리친 채 형의 집을 나와 버린다.

이후 반금련은 이웃에 사는 매파(媒婆, 중매쟁이 노파) 왕 노파의 소개로 서문경을 만나 정을 통한 뒤, 둘이 합작하여 무대를 독살해 버린다. 출장에서 돌아온 무송은 사건의 진상을 밝혀낸 다음, 둘의 목을 잘라 억울하게 죽은 형의 복수를 감행한다. 이후 '살인범'이 된 무송은 왕 노파를 끌고 현청(縣廳, 현 안의 정무적인 업무와 소송 등을 처리하는 곳)에 출두하여 왕 노파는 능지처참49)의 형벌에 처해지고, 무송은 (정상참작을 통해) 얼굴에 죄인 표시의 글자를 새긴 다음 유배지로 떠난다.

- 이나미 리쓰코, 『중국 5대 소설 수호전·금병매·홍루몽 편』, 장원철 옮김,

에이케이커뮤니케이션즈, 2019, 65~67쪽

---

49) 능지처참(凌遲處斬): 대역죄나 패륜을 저지른 죄인 등에게 가해진 극형으로서, '언덕을 천천히 오르내리듯' 고통을 서서히 최대한으로 느끼면서 죽어 가도록 하는 잔혹한 사형. 팔다리와 어깨, 가슴 등을 잘라내고, 마지막에 심장을 찌르고 목을 베어 죽였다. 또는 많은 사람이 모인 가운데 죄인을 기둥에 묶어 놓고, 출혈 과다로 죽지 않도록 포를 뜨듯 살점을 조금씩 베어 참을 수 없는 고통 속에서 죽음에 이르도록 하는 형벌이라고도 한다. 수레에 팔다리와 목을 매달아 찢어 죽이는 거열형(車裂刑)과 차이가 있으나 보통 혼용되기도 한다. 우리나라에서는 연산군과 광해군 때 집행되었다고 하나, 1894년(고종31년)에 완전히 폐지되었다.

『금병매』는 바로 이『수호전』에 등장한 반금련과 서문경이 무송에게 죽임을 당하지 않았다는 가정을 바탕으로『수호전』과는 또 다른 새로운 서사 세계를 구축하였다. 대강의 내용은 다음과 같다.

울적한 나날을 보내고 있던 반금련의 눈앞에 팔난봉 서문경이 등장한다. 당시 그는 28세에 지나지 않았음에도 뛰어난 장사 수완으로 신흥 상인, 지역 토호로 성장해 있었다. 전처가 사망한 후 오월랑을 후처로 맞아들였지만, 집에는 이외에도 여러 명의 첩실, 깊은 관계를 맺은 하녀들로 북적였다. 반금련의 미모에 반한 서문경은 매파인 왕 노파에게 뚜쟁이 노릇을 부탁한다. 이리하여 반금련과 서문경은 왕 노파의 집에서 밀회를 거듭하기에 이른다. 그러나 소문을 듣고 달려간 남편 무대는 오히려 서문경에게 명치(복장뼈 아래 한가운데의 오목하게 들어간 곳. 급소의 하나)를 걷어차여 병석에 누웠다가 왕 노파의 계략에 따른 둘(서문경과 반금련)의 모략에 의해 독살당하고 만다.

이후 서문경은 부자 상인의 과부 맹옥루를 세 번째 부인으로 맞아들인다. 이에 속을 끓이고 있던 반금련 앞에 시동생 무송의 편지가 도착한다. 곧 귀향하겠다는 내용. 무송의 형 무대 살해의 '공모자'였던 서문경과 반금련은 간담이 서늘해지고 만다. 일촉즉발의 위기 앞에서 두 사람이 왕 노파의 지혜를 빌리는데, 그것은 '반금련이 서문경의 다섯 번째 부인'으로 들어가는 것이었다.(첫 번째는 대가족을 관리하는 본부인 오월랑, 두 번째는 기녀 출신인 이교아, 세 번째는 사망한 셋째 부인의 후임으로 들어온 맹옥루, 네 번째는 집안의 부엌일을 관장하는 손설아) 무송은 현청에 고발도 해보고 서문경을 직접 죽이려고도 해봤지만, 모두 실패한다. 대신 사람을 구별하지 못한 채, 말단 관리 이외전을 때려죽이고 만다. 당연히 사형당할 위기에서 그나마 '공정'한 부윤(府尹, 동평부를 다스리는 지사) 덕분에 목숨을 건진 무송은 유배를 가는 것으로 소설에서 사라진다.

- 위의 책, 220~222쪽

"박사님, 『금병매』는 『수호전』이 의도적으로 배제하였던 '욕망'을 정면에서 포착한 작품이란 평이 있더라고요?"

"허허허… 대부분의 인물들은 색욕, 식욕, 물욕(物慾) 등을 탐욕스럽게 추구하며, 죽을 때까지 현세적인 쾌락을 추구해 마지않았지. 서문경은 '섹스 괴물(섹스 중독)'이라 부를 수밖에 없을 만큼 변태적인 색정광의 면모가 강조되는데, 심지어 미소년(원문에는 '글 배우는 아이'로 나옴)과의 비역질(사내끼리의 동성애)까지 하는 형편이었으니까. 더 들어가 볼까?"

(수많은 여자들에게서도) 만족을 얻지 못한 서문경은 의형제까지 맺은 이웃집 화자허의 부인 이병아와 밀통을 하여, 화자허가 속을 끓인 나머지 24세의 젊은 나이에 상한증(傷寒症, 장티푸스)으로 세상을 뜨게 만든다. 그리고 이병아와 그녀가 지닌 모든 재물까지 차지하기에 이른다. 그리고 이 재물을 이용하여 약방과 포목가게 등을 더 크게 늘리고, 이렇게 모은 재물을 당시의 세도가에게 보낸다. 서문경이 맞이한 첫 번째 경사는 이병아가 아들 관가(官哥)를 출산한 일이다. 이병아가 서문 씨 집에 들어간 지 약 열 달 후인 1116년 6월 23일의 일이었다. 때를 맞추어 서문경에게는 '금오위부천호'라는 관직이 주어지고, (하북성) 청하현 제형소(提刑所)의 이형(理刑, 지금의 경찰차장 정도)에 임명된다. 서문경이 북송 말기 조정의 4악인(惡人)의 한사람인 채경(蔡京, 백성들로부터 많은 세금을 거두고 황제에게 아첨했던 간신배)에게 꾸준히 생일축하 선물을 바친 결과였다.

인물도 좋고 재물도 많이 가져온 데다 대를 이어줄 아들까지 낳아 주었으니,

서문경의 사랑이 이병아에게 쏠릴 것은 당연한 이치. 거기에다 우연한 기회에 춘약50)까지 얻어, 음행(淫行)을 더욱 활발하게 즐길 수 있게 된다. 물론 그 전에도 여인들과 사랑의 행위를 나눔에 있어, '보조 기구'나 춘약을 사용하곤 했었지만.

그렇지만 이병아가 서문경의 사랑을 독차지하게 되자, 이를 질투한 반금련은 선천적으로 허약하게 태어난 관가를 갑자기 높이 추켜올려서 경기(驚氣, 어린아이가 갑자기 의식을 잃고 경련하는 병증)를 일으키게 하는 등 한발 한발 자신의 공세를 강화해 나간다. 산후에 몸을 잘 추스르지 못해 건강을 해쳤던 이병아 역시 점점 쇠약해져만 간다. 이 상황에서 흉기로 등장한 것이 설사자(雪獅子, 원문에는 온통 흰 털로 덮여있되, 다만 이마에 거북 잔등처럼 검은 점이 하나 있었다고 함)로 불리는, 반금련이 기르던 고양이었다. 반금련은 평소에 이 고양이에게 붉은 비단에 싼 고기가 보이면 덮쳐 뜯어먹게끔 훈련시킨 바 있었다. 이에 따라 어느 날, 방에 들어간 고양이는 우연히 붉은 저고리를 입고 있던 관가에게 사납게 달려들어 물어뜯고 할퀴며, 아이가 심한 경기를 일으키게 하였다. 결국 관가는 1117년 8월 23일, 겨우 1년 2개월을 살고서 생을 마감한다. 관가의 죽음을 경계로 생명력이 고갈된 이병아는 날이 갈수록 쇠약해지다가 누워 꼼짝 못하는 지경이 되고 말았다. 엎친 데 덮친 격으로 밤마다 전 남편 화자허가 꿈에 나타나 밤잠을 설치는 바람에, 병세는 날로 악화일로를 치달았다. 이병아는 신변의 뒤처리를 오월랑에게 당부하고 세상을 하직한다. 서문경을 만난 지 채 4년이 되지 않은 스물일곱의 나이, 관가가 죽은 지 한 달도 되지 않은 정화(政和, 중국 북송의 연호) 7년(서기 1117년) 9월 17일의 일이었다.

경쟁자가 없어진 반금련은 서문경의 사랑을 독차지할 수 있으리라 기대를 하였으나, 서문경의 여자관계는 더 문란해져만 갔다. 서문경은 우연히 만난 호승

---

50) 춘약(春藥): 미약(媚藥), 음약(淫藥), 최음제(催淫劑), 강정제(强精劑). 성욕을 일으키는 약.

(胡僧, 인도나 서역의 승려)을 집으로 불러 접대한다. 이때 호승은 서문경에게 백 수십 알의 미약(媚藥, 춘약)과 정력 강화에 효험이 있는 두 돈(약 8g) 정도의 연고 한 덩어리를 선물로 준다. 그리고 행낭(큰 주머니)에서 호로병(호리병. 위아래가 둥글고 가운데가 잘룩하게 생긴 병)을 꺼내 100여 알을 더 주고, 다른 배낭에서 고약 두 돈 정도를 준다. "절대로 남에게 이야기하지 말고, 한 번에 한 알만 드세 요." 그러나 서문경은 이 약들을 상용(常用, 일상적으로 씀)하여 무제한의 쾌락에 빠져들게 된다.

애가 탄 반금련은 예의 그 춘약을 찾아내 무려 세 알을 서문경에게 먹이고, 자신 또한 한 알을 먹었다. 약효는 즉각 일어났고 둘은 음욕을 폭발시킨다. 그러 나 다음날부터 서문경은 중병을 앓아누웠고, 중화(重和, 송나라 8대 황제인 휘종 의 연호) 원년인 1118년 정월 스무하룻날 33세의 나이로 세상을 떠났다. 이병 아가 죽은 지 다섯 달 후의 일이었다.

- 위의 책, 325~336쪽

"박사님, 반금련이 백사자라는 고양이와 수간(獸姦)을 했다는 말이 있 더라고요."

"허허. 말만 고양이일 뿐, 웬만한 개보다 몸집이 컸다는데…. 밤이 깊 어 서문경이 반금련의 침실로 가려는데, 안에서 고양이의 낑낑 앓는 것 같은 이상한 울음소리와 반금련의 야릇한 신음 소리가 들리더라는 거 지. 서문경이 헛기침을 내뱉고 들어가자, 반금련이 화들짝 놀라며 뛰어 일어났다는 거고. 그런 스토리가 간혹 전해지고 있다네."

"요즘 반려동물을 키우는 가정도 많은데, 설마 그러기까지야."

"세상엔 별의별 일이 다 있으니까."

수간(獸姦, sodomy)이란 인간과 동물 사이에서 행해지는 성교를 말한다. 남성은 주로 양이나 돼지, 개, 송아지 등의 암컷을 대상으로 하고, 여성은 수컷 개를 상대로 하는 경우가 많다.

> 파리에서 어떤 여자가 친밀한 사람들끼리 모이는 모임에서 입장료를 요구받자, 발끈하여 (방탕한) 사람들이 보는 앞에서 불도그(힘이 세고 용감하며 광포한 특징을 지닌, 영국의 개량종 개)에게 자기 몸을 주었다.
> — 리하르트 폰크라프트에빙, 『광기와 성』, 홍문우 옮김, 파람북, 2020, 530쪽

"수간의 경우, 상당수는 인간에 의한 강간일 거 아니어요?"

"물론. 그러나 수간 사실이 드러났을 경우, 피해 생물인 동물이 처형되는 일이 많다네. '피해자'가 도리어 형을 받는 꼴인데, 심지어 화형(火刑)을 당하는 사례도 있었다지 않은가?"

"그렇게 불공정한 처사가 어디 있어요? 그건 인간의 일방적인 종족주의 아닐까요? 우리나라 어떤 섬에서도 큰 사건이 있었다는데요?"

"도시 괴담(都市怪談, 매우 비현실적이고 황당무계한 이야기) 수준인데…."

어느 주부가 남편과의 관계가 소원해지자, 개와 성교를 하다가 남편(어느 대기업 차장 혹은 어부라는 소문이 있음)에게 들키고 말았다. 하지만 수캐의 성기는 구조상, 교미 도중 뺄 수가 없는 형태. 결국 119를 부르게 되고, 병원에서 분리 수술을 했다. 이후 여자는 수치심에 자살을 했고, 남편은 어디론가 사라졌다고 한다.

"박사님, 그게 사실일까요?"

"괴담이라니까. 삽입한 개의 성기가 그렇게 커지는 것도 아니고, 항상

그 상태가 유지되는 것도 아니거든. 또 성기 자체가 인간의 성기에 비해 매우 작지 않은가? 만약 소문대로 그것이 실화라면 여자가 남편에게 들켜 당황한 나머지, 질경련이 일어났을 가능성이 크다고 봐야지."

"여새리 땅콩집의 '털보' 왕수와 과부 사이에도 질경련이 일어났다고 했잖아요? 어떤 사람이 갑자기 들이닥치는 바람에 말이지요."

"당시에는 대문도 없으니까, 노크도 없이 내 집처럼 쑥쑥 들어 다녔지."

"상황은 급한데 차도 귀한 때라 할 수 없이 손수레에 실려 가는데, 우세는 우세대로 사면서 끝내 안 빠지니까 서로 욕을 퍼붓다가… 어떻든 오늘날 현대인들에게 근친상간, 수간 등은 (찬성하건 반대하건) 이미 친숙한 주제가 되어 버린 것 같아요."

"그래도 아직까지 수간을 정당화하는 나라는 없다네."

"하지만 수간 금지를 '차별'로 간주하는 사람들도 있다는데요?"

"그러긴 해. 동물과의 성관계, 성매매뿐만 아니라 결혼까지 정당하다고 주장한다네."

"정말이요?"

"정식으로 법적인 지위를 인정받지는 못하지만, 자신의 반려동물과 결혼한 사례는 얼마든지 있어. 결혼한 돌고래가 1년 만에 사망하는 바람에 평생 과부로 살게 된 백만장자 이야기도 있고, 한 남자 디자이너와 결혼한 고양이에게는 전용 식탁과 전용 베개, 전용 아이패드까지 주어졌으며, 그녀(?)의 트위터 계정에는 수만 명의 팔로워까지 있다고 하니. 허허허…."

"야! 의안하네뇨. 그선 그렇고뇨. 반남련은 노대제 몇 명을 숙게 한 거예요?"

"전 남편 무대와 관가, 이병아, 서문경까지…. 자, 과연 악녀의 최후가 어떻게 되는지 보세나."

반금련은 서문경의 장례가 채 끝나기도 전에 (서문경의 사위인) 진경제와 치정 놀음을 벌이다가 하녀 춘매까지 끌어들여 세 사람이 함께 성행위를 하는 이른바 '스리섬' 관계까지 벌인다. 급기야 진경제의 아이를 임신하여 낙태하는 지경에 이른다. 이를 알아차린 오월랑은 먼저 반금련의 심복인 춘매를 팔아 버리고, 반금련도 집에서 내쫓는다. 잠깐 왕 노파의 집에 몸을 의지한 반금련은 노파의 아들 왕조와 또 깊은 관계에 빠져든다. 이 소식을 전해 들은 진경제가 왕 노파와 반금련의 몸값을 놓고 흥정을 벌이는 사이, (무대의 동생) 무송이 무죄 방면을 받아 나타난다. 그는 왕 노파에게 '반금련과 혼인하겠다'고 속이고는, 즉석에서 돈을 지불한다. 무송은 혼례 당일, '어차피 나는 이 사람과 결혼할 팔자인가 보다'고 마음을 정리한 반금련을 형 무대의 위패 앞에 무릎을 꿇어앉히고, 형 살해의 전말을 자백하게 한다. 그리곤 칼로 단번에 푹 찔러 내장을 도려낸 다음, 무대의 영전(靈前, 죽은 이의 영혼을 모셔 놓은 자리)에 바친다. 이어 한칼에 (과거의 형수) 목을 베어 처참한 복수극을 완성한다. 이때 반금련의 나이는 서른두 살, 서문경을 만난 지 겨우 7년째였다. 이어서 무송은 곁에서 절규하는 왕 노파 역시 순식간에 목을 베어 버렸다.

- 이나미 리쓰코, 앞의 책, 347~355쪽

"『금병매』가 진한 에로티시즘인 줄만 알았는데, 처절한 복수극도 있네요? 그밖에 다른 내용은 없는가요?"

"그것으로 끝나면, 통속적 삼류 소설에 불과할 테지. 이 소설에는 '결국 악녀의 최후는 비참하다'는 진부한 결론 외에 명나라 때의 부패한 사회상과 어린 여자아이까지 팔아넘기는 밑바닥 생활이 폭로되어 있거든. 도시 상업 자본의 발전 양상과 시민 계급의 의식 형태가 반영되어 있기도 하고. 또 『수호전』에서는 여성을 배제하려는 경향이 있었지만, 『금병매』에서는 여성 한 사람 한 사람이 강렬한 존재감을 드러낸다는 점이 다르고."

이와 관련하여, 청나라 때의 소설가 조설근이 쓴 『홍루몽』(중국 최고의 소설로 평가받음. 80회까지는 조설근이, 그 이후의 40회는 고악과 정위원에 의해 완성)에는 남자이면서도 남성의 지배 논리를 외면하는 인물이 등장한다. 이 작품의 주인공이기도 한 가보옥(賈寶玉)이다. 『홍루몽』은 가가(賈家)라는 대가족의 내부에 초점을 맞추었기 때문에, 그 중심이 되는 것은 어디까지나 '여자들'이다.

"『홍루몽』역시 『금병매』에서와 마찬가지로, 여성들의 지위가 강조된다는 거지요?"

"그렇지. 오히려 『금병매』의 경우 비판 정신이 희박한 데다, 노골적인 에로티시즘의 묘사가 너무 많다는 평가도 있어."

『금병매』라는 책 이름은(앞에서 말한 것처럼) 2백여 명에 이르는 서문경의 여인들 가운데 가장 아름답고 영리한 세 여인의 이름에서 취한 것이다. 여기에서의 미인은 꽃 같은 얼굴, 옥 같은 살결, 별 같은 눈에 달과 같은 눈썹, 버들가지 같은 허리, 갈고리 모양의 발, 겨우 세 치가 될 뿐인 발끝 등으로 묘사된다. 특히 여인이 전족[51]을 하고 있으면, 남자들의 시

---

51) 전족(纏足, 纏足): 중국 미인의 절대 조건으로서, 10세기 초부터 20세기까지 거의 1천 년

선을 끌기에 충분하였다. 『금병매』에 등장하는 금련(金蓮)이라는 이름은 바로 '전족한 여인의 작은 발'에서 따온 것이다.

반금련의 발은 세 치(약 10cm)가 되지 않아 이 작은 발이 그녀의 매력이기도 했다. 전족은 서너 살 되는 어린아이 때부터 붕대 모양의 기다란 천으로 발을 단단히 묶어 발이 자라지 못하게 만드는, 중국 사회만의 독특한 풍습이었다. 억지로 굽게 만든 발에 굽이 높은 신발을 신고 아장아장 걷는 것이 미인의 조건이었다. 전족을 하는 과정에서 심한 통증이 따랐고, 발과 신발에서는 썩은 내와 같은 독특한 냄새가 나게 된다. 그러나 이 냄새가 또한 에로틱하다며, 좋아하는 남성도 있었다.

- 이나미 리쓰코, 앞의 책, 286~287쪽

"세상에 별 악취미도 다 있군요? 하지만 박사님, 서양에서도 허리가 가늘고 잘록한 여성이 매력적이라고 여겨지던 시대가 있었다면서요?"

"허허. 그래서 귀부인들이 실신할 정도로 몸에 꽉 끼는 코르셋(corset, 배에서 엉덩이에 걸쳐 받쳐 입는 여자의 속옷)으로 허리를 단단히 조였던 거지. 지나치게 조일 경우, 탈장(脫腸)이 되거나 장기(臟器)에 무리한 압박을 주어 내출혈이 생기기도 하고 장기의 위치를 아예 바꾸어 놓거나, 갈비뼈가 부러지는 바람에 폐가 찔려 죽는 일까지 있었다네. 심지어 재채기 한 번에 그대로 죽는 일도 있었다니…."

의 세월을 이어온 풍습. 전족의 이유에 대하여는 무엇보다 성적인 이유를 첫 번째로 든다. 전족을 하면 서 있거나 걷는 자세가 불안정해 마치 오리가 걷는 것처럼 뒤뚱거리게 되는데, 이러한 모습이 남성에게 성적으로 어필한다는 것. 조그만 발로 커다란 몸을 지탱하며 종종 걸어야 했기에 엉덩이와 허벅지, 음부의 괄약근에 운동이 되어 남자에게 커다란 쾌감을 준다는 것이다. 1949년 중화인민공화국이 수립되고 나서, 강력한 전족 금지 법령이 반포되었다.

"햐! 아름다움을 향한 여성들의 집착이 놀랍네요. 하지만 이 역시 남성들의 의도 여부를 떠나, 여성들에 대한 일종의 폭력이 아닐까 싶네요. 반금련 다음에는 이병아인가요?"

"『금병매』 가운데 '병(瓶)'은 바로 이병아에게서 취한 것이거든."

그렇다면 '병'은 무엇을 의미하는 것일까? '병'은 바로 꽃병을 의미한다. 꽃병에는 각양각색의 꽃뿐만 아니라 어떠한 물건이라도 꽂을 수가 있으며, 꽂았던 꽃이 시들면 언제든지 새로운 것으로 바꿀 수가 있다. 또한 그 소유자도 손쉽게 바꿀 수가 있다. 이러한 복합적인 의미 외에도, 꽃병이 보여주는 외관상의 모습과 꽃병의 색깔이 서문경과 같은 당시의 남자들이 좋아하던 여인들의 하얀 피부색과 같다는 점도 고려했을 것이다. 다음으로 『금병매』 가운데 '매(梅)'는 반금련의 시녀 춘매에게서 따온 것이다.

본래 춘매(春梅)는 오월랑을 모시던 하녀였는데, 반금련이 시집왔을 적에 오월랑이 그녀에게 양보하였다. 그런데 뛰어난 미인 춘매에 대해 서문경이 눈독을 들이고 있었다. 이때 춘매와 사이가 좋은 반금련은 둘 사이를 묵인하였다. 그럼에도 (춘매는) 정식으로 첩실이 되지는 못하였고, 서문경이 죽은 후 부잣집의 첩으로 들어갔다.

- 이나미 리쓰코, 앞의 책, 236쪽

"암튼 서문경의 바람기 하나는 알아주어야겠네요. 중국의 황제들이 이 책을 '민간의 풍속을 해치는 음서(淫書, 음란하고 방탕한 내용을 적은 책)'로 낙인찍었다면서요?"

"당시 부패한 정치인의 적나라하고 변태적인 성생활을 풍자하였기 때문인데, 측근에 있는 고관대작들이 황제에게 건의를 했는지 어땠는지… 황제들은 이 책에 대해 세 차례씩이나 출판과 유포를 금지하는 명령을 내리기도 했다네."

"백성들이 '높은 분'들의 은밀한 부분을 들여다보는 일이 꺼림칙했겠지요. 대체 얼마나 노골적인 내용이었으면 그랬을까요?"

"대담하면서도 생생한 묘사 때문일 수도 있지만, 그 시기에 암암리에 사용했던 '춘약'이나 '성행위 보조 기구'가 공공연하게 등장하는 것도 한 원인이었을 거야."

"성이 범람하는 이 시대의 현대인들에게는, 새로울 것도 없겠는데요?"

"물론. 다만 서문경과 관계를 가진 여인들이 집이나 옷, 먹을 것, 돈 등을 주저 없이 요구하고, 서문경이 이를 받아들인다는 대목이 당시에는 충격적이었던 것 같아. 일종의 상거래 같은 그들의 애정행각을 어떻게 받아들일 것인가에 대해 혼란스러워했던 거지."

한편, 중국 고전 서사학(敍事學, 이야기의 기술과 구조에 관한 연구)의 발전이라는 측면에서 『금병매』는 획기적인 변화를 가져온 작품이며, 중국 고전 소설의 결정판이라는 『홍루몽』의 모태가 되었다. 아울러 책(『금병매』)의 외설적인 부분들이 '쾌락의 속절없음'을 나타내려는 작가의 의도라고 보는 견해도 있다.

반금련은 '음탕한 여인'의 대명사처럼 거론돼 왔지만, 그러한 인물은 당시 명나라 말기 사회·경제적 현상에 따른 필연적 산물이라는 게 저자의 견해이다. 즉, 당시 상인 계층이 발흥하면서, 지식인 계층에서도 유교적 가치관을 부정하고, 물욕(物慾)과 이윤(利潤)에 따라 움직이는 인간의 욕망을 적극적으로 받아들이려 했다는 것이다.

2. 정절로 포장된 에로스 — 『춘향전』

"박사님, 이제 우리나라의 작품에 대해 알아볼까요?"

"열녀의 대명사가 된 춘향이, 그러니까 『춘향전』부터 살펴보세."

『춘향전』은 작자 및 연대 미상의 고전 소설로서, 판소리로 불리다가 소설로 정착된 작품이다. 남원 부사(府使, 종3품으로 군수보다 높은 직책)의 아들 이도령(이몽룡)과 기생의 딸 춘향이 광한루에서 만나 정을 나누다가, 남원 부사가 임기를 끝내고 서울로 돌아가자 두 사람은 다시 만날 것을 기약하고 이별한다. 그 다음에 새로 부임한 관리가 춘향의 미모에 반하여 수청(守廳, 아녀자나 기생이 높은 벼슬아치에게 몸을 바쳐 시중을 들던 일)을 강요한다. 그러나 춘향은 일부종사(一夫從事, 일생 동안 한 남편만을 섬김)를 앞세워 거절하다, 옥에 갇혀 죽을 지경에 이른다.

한편, 이도령은 과거에 급제한 후 암행어사가 되어, 신관 부사를 탐관오리로 몰아 봉고파직(封庫罷職, 어사나 감사가 부정한 관리를 파면하고, 그 창고를 봉하여 잠그는 것)시키고 춘향을 구출한다. 그 후 이도령은 춘향을 정실부인으로 맞이하여 백년해로를 한다. 현재 남원에서는 매년 5월에 '춘향제'가 열리고 있다.

"그러니까, 춘향이는 작품 속 인물이란 말이지요?"

"꼭 그렇다는 것은 아니라네. 오히려 실제 있었던 사실을 조금 각색하여 쓰인 작품이 『춘향전』이란 주장이 있거든."

"1999년 KBS〈역사스페셜〉제작 팀이 이몽룡에 대해, 실존 인물일 가능성이 크다고 하였다면서요?"

"허허. 그렇다네."

이 프로그램은 1607년(선조 41년)부터 1611년(광해군 3년)까지 남원 부사를 지낸 성안의의 아들 성이성과 이몽룡의 행적이 거의 비슷함을 밝혀나가는 데 초점을 맞추었다. 성이성은 13세부터 17세까지 아버지의 임지(任地)인 남원에 머물렀으며, 33세 때 식년 문과(式年文科, 3년에 한 번씩 돌아오는 식년과의 시험 가운데 문과)에 급제하였다. 과거 급제 후 사헌부, 홍문관, 사간원 등 삼사(三司, 임금에게 직언하던 세 관아)의 요직을 두루 거쳤으며, 네 차례나 암행어사의 임무를 수행했다.

"『춘향전』 하면, 마패를 들고 '암행어사 출두야!'를 외치는 장면이 가장 먼저 떠오르던데요."

"허허. 암행어사(暗行御史)는 왕의 측근 가운데 정3품 이하의 관원을 지방에 비밀리에 파견하는 제도인데…."

그렇게 파견된 암행어사는 위장된 복장으로 지방 수령의 무능과 비리, 토호 세력의 불법 행위, 백성의 고통을 탐문한 다음, 임금에게 사실대로 아뢰는 것을 직무로 한다. 왕이 당사자를 불러 직접 봉서(封書, 일종의 임명장), 사목(事目, 어사의 임무가 적힘), 마패,[52] 두 개의 유척(鍮尺, 각 고을의 도량형과 형구의 규격 검사를 위한 도구)을 주었다. 또한 암행어사에게는 보

---

52) 마패(馬牌): 벼슬아치가 공무로 지방에 나갈 때, 역마(驛馬, 말)를 징발하는 증표로 쓰던 둥근 구리 패. 지름이 10cm 정도이며, 한쪽 면에는 자호(字號, 차례를 나타내는 천자문)와 연월일을 새기고 다른 한쪽에는 관원의 등급에 따라 마필의 수효를 새김. 보통은 병조의 관할 아래에 있는 상서원에서 발급하나, 암행어사에게는 비밀을 유지하기 위해 승정원에 보관하고 있다가 임금이 직접 지급하기도 했다.

통 두 개의 마패가 주어졌는데, 암행어사 출두나 봉고(封庫)시 혹은 처분 문서에 직인(職印) 대용으로 썼기 때문에 '권력의 상징'으로 여겨졌다.

"성이성의 행적이 『춘향전』에 나온 암행어사의 그것과 비슷하네요?"

"그가 활동했던 시기는 선조와 광해군 때인데, 임진왜란과 병자호란으로 조선의 왕조 정치가 희미해질 무렵이거든. 그래서 왕이 더 빈번하게 암행어사를 파견했었던가 봐."

"항간에서는 『춘향전』을 '열녀의 절개'와 '부부의 연'을 다룬 소설이라고 보잖아요?"

"물론. 하지만 당시 기준으로 기생의 딸은 국가나 고을 간부가 시키는 대로 움직여야 하는 관기(官妓, 관청에 딸린 기생) 신분이었다네. 법률상으로는 '관리가 기녀와 동침해서는 안 된다'고 되어 있지만, 관기는 불문율로 그 고을 관리의 수청을 들어야 했어. 때문에 실제에서건 소설에서건, 부사의 수청을 거절한 춘향은 그야말로 목숨을 걸어야 했겠지."

"요즘 딸을 가진 부모, 여자 친구나 아내를 둔 남자라면 어땠을까요? '정조'를 위해 목숨을 거는 일 말입니다."

"어려운 질문일세."

"어찌 보면, 춘향은 신분 상승에 목숨을 걸지 않았을까요?"

"만약 그랬다면, 통이 크고 대찬 승부사에 가깝다고 해야겠지. 작품에서는 보란 듯이 성공했지만…."

그러나 무엇보다 사람들의 이목을 집중시키는 것은 원전 작품에 상세히 나와 있듯, 농염한 두 남녀의 '상열지사(相悅之詞, 남녀가 서로 즐기는 방탕한 노래)' 장면이다. 두 사람 사이에는 밤과 낮의 구별이 없었고, 놀

랄만한 체위와 테크닉이 난무했다. 사실 춘향과 이도령이 처음 대면하는 그네 뛰는 장소 역시 남녀를 불문하고 색색의 옷을 꾸며 입고 유혹의 소나타를 부를 만한, '섹시 댄스' 무대나 다름이 없었다. 몸종인 향단더러 힘껏 밀어달라고 하여, 일부러 치맛자락 휘날려 다리를 드러낼 만큼 춘향이는 유혹에 능한 여인이었다.

> 춘향은 난초같이 고운 머리를 곱게 땋아 금비녀를 가지런히 지르고, 엷은 비단 치마를 두른 뒤 버들가지처럼 흐늘흐늘 아장아장 숲으로 걸어갔다. …(중략)… 춘향은 버드나무 높은 가지에 줄을 맨 그네를 타려고 고운 비단 치마를 훨훨 벗어 나뭇가지에 걸어 놓고, 덩굴무늬를 곱게 수놓은 비단신도 썩썩 벗어 두고, 하얀 비단 속치마를 턱 아래까지 치켜 올렸다. 그러고는 곱디고운 두 손으로 그넷줄을 부여잡고, 흰 비단 버선발로 그네를 굴렀다. 그 모습은 앞으로도 뒤로도 매우 아름다웠다.
>
> – 김경란, 『춘향전: 신분 사회를 비틀다』, 휴이넘, 2017, 34~35쪽

춘향의 이 모습이 이몽룡뿐만 아니라, 방자가 보기에도 매혹적으로 비쳤던가 보다.

> "계집아이가 그네를 타려면 집 뒤뜰에다가 줄을 매고 남들 모르게 은근히 타는 게 마땅한데, 하필이면 이런 날에 광한루 가까운 데서 그것도 화창한 봄날 아름다운 경치가 한창인 때 그네를 탄단 말이냐? 광한루에서 뻔히 바라다 보이는 곳에 그네를 매고 네가 오락가락하니, 도련님이 그걸 보시고 너를 부르는 것이다."
>
> – 위의 책, 39~40쪽

"아, 그러니까 춘향이가 덫을 놓았을 가능성이 있다는 거죠?"

"요컨대, 소설의 주제가 '정절'만은 아니었다는 거지."

이 대목에서 〈춘향가〉 중, 이도령과 춘향이 백년가약을 맺는 대목을 살펴보도록 하자.

> 통인(通引, 수령의 잔심부름을 하던 구실아치) 방자 상 물려 먹은 후에
>
> 대문 중문 다 닫히고, 춘향 어미 향단이 불러 자리 포진(鋪陳)시킬 제,
>
> 원앙금침53) 잣베개54)와 샛별 같은 요강,55) 대야, 자리 포진을
>
> 깨끗이 하고,
>
> 춘향과 도련님과 마주앉아 놓았으니
>
> 그 일이 어찌 되겠느냐.
>
> 이애 춘향아 이리 오너라
>
> 이애 춘향아 이만큼 오너라 밤이 깊어간다
>
> …(중략)…
>
> 춘향의 허리를 안고 상하의복을 모다 벗겨
>
> 병풍(屛風)위에 걸떠리고(걸쳐놓고)
>
> 도련님도 옷을 벗고 꼭 끼고 누웠으니
>
> 좋을 호(好)자가 절로 된다
>
> 베개가 우에로 솟구치고

---

53) 원앙금침(鴛鴦衾枕): 원앙(오릿과의 물새. 두 마리가 함께 다닌다고 하여, 금실이 좋은 부부를 비유적으로 이르는 말로 쓰임)을 수놓은 비단 이불. 부부의 신방을 묘사하는, 전형적인 표현.

54) 잣베개: 마구리(길쭉한 물건의 양쪽 머리 면)의 무늬가 잣(잣나무의 열매) 모양이 되게 만든 베개.

55) 샛별 같은 요강: 반짝반짝 잘 닦아 놓은 요강. 요강은 방에 두고 오줌을 누는 그릇.

이불이 발치고 벗어지고

침병(枕屛, 머리맡에 치는 병풍)이 뒤처질 제

뜬 눈으로 날을 새이니 동방이 히번히 밝아 온다. (65~66쪽)

꿈틀대는 중에 옷의 끈을 풀어 발가락에 딱 걸고서 껴안고 진득이 누르며 기지개를 쓰니, 발길 아래 떨어진다. 옷이 활딱 벗어지니, 형산의 백옥덩이[56] 이 위에 비할쏘냐. 옷이 활씬 벗어지니, 도련님 거동을 보려 하고 슬그미 놓으면서 '아차차 손 빠졌다.' 춘향이가 침금 속으로 달려든다. 도련님 왈칵 쫓아 드르누워 저고리를 벗겨내어, 도련님 옷과 모두 한데다 똘똘 뭉쳐 한편 구석에 던져두고, 둘이 안고 마주 누웠으니, 그대로 잘 리가 있나. 골즙(骨汁, 남녀의 성교 때에 남자의 정액 사출을 나타낸 말로 보임) 낼 때 삼승(三升, 굵은 베) 이불 춤을 추고, 샛별 요강은 장단을 맞추어 청그렁 쟁쟁, 문고리는 달랑달랑, 등잔불은 가물가물, 맛이 있게 잘 자고 났고나. 그 가운데 진진(津津)한 일이야 오죽하랴. 하루 이틀 지나가니, 어린 것들이라 신 맛('시다'는 말은 성적인 의미로 많이 쓰임)이 간간이 새로워 부끄러움은 차차 멀어지고, 그제는 기롱도 하고 우스운 말도 있어 자연히 사랑가가 되었구나.

"…(전략)… 여봐라, 춘향아. 저리 가거라. 가는 태도를 보자. 이만큼 오너라. 오는 태도를 보자. 방긋 웃고 아장아장 걸어라. 걷는 태도 보자. 너와 나와 만난 사랑, 연분을 팔자 한들 팔 곳이 어디 있어 생전 사랑 이러하고, 어찌 사후기약 없을 소냐. 너는 죽어 될 것 있다. 너는 죽어 글자 되되 땅 지(地)자, 그늘 음(陰)자, 아내 처(妻)자, 계집 녀(女)자 변이 되고, 나는 죽어 글자 되되 하늘 천(天)자,

---

56) 형산백옥(荊山白玉): 징산산(중국 저장 성 항저우에 있는 산)에서 나는 백옥. 보물로 전해 오는 흰 옥돌을 가리킴.

하늘 건(乾), 지아비 부(夫), 사내 남(男), 아들 자(子) 몸이 되어 계집 녀(女) 변에다 딱 붙이면 좋을 호(好)로 만나보자. 사랑, 사랑 내 사랑. 또 너 죽어 될 것 있다. 너는 죽어 물이 되되 은하수, 폭포수, 만경창해수, 청계수, 옥계수, 일대장강 던져두고 칠년대한 가물어도 일상 진진 젖어있는 음양수(陰陽水, 끓는 물에 찬 물을 탄 물. 성적인 묘사인 듯)라는 물이 되고, 나는 죽어 새가 되되 두견새도 되려 하지 말고, 요지 일월(瑤池日月, 중국 곤륜산의 못에 비친 해와 달) 청조57), 청학58), 백학이며 대붕조(상상 속의 큰 새) 그런 새가 되지 말고 쌍거쌍래(쌍쌍이 오고 감) 떠날 줄 모르는 원앙새가 되어 녹수(綠水, 푸른 물)에 원앙 격으로 어화 둥둥 떠 놀거든 나인 줄을 알려므나. 사랑, 사랑 내 간간 내 사랑이야." (70~71쪽)

"내 사랑아 들어보아라. 너와 나와 정이 있으니 어이 아니 다정하리. …(중략)… 용궁 속의 수정궁, 월궁 속의 광한궁(廣寒宮, 달나라에 있다는 궁전), 너와 나와 합궁(合宮, 남녀 사이의 성교)하니 한평생 무궁이라. 이궁 저궁 다 버리고, 너의 두 다리 사이 수룡궁(水龍宮, 여자의 성기를 상징)에 내 힘줄 방망이(남자의 성기를 상징)로 길을 내자꾸나."

춘향이 반만 웃고, "그런 잡담은 말으시오."

"그게 잡담은 아니로다. 춘향아, 우리 둘이 업음질이나 하여보자."

"애고, 참 잡성스러워라.(잡상스러워라, 잡되고 상스러워라) 업음질을 어떻게 하여요."

---

57) 청조(靑鳥): 날개가 여덟이고 다리가 하나이며, 사람의 얼굴에 새의 부리를 한 상상의 새. 이 새가 울 때에는 천하가 태평하다고 함.
58) 청학(靑鶴): 반가운 사자(使者)나 편지. 푸른 새가 온 것을 보고 동방삭(기원전 2세기 무렵에 생존한 중국의 문인. 서왕모의 복숭아를 훔쳐 먹어 장수하였기에 '삼천갑자 동방삭'이라고 불림)이 서왕모의 사자라고 한 고사에서 유래.

"너와 나와 활씬 벗고, 업고 놀고, 안고도 놀면, 그게 업음질이제."

"애고, 나는 부끄러워 못 벗겠소."

"예라, 이 계집아이야. 안 될 말이로다. 내 먼저 벗으마."

버선, 대님, 허리띠, 바지, 저고리 활씬 벗어 한편 구석에 밀쳐놓고 우뚝 서니, 춘향이 그 거동을 보고 방긋 웃고 돌아서며 하는 말이 "영락없는 낮도깨비 같소."

"오냐, 네 말 좋다. 천지만물이 짝 없는 것이 없느니라. 두 도깨비 놀아보자."

"그러면 불이나 끄고 놉시다."

"불이 없으면 무슨 재미있겠느냐? 어서 벗어라. 어서 벗어라."

"애고 나는 싫어요." (79~80쪽)

도련님 춘향 옷을 벗기려 할 제 넘놀면서 어른다. 만첩청산 늙은 범이 살찐 암캐를 물어다 놓고, 이는 없어 먹든 못하고 으르렁 으르렁 아웅 어루는 듯 …. 춘향의 가는 허리를 후리쳐다 담쑥 안고 기지개 아드득 떨며, 귓밥도 쪽쪽 빨며, 입서리(입술)도 쪽쪽 빨면서 주홍 같은 혀를 물고 오색단청(五色丹靑, 집의 벽이나 기둥, 천장 등에 파랑, 노랑, 빨강, 하양, 검정의 다섯 가지 색으로 칠함) 순금장(純金欌, 순금으로 만든 장롱) 안에 쌍거쌍래 비둘기 같이 꾹꿍꿍꿍 으흥거려 뒤로 돌려 담쑥(담쑥. 손으로 조금 탐스럽게 쥐거나 팔로 정답게 안는 모양) 안고, 젖을 쥐고 발발 떨며 저고리, 치마, 바지 속곳까지 활씬 벗겨놓으니, 춘향이 부끄러워 한편으로 잡치고(기분이 좋지 않게) 앉았을 때, 도련님 답답하여 가만히 살펴보니 얼굴이 복찜(복어를 쪄서 말린 음식. '빨개짐'을 표현한 말)하여 구슬땀이 송실 송실 앉았구나.

"이애, 춘향아. 이리와 업히거라."

춘향이 부끄러워하니, "부끄럽기는 무엇이 부끄러워, 이왕에 다 아는 바니 어서 와 업히거라."

춘향을 업고 추키시며, "어따, 그 계집아이 똥집 장히(매우) 무겁다. 네가 내
등에 업히인 게 마음이 어떠하냐?"

"한 끝 나게(엄청나게) 좋소이다."

"좋으냐?"

"좋아요."

"나도 좋다. 좋은 말을 할 것이니 네가 대답만 하여라…….어화 둥둥 내 사랑
이지. 이제 이애 그만 내리려므나. 백사만사가 다 품앗이(서로 번갈아 도와주는
것)가 있느니라. 내가 너를 업었으니, 너도 나를 업어야지."

"애고, 도련님은 기운이 세어서 나를 업었거니와 나는 기운이 없어 못 업겠소."

"업는 수가 있느니라. 나를 돋우 업으려 말고, 발이 땅에 자운자운하게 뒤로
자진듯하게(젖혀진 듯하게) 업어다오."

도련님을 업고 툭 추슬려 놓으니, 대중(짐작)이 틀렸구나.

"애고 잡성스러워라."

이리 흔들 저리 흔들 "내가 네 등에 업혀있으니 마음이 어떠하냐. 나도 너를
업고 좋은 말을 하였으니, 너도 나를 업고 좋은 말을 하여야제."

"좋은 말을 하오이다. 들으시오. …(중략)… 가슴 속에 큰 지략 품었으니 이름
이 넘쳐 한나라의 대신 되어 주석지신(柱石之臣, 나라의 기둥과 주춧돌처럼 중요한
신하) 보국충신(輔國忠臣, 충성으로 나랏일을 돕는 신하) 모두 헤어리니 사육신을
업은 듯, 생육신을 업은 듯, 충무공을 업은 듯, 우암(송시열), 퇴계(이황), 사계(김
장생. 조선 중기의 학자이자 문신, 송시열의 스승), 명제(윤증. 소론의 우두머리)를
업은 듯, 내 서방이지. 부승지, 좌승지, 도승지(승정원의 으뜸벼슬)로 당상하여
팔도방백 지낸 후 내직으로 각신(閣臣, 규장각의 벼슬), 대교(待敎, 규장각의 정9품

에서 정7품 사이의 벼슬), 복상(卜相, 새로 임명된 정승), 대제학, 대사경, 판서, 좌상, 우상, 영상, 규장각 하신 후에 내삼천외팔백(內三千外八百, 조선시대 서울의 벼슬이 3천 개, 지방 벼슬이 8백 개였음) 주석지신 내 서방, 알뜰 간간 내 서방이제." 제 손수 농즙(濃汁, 짙은 즙. 성적인 표현)나게 문질렀구나.

"춘향아, 우리 말놀음이나 좀 하여보자."

"애고 참 우스워라. 말놀음이 무엇이요?"

말놀음을 많이 하여 본 듯, "천하 쉽지야. 너와 나와 벗은 김에 너는 온 방바닥을 기어 다녀라. 나는 네 궁둥이에 딱 붙어서 네 허리를 잔뜩 끼고 볼기짝을 내 손으로 탁 치면서 '이랴' 하거든 '흐흥'거려 퇴금질(힘을 모았다가 갑자기 탁 놓아 뻗치는 것)로 물러서며 뛰어라. 알심(속에 들어있는 야무진 힘) 있게 뛰거들면 탈 승자놀이가 있느니라.

타고 놀자 타고 놀자. 남원부사는 별연(別輦, 임금이 타는 연, 즉 가마와 다르게 만든 가마) 타고, 일모장강(日暮長江, 해 저물 무렵의 큰 강) 어옹(漁翁, 고기 잡는 노인)들은 일엽편주(一葉片舟, 한 척의 조그마한 배) 돋우어 타고, 나는 탈 것 없으니 오늘 밤 삼경(三更, 밤 11시부터 새벽 1시 사이) 깊은 밤에 춘향 배를 넌짓 타고, 홑이불로 돛을 달아 내 기계(器械, 남자의 성기)로 노를 저어 오목섬(여자의 성기)을 들어가되 순풍에 음양수를 시름없이 건너갈 제, 말을 삼아 탈 양이면 걸음걸이 없을쏘냐. 마부는 내가 되어 네 구정(고삐)을 넌지시 잡아 구부정한 걸음 반부새(말이 조금 거칠게 닫는 것)로 화장(뚜벅뚜벅 걷는 걸음)으로 걸어라. 기총마(騎驄馬, 청백색의 준마) 뛰듯 뛰어라."

온갖 장난을 다하고 보니, 이런 장관이 또 있으랴. 이팔(二八, 16세) 둘이 만나 미친 마음 세월 가는 줄 모르던가 보더라. (80~88쪽)

- 이윤석, 『완판본 춘향전 연구』, 보고사, 2016

"자칫 음란하게 느껴질 수도 있는 장면들을 해학적으로 묘사한 것 같아요."

"이몽룡은 춘향에게 '이 세상'은 물론 '저 세상'에서까지 일편단심을 요구하고, 춘향은 이몽룡에게 이 땅에서의 출세랄까, 입신양명을 바라고."

"요즘 젊은 남녀는 말을 똑같이 올리거나 내리는데요."

"허허. 당시에는 남녀 사이에, 또 신분상에 차이가 있어서 그랬겠지."

"박사님, 이렇게 들으면 한갓 통속소설 같은데, 무엇이 이 『춘향전』을 오늘날 고소설과 판소리 양 장르의 최고 위치에 올려놓았을까요?"

"청순과 요염, 숭고한 사랑과 에로틱한 사랑, 열녀와 요부, 지조와 영달, 이러한 이율배반적이면서도 모순된 두 단어를 한꺼번에 노리는, 양수겸장(兩手兼將, 장기에서 두 개의 장기짝이 동시에 '장'을 부름) 수가 놓인 것이 바로 이 소설의 매력이라 할 수 있다네."

"하지만 인간 세상에는 늘 두 가지가 조화를 이루어야 하지 않을까요?"

"두 가지 모두 얻기도 어렵지만, 그렇다고 어느 한쪽만 따라가면 꼭 탈이 생기니까."

"두 사람은 섹스를 위해 사랑을 한 게 아니라, 사랑을 위해 섹스를 활용한 것 같아요."

"단순한 음란물이 아니라는 뜻이지. 그래서 오랫동안 고전으로서의 생명력을 유지하는 거 아닐까? 그 밖에도 기생의 딸로 태어나 '상상 속에서나 가능한 사랑'을 쟁취해 낸 춘향,59) 기득권층의 시각에서 벗어나

---

59) 춘향의 신분상승(암행어사 출두 후): 이몽룡은 남원에서의 일을 다 마친 후에 춘향 모녀와 향단을 한양으로 데려간다. 한편, 이 소식을 듣고 기특하게 여긴 임금은 이몽룡에게 즉시

백성에게로 돌아오는 이몽룡의 캐릭터가 민중들에게 일종의 카타르시스를 맛보게 했다는 점을 들 수 있을 테고."

성춘향은 양반 성 참판(參判, 오늘날의 장관 격인 판서 다음의 관직. 종2품에 해당)과 기생 월매의 딸로서, 신분을 뛰어넘는 사랑을 이루어내는 진취적인 인물이다. 출신은 천민이지만, 스스로는 기생임을 인정하지 않는 강한 자존심의 소유자이다. 이몽룡과의 사랑도 자신의 자유 의지에 따라 적극적으로 이루어감으로써 인간의 존엄성을 지키기 위한 정절을 보여준다. 이몽룡 역시 처음에는 철없는 양반의 모습을 나타내지만, 춘향과의 사랑을 통해 백성의 고통을 감싸 안고 탐관오리를 처벌하는 양심적인 관리의 모습으로 돌아온다.

- 김경란, 앞의 책, 12쪽

"아버지가 오늘날 차관 정도의 벼슬인데도, 춘향은 천민(賤民)이었다고요?"

"어머니 때문이지. 천민의 신분은 노비처럼 세습되는데, 부모 가운데 한 사람만 천민이어도 자식이 노비 신분이 되는 거야."

"조선시대에 천민은 어떤 대우를 받았나요?"

"양인(良人, 양반, 중인을 포함한 보통 사람)과 구별되어 온갖 차별을 받았지. 자유를 구속당하고, 같은 죄를 지어도 더욱 엄한 벌을 받았으며,

---

이조참의(정3품의 당상관)와 대사성(성균관의 으뜸 벼슬. 정3품) 벼슬을 내린다. 또 춘향에게는 정렬부인이라는 칭호를 내렸다. 춘향은 이제 더 이상 천한 첩이 아닌, 이몽룡의 첫째 부인이 된 것이다. 그 뒤 이몽룡은 판서와 정승을 다 지내고, 늙어서는 춘향과 함께 오래오래 살았다. 두 사람은 세 아들과 세 딸을 두었는데, 모두가 총명하여 높은 벼슬에 올랐다. (김경란, 앞의 책, 157쪽)

지정된 곳에서만 살아야 했고, 또 벼슬을 할 수도 없었어. 광대나 백정, 갖바치(가죽신을 만드는 직업의 사람), 기생, 무당, 사공, 노비 등이 이에 속했는데, 전쟁에서 공을 세우거나 나라에 돈을 낼 경우 천민에서 벗어나는 경우도 있었다네. 세종 때 노비였던 장영실은 과학자로서 공을 세워 종3품의 벼슬까지 올랐거든. 그러니까 춘향의 신분 상승이 전혀 불가능한 일만은 아니었단 뜻이지."

"춘향의 경우, 아버지 때문에 다른 기생보다 자존심이 셌던 거 아닐까 싶네요. 조연급인 월매나 변학도 역시 나름대로 존재감이 있었던 것 같지요?"

"임팩트 면에서는 오히려 주연들보다 더 강했다고 봐야지. 과거에 기생이었던 춘향의 모친 월매는 촐랑대며 가벼이 행동하면서도, 능청스러운 말로 자신의 이익을 철저하게 얻어내려 하지 않던가? 춘향에게 수청을 강요하는 변학도가 있었기 때문에, '권선징악'의 구도가 완성되었고."

월매는 이몽룡과 춘향 사이에 적극적으로 끼어들어 상황에 적절하게 대응하며, 어떤 인물보다도 생생하게 살아 움직이는 백성의 모습을 잘 나타낸 개성적인 인물이다. 부패한 관리의 전형적인 인물 변학도는 자신의 욕망을 위해 죄 없는 백성들에게 마구 폭력을 휘두르고, 권력을 이용해 약한 백성을 강제로 억누르려 한다. 탐관오리의 대표자인 그는 결국 암행어사가 된 이몽룡에 의해 벼슬에서 쫓겨난다.

- 김경란, 앞의 책, 13쪽

"어둠 속에서 빛이 제 몫을 다하듯, 변학도라는 악인이 있어서 춘향의 절개가 더 빛나 보이는 거 아닐까요? 그럼에도 조선 후기에 들어와, '열녀'에 대한 유교적 가치관이 바뀌기 시작한다면서요?"

"그 점도 눈여겨볼 부분이야. 여성들 스스로 남성과 동등한 인격체라는 깨달음에 이른 거지. 춘향의 '정절'은 어떤 한 개인에 머무르지 않고, 권력의 횡포로부터 자신을 지키려는 백성들의 의지를 나타낸 것이라 볼 수도 있거든. 결국 춘향은 (백성들의 바람대로) 천민 여성의 신분을 뛰어넘었고."

그럼에도 신소설 작가 이해조(1869~1927년. 일제 강점기 때의 작가)는 『춘향전』을 '음탕 교과서'라 규정하고 "이것으로 가르치면 풍속이 아름답지 못하고, 음탕한 여자의 여러 악한 징후가 일어난다"라고 격렬하게 성토한 바 있다. 하지만 음탕함으로 따지자면, 변강쇠의 상대역 '옹녀'나 연암 박지원의 「호질」에 보이는 '동리자'라는 여인과 비할 바가 못 된다.

3. 옹녀와 맞장 뜨다 ― 『변강쇠전』

변강쇠는 『가루지기타령』(신채효가 개작한 판소리)의 남자 주인공 이름이다. 생활 근거도 없이 삼남지방(三南地方, 충청도, 전라도, 경상도를 가리키는 말)을 떠돌던 부랑인이자, 자칭 타칭 '천하의 잡놈', '게으르고 추잡한 인물'의 전형으로 그려져 있다. 음탕한 옹녀와 청석관에서 만나 결혼하여 지리산에서 함께 사는데, 이 동안에도 노름, 싸움질, 오입질 등 잉여짓(아무짝에도 쓸모없는 행동)만 골라서 했다. 그러다 한겨울 땔감 좀 구해오라는 아내 옹녀의 바가지에 동네 어귀에 서있던 장승(長栍, 돌이나 나무에 사람의 얼굴을 새겨 마을 어귀나 길가에 세운 푯말)을 도끼로 패어 장작으로 썼다가, 동티(건드려서는 안 될 것을 공연히 건드려, 해를 입음)가 나는 바람에 온몸이 시커멓게 타들어 가는 병에 걸려 죽고 말았다.

"본래 장승이 잡귀나 질병 등 액운을 막아 내는 마을의 수호신으로서, 악귀에 대항하는 힘이 대단하다고 하잖아요? 그래서 함부로 대하다간 동티를 입기 십상이라는 샤머니즘적인 사상이 들어 있군요."

"그렇다고 봐야지. 먼저 옹녀의 스토리부터 들어 볼까?"

평안도 월경촌(月景村)에 계집 하나가 살고 있었는데, 얼굴은 춘이월(春二月, 이른 봄) 반쯤 핀 복숭아꽃에 보조개가 어리었고, 초생(初生, 음력 초하루로부터 처음 며칠)에 지는 달빛이 눈썹 사이에 어리었다. 앵두처럼 고운 입술은 당채(唐彩, 당나라에서 수입한 그림물감) 주홍필(朱紅筆)로 찍은 듯하고, 버드나무같이 가는 허리 봄바람에 하늘하늘, 찡그리며 웃는 것과 말하며 걷는 것이 서시(중국의 미인)와 포사(중국의 미인)라도 따를 재간이 없었다. 그러나 사주에 청상 살이(靑孀살이, 젊은 여자가 남편을 잃고 혼자 살아감)가 겹겹이 쌓인 까닭에 열다섯에 얻은 서방은 첫날밤의 잠자리에서 급상한(急傷寒, 지나친 성행위로 인해 생기는 병)으로 죽었고, 열여섯 살에 얻은 서방은 당창병(매독)으로 죽었다. 열일곱과 열여덟에 얻은 남편은 용천병(湧泉病, 첫날밤 내내 용만 쓰다가 죽은 병. '용천'이란 물이 샘처럼, 왕성하게 일어남을 가리킴)과 벼락으로, 각각 스무 살에 얻은 서방도 급살(急煞, 갑자기 죽음)로 죽었다. 어디 이 뿐인가? 간부60), 애부(愛夫, 은밀하게 정만 준 사내), 새흘유기(잠깐 안아 본 사내), 입 한번 맞춘 놈, 젖 한번 만진 놈, 눈 흘레한 놈(눈으로만 안아 본 사내. '흘레'란 짐승이 교미하는 것으로서, 사람에게 이 말을 쓰면 심한 욕이 됨), 손 만져본 놈, 그리고 심지어는 옹녀의 치마귀 상처자락 얼른

---

60) ①간부(姦夫): 간통한 남자. ②간부(間夫): 샛서방. 남편이 있는 여자가 몰래 관계하는 남자.

대한 놈까지 모두 죽었다.

이렇게 하여 수천 명씩 남자들이 옹녀 때문에 죽자, 30리 안팎에 상투(총각이 결혼하거나 성년에 이르면, 늘어뜨린 머리털을 끌어올려 고정시켰음. 어른이 된다는 하나의 표징) 올린 사내는 고사하고 열다섯 넘은 총각도 다 쓸어버리고 없어, 계집이 밭을 갈고 처녀가 집을 짓기에 이르렀다. 이에 황해도, 평안도 양도민이 공론하기를 "이년을 그냥 두었다간 남자 놈은 한명도 없는 여인국이 될 터이니, 쫓아내자"고 하였다. 그리하여 양 도민이 합세하여 그녀를 쫓아내었다. 그때 옹녀는 봇짐 옆에 끼고, 머리는 동백 기름을 낭자하게 발라 곱게 빗고 이렇게 악을 썼다.

"어허, 인심 한 번 흉악하구나, 내 여기 아니면, 살 곳이 없을 줄 알고? 삼남 남자들은 더욱 좋다더라."

옹녀는 남쪽으로 내려가다가 청석관(황해도에서 개성으로 넘어오는 길목)에서 홀아비 변강쇠와 만났다. 변강쇠는 삼남에서 빌어먹다가 양서(兩西, 황해도, 평안도 지방을 합쳐 부르는 말) 지방으로 가는 길이었다. 그들은 서로 만나 말 몇 마디에 뜻이 맞아 바위 위에 올라가서 대사(大事)를 치루는데, 대낮에 연놈이 벌거벗고 익숙한 장난을 치는 것이었다.

- 이문성, 『불모의 성, 옹녀』, 지성인, 2016, 27~30쪽

"성욕이 왕성한 남녀가 제대로 만났네요?"

"그걸 궁합[61]이 맞았다고 해야 하나? 아래는 「변강쇠가」에서 두 사람이 처음 만나 사랑을 나누는 대목인데…."

---

61) 궁합(宮合): 혼인할 때 신랑 될 사람과 신부 될 사람의 사주를 보아 배우자로서 적격 여부를 점치는 방법. 궁(宮)이 '자궁'을 뜻한다고 보았을 때, 특히 '속궁합(성교 및 성생활에 대한 만족도)'이 결혼에 매우 중요함을 짐작할 수 있다.

계집이 허락한 후에 청석관을 처가로 알고, 둘이 손길 마주 잡고 바위 위에 올라가서 대사를 치르는데, 신랑 신부 두 연놈이 이력이 찬 것이라 이런 야단 없겠구나. 멀끔한 대낮에 연놈이 홀딱 벗고 매사니(매 사냥꾼) 본 장난할 때, 천생음골(天生陰骨) 강쇠 놈이 여인의 두 다리를 번쩍 들고 옥문관(玉門關)을 굽어보며, "이상히도 생겼구나. 맹랑히도 생겼구나. 늙은 중의 입일는지, 털은 돋고 이는 없다. 소나기를 맞았던지, 언덕 깊게 패었다. 콩밭 팥밭 지났는지 돔부꽃(덩굴강낭콩. 흰색 또는 연분홍색 꽃이 피고 달걀 모양의 잎은 끝이 날카로움)이 비치었다. 도끼날을 맞았는지, 금 바르게 터져 있다. 생수처(生水處) 옥답(沃畓, 기름진 논)인지, 물이 항상 고여 있다. 무슨 말을 하려는지, 옴질옴질하고 있노. 천리행룡(千里行龍, 산맥이 높았다 낮았다 하며 힘차게 멀리 뻗음) 내려오다, 주먹바위 신통(神通)하다. 만경창파(萬頃蒼波, 만 이랑의 푸른 물결이라는 뜻으로 한없이 넓고 넓은 바다) 조개인지 혀를 삐쭘 빼었으며, 임실(任實, 전북 중남부에 위치) 곶감 먹었는지 곶감 씨가 장물(臟物, 부당하게 얻은 타인의 물품)이요, 만첩산중(萬疊山中, 겹겹이 둘러싸인 깊은 산속) 으름(검붉은 색깔의 꽃이 피었다가 지면 까만 씨가 나옴) 제가 절로 벌어졌다. 연계탕(軟鷄湯, 햇닭탕. 닭 국물에 닭고기를 넣어 끓인 다음 양념을 쳐서 먹는 북한 음식)을 먹었는지, 닭의 볏(이마 위에 세로로 붙은, 가장자리가 톱니처럼 생긴 붉은 색깔의 살 조각)이 비치었다. 파명당(破明堂, 명당자리 무덤을 파 다른 데로 옮김)을 하였는지, 더운 김이 그저 난다. 제 무엇이 즐거워서 반쯤 웃어 두었구나. 곶감 있고, 으름 있고, 조개 있고, 연계 있고, 제사상은 걱정 없다."

저 여인 살짝 웃으며 갚음을 하느라고 강쇠 기물 가리키며 "이상히도 생겼네. 맹랑히도 생겼네. 전배사령(前陪使令, 대열의 앞에 배치된 군인) 서려는지 쌍걸낭(쌍으로 된 작은 자루. 고환을 의미함)을 느직하게 달고, 오군문(五軍門, 임진왜란 이후에 설치한 다섯 군영의 문) 군뇌(軍牢, 군대 병영 직급의 하나)던가 복덕이(음경 피부. 털이 없고 탄력성이 있음)를 붉게 쓰고, 냇물가에 물방안지 떨구덩 떨구덩 끄덕인다. 송아지 말뚝인지 털 고삐를 둘렀구나. 감기를 얻었던지, 맑은 코는 무슨 일인고. 성정도 혹독하다, 화 곧 나면 눈물(애액) 난다. 어린아이 병일는지 젖(정액)은 어찌 게웠으며, 제사에 쓴 숭어인지 꼬챙이 구멍(요도)이 그저 있다. 뒷절 큰방 노승(老僧, 나이가 많은 승려)인지, 민대가리(대머리) 둥글린다. 소년 인사 다 배웠다, 꼬박꼬박 절을 하네. 고추 찧던 절굿대(허리가 잘록한 방망이 모양으로 절구 속에 곡식을 넣고 찧거나 빻을 때 사용하는 기구)인지, 검붉기는 무슨 일인고. 칠팔월 알밤인지, 두 쪽이 한 데 붙어 있다. 물방아, 절굿대며 쇠고삐(소의 굴레에 매어 끄는 줄), 걸낭(자루 모양의 큰 주머니) 등등 세간살이 걱정 없네."

- 위의 책, 25~26쪽

"햐! 남녀 성기의 모양새와 특징을 기가 막히게 그려냈네요. 첫날밤 신랑 신부가 이렇게 놀까요?"

"허허… 요즘 그렇게 하다가는, 뺨 맞기 십상이지. 화창한 대낮에 연놈이 홀딱 벗고 '사랑 놀음'을 하는 것은 『춘향전』과 다를 바 없으되, 지나치게 노골적이라는 평이 있어. 변강쇠가 옹녀의 음부를 들여다보며 각종 사설(辭說, 늘어놓는 말이나 이야기)을 하거나 남성의 성기를 수준 낮은 비유로 주워섬기고는, '살림살이 걱정 없네'라는 옹녀의 사설에서, 사랑보다는 현실적인 삶을 챙기는 모습이 안쓰럽다는 평도 있고."

"『춘향전』에서도 비슷한 장면이 나오던데요. 서로의 성기를 들여다보는 건 일종의 관음증 아닐까요?"

"몰래 보거나 훔쳐보는 건 아니니까. 그래도 이왕 말이 나왔으니, 관음증(觀淫症)에 대해 알아보세."

도시증(盜視症) 또는 관음 장애라고도 불리는 관음증은 성과 연관된 행위를 몰래 관찰함으로써 비정상적인 성적 만족을 느끼는, 일종의 도착증이다. 그 증상으로는 옷을 벗고 있거나 벗은 사람, 성행위 중인 사람을 훔쳐보는 행동이나 환상을 통해 반복적으로 강한 성적 흥분을 느낀다는 점을 들 수 있다. 보통 자위행위를 동반한다. 다른 사람의 개인적인 활동을 몰래 엿보는 중이나 엿본 직후 자위행위를 하면서 절정감을 얻는, 일종의 변태 성욕 상애인 것이다.

J는 잘 생기고 말도 잘한다. 그는 여러 명의 여자와 1주일에 한두 번 정도 성관계를 맺었다. 하지만 J는 자신을 흥분시키는 독특한 상황에 자주 빠져들었다. 그는 고성능 쌍안경을 가지고 인근 아파트를 훔쳐보았다. 가끔 노력의 대가를 얻기도 했지만, 대개는 그러지 못했다. 그럴 때에는 자기가 사는 아파트를 나와 커다란 아파트 건물 옥상으로 가서는, 벌거벗은 여자나 성행위를 하는 여자를 발견할 때까지 찾아 헤맸다. 그는 쌍안경으로 훔쳐보다가 아파트 안으로 들어가거나, 강간하고 싶은 충동을 경험하지는 않았다. 대신 이들을 보면서 자위행위를 하고, 오르가슴을 느낀 후에는 집으로 돌아왔다. 그는 아파트 경비원으로부터 강도로 오인 받아 붙잡힐 뻔하거나 쇠몽둥이를 든 남자에게 쫓겨나기도 했다. …(중략)… 3명의 누나들과 함께 자란 J는 7세에서 10세 사이에 엄마나 누나들이 옷 벗는 모습을 가능한 한 많이 보려 하였다는 사실을 기억해냈다. 10세 때 여름 캠프에 가서 다른 남자아이들과 함께 '훔쳐보기'를 시작했다. 그때부터 인생의 중요한 변화가 있을 때, 관음증 행위가 늘어나는 것을 느낄 수 있었다.

- 신희천, 『성도착 장애와 성불편증』, 학지사, 2017, 40~42쪽

"눈으로 직접 보는 것뿐만 아니라, 영상을 통해 보는 것도 관음증에 해당하겠지요?"

"당연하지."

"남자 교사가 여자 화장실에 '몰카(불법촬영카메라)'를 설치했다가 걸렸다면서요?"

"어디 그뿐인가? 현직 순경이 여자 친구의 신체 일부를 휴대전화로 몰래 촬영하다가 붙잡혔다잖아?"

'몰카'란 '몰래카메라'의 줄임말인데, 몰래 설치한 카메라로 남을 촬영하는 행동을 뜻한다. 1990년대 MBC의 〈일요일 일요일 밤에〉의 코너로 신설된 이경규의 '몰래카메라'는 당시 그 프로그램 인기몰이의 일등 공신이었다.

"당시에는 대중 스타들, 심지어 대통령의 꾸미지 않은 진솔한 행동을 볼 수 있다는 점에서 시청자들에게 흥미를 불러일으켰다면서요? 하지만 그 후, '불순한 의도'로 사용한다는 점이 문제 아닐까요?"

"누군가의 사생활을 엿보는 행위에 이용된 거지. 몰카가 당하는 사람 쪽에 고통을 주었다면, 그 자체가 문제라고 봐야 해."

"어떤 사람이 그런 일을 당할까 했는데, 요즘에는 성능 좋은 카메라도 많다면서요?"

"엄청 작고, 조용하고, 간편한 카메라들. 첩보 영화에서나 볼 법한 모자 내장 카메라, 볼펜 카메라 등 기발한 물건들이 많다네. 소음이 없는 것은 기본이고 조작도 아주 간편하고. 고성능 카메라는 가방 등으로 위장하여 사용할 수도 있고."

"몰카가 무서워 공중화장실에도 가지 못한다면, 비정상 사회 아닌가요?"

"휴대전화나 카메라의 동영상 녹화 기능이 비약적으로 발전하면서, 자신의 수치스러운 장면들이 찍히는데 그 사실 자체를 모른다는 점이 더 기가 막힐 노릇 아닌가?"

실제로 이걸 사용하여 촬영한 불법 영상이 돌아다니기도 한다. 성관계의 도촬(도둑 촬영. 상대방 모르게 사진을 찍는 것)이나 리벤지 포르노(연인, 친구였던 사람에게 복수하기 위한 포르노. '디지털 성폭력'이라고도 부름)로부터 길거리, 탈의실, 목욕탕, 화상실, 편의점 등에서 찍힌 영상도 퍼지고 있는 실정이다. 또 이렇게 몰래 촬영된 포르노들이 인터넷상에서 불법적으로 업로드(upload, 다른 컴퓨터 시스템에 파일이나 자료를 전송하는 일)되고 있다. 이 행동들은 엄연히 피해자에게 트라우마를 주는 중범죄이며, 이를 소비하는 것은 2차 가해가 된다.

"요즘 '성 문제'가 가장 예민한 이슈로 떠올라 있는데도, 그러한 것들이 근절되지 않고 있으니. 모든 국민, 아니 전 인류의 '도덕 재무장 운동'이라도 벌여야 할 것 같아요. 그건 그렇고, 변강쇠와 옹녀라는 이름에도 무슨 뜻이 있지 않나요?"

"강쇠(强釗)란 '강한 남자'를 나타낼 요량으로 강할 강, 사람 이름 쇠(釗, 힘쓸 소)라 한 거겠지. 여기에 성을 변(卞)으로 지은 걸 보면, 같은 소리가 나는 변(便, 똥, 오줌을 가리킴) 등 비하시키는 의미가 있는 것 같아. 또 옹녀는 옹(甕, 술이나 젓을 담는 데 쓰는 독)이라고 하는 '단지'의 뜻에서, 항아리와 같은 뉘앙스로 여성을 표현했을 테고."

"그럼에도 이 작품에 어떤 교훈이 들어 있을까요?"

"역시 권선징악(勸善懲惡, 선을 권하고 악을 벌함)이겠지. 작품의 마지막 부분에 이런 말이 나오거든."

여자의 아름다움이 영원할 줄 알았더냐! 월나라가 망한 후에 서시 소식이 없고, 동탁이 죽은 후에 초선이 간 데 없다. 이 세상 오입쟁이들이, 그렇게 살다가는 끝내 원통한 죽음을 맞이한다는 것을 알지 못하고, 얼굴을 곱게 꾸민 음탕한 여자들을 쫓아다니다가 얼마나 많은 사람이 평생을 그르쳤는가! 이 이야기 들었으면 깨닫는 바 있을 것이니, 이 이야기 듣는 사람 복 많이 받고 오래오래 부귀하게 행복하게 사옵소서.

- 전국국어교사모임, 『변강쇠전, 천하 잡놈 강쇠와 과부 팔자 옹녀가 만났으니』,
휴머니스트, 2016, 126쪽

"젊은 시절 허랑방탕한 세월을 보내다가 노년에 후회하는 사람도 많지요."

"그래서 이 작품에 '문란해진 성 문화'를 경고하는 의미가 들어 있다는 거야. 또 하나, 변강쇠와 옹녀가 사회의 질서를 문란하게 하고 장승을 뽑아 땔감으로 쓰자, 팔도의 장승들이 모여 이를 징계할 방안을 모색하는 장면이 있거든."

"토끼가 죽으면 여우가 슬퍼하고, 지초가 불에 타면 난초가 탄식하는 것[62]은 세상의 떳떳한 이치로다. 지리산 산중에 사는 변강쇠가 함양 장승을 뽑았다가 도끼로 패서 화장(火葬, 시체를 불에 살라 장사 지냄. 장승을 의인화한 표현으로 보임)했

---

62) 토사호비(兔死狐悲): 토끼가 죽으니, 여우가 슬퍼함. 동류(同類, 같은 부류)의 불운을 슬퍼하는 모습. 토끼와 여우는 비록 힘의 차이는 있으되, 사람의 사냥감이 되기는 매 한가지. 따라서 토끼나 여우 둘 중의 하나가 죽으면, 머지않아 자신도 죽을 것을 알기에 동병상련의 심정으로 동류의 불행을 슬퍼한다. 지분혜탄(芝焚蕙嘆)이란 표현 역시 '지초(芝草, 천연염료나 약재로 많이 사용되는 여러해살이 식물)가 불에 타면, 혜초(蕙草, 난초과의 풀)가 탄식한다'는 뜻으로, 이웃한 벗이 불행해지는 것을 안타까워하는 모습이다.

으니, 이놈의 죄는 만 번 죽여도 오히려 가볍도다. 이놈 죄상을 가볍게 처리할 수가 없어 각 도의 장승 모두에게 이 통지문을 보내니, 이번 달 초 자정에 노량진 강가 선창에 모두 모여, 함양 장승을 애도하고 변강쇠 놈 죽일 꾀를 보도록 합시다."

팔도 장승들이 대방 장승(임금 장승)의 명령을 듣고, 사냥 나온 벌 떼같이 몹쓸병 하나씩 등에 지고, 함양 장승 앞장서서 강쇠에게 달려들어 각기 자기네 맡은 대로 병으로 도배를 한 연후에 다시 팔도 곳곳으로 흩어졌다.

- 위의 책, 42~49쪽

"결국 이것도 악인이 벌을 받는다는 내용이네요?"

"뿐만 아니라, 『변강쇠전』에는 성을 다산과 풍요의 측면에서만 바라보는 데 대한 비판도 담겨 있어."

판소리 『변강쇠가』의 옹녀와 〈기물타령〉은 '불모(不毛, 성장이나 결실이 없는)의 성(性)'을 의미한다. 이처럼 비생산적이고 호색적인 의미의 성은 조선 후기 판소리뿐만 아니라, 사설시조(辭說時調, 해학과 풍자로 이루어진, 산문적이며 서민적인 시조)와 춘화(春畫, 남녀 간의 성교 장면을 그린 그림) 등에서도 확인된다. 성 묘사의 전통에 있어서, 조선 후기에는 다산(多産)과 풍요의 한 축과 더불어 호색(好色)과 퇴폐의 한 축이 공존한 사실을 알 수 있다. 그렇다면 과연 소비적인 의미의 성 묘사, 호색과 퇴폐의 경향이 이 시대에만 유별난 현상인가?

- 이문성, 앞의 책, 33쪽

"박사님은 어떻게 생각하세요? 지금까지 저희가 살펴본 내용 중에는 오히려 호색과 퇴폐적인 성이 더 많은 것 같은데요?"

"허허허… 성을 아이 낳는 데에만 사용한다면, 동물의 '교미'와 뭐가 다르겠어?"

"동물 중에도 성을 즐기는 부류가 있다는데요. 어떻든 변강쇠는 그렇다 치고요. 과연 옹녀도 음탕한 여인이었을까요?"

"따지고 보면, 남자를 만나 서로 사랑하고 함께 살아가고자 한 죄밖에 없지 않은가? 재수 없게, 남자들이 빨리 죽어서 그렇지. 사실 또 옹녀는 노동하는 생활인의 모습으로 그려져 있거든. 강쇠를 만나 도회지에 살림을 차렸을 때는, 닥치는 대로 장사도 하고 날품을 팔며 돈을 모으는데… 결국 여자 치기와 술로 살림을 망친 쪽은 강쇠란 말이지. 또 옹녀는 성적으로 매력이 있다고 봐야지. 그러니까 그 많은 남자들이 사족을 못 썼을 거 아닌가? 거기에다 분별력도 갖추고 있어. 중이 자신을 안으려 하자 '죽은 남편이 방에 있는데, 그래서는 안 된다'고 책망하거든. 주체할 수 없는 성적 욕망으로 언제 어디서나 욕망을 발산하는 그런 여자가 아니란 뜻이야. 비록 옹녀에게 음탕한 면이 있을지는 몰라도, 비난받을 만한 짓을 한 건 아니라는 거지."

"작품의 무대와도 관련이 있지 않을까요?"

"두 사람의 놀이터로 알려진 곳은 남원시 산내면의 백장계곡인데, 여기에 발길을 들이면 강한 음기(淫氣, 음탕하고 난잡한 기운)가 감돌고, 바위 사이로 흐르는 물길이 심상치 않다고 하거든. 남녀가 운우지정(雲雨之情, 구름과 비와 나누는 정이라는 뜻. 남녀의 성교를 이르는 말)을 나누었다는 운우바위, 이곳에 치성을 드리며 염원하면 옥동자를 잉태한다는 태아바위, 여자의 가랑이 위로 턱 걸쳐져 있는 거대한 남근(男根, 남자의 음경) 모양의 음양바위, 다산(多産)을 뜻하는 돼지바위, 권위와 권력을 나타내는 범바위, 돌을 긁어먹으면 아들을 낳는다는 근연바위가 있고. 어디 그뿐인가? 음양수계곡이 합류한 옹녀탕은 물맛이 다르다 하고, 바위 사이로 흐르는 물길이 느리고 이상한 분위기를 연출하여 옥수(玉水, 성교 시 남녀의 몸에서 분비되는 액체)가 흐른 것 같다지 않던가?"

"계곡의 신비한 형태가 사람들에게 호기심을 자극한다는 거지요?"

"그렇지."

현재 전라북도 남원시 산내면 대정리 매동 마을의 백장안 계곡에는 '변강쇠 백장공원'이 조성되어 있는데, 변강쇠와 옹녀를 주제로 상징화한 곳이다.

4. 북곽 선생과 동리자 — 「호질」

"박사님, 이제 '동리자'에 대해 알아볼 차례인데요. 우선 동리자가 등장하는 「호질(虎叱)」은 어떤 작품인가요?"

"'호랑이의 질책'이란 뜻을 지닌, 연암 박지원의 한문 소설이지."

이 작품은 조선 후기 작자의 연행 일기인 『열하일기』의 관내정사(關內程史) 편에 실려 있다. 양반 계급의 위선을 비판한 「허생전」과 쌍벽을 이루는데, 그 줄거리는 다음과 같다.

범(호랑이)은 슬기롭고 성스러우며, 문무를 겸하고, 자애롭고 효성스러우며, 지혜롭고 어질며, 웅장하고 용맹하여 천하무적의 동물이다. 대호(大虎, 큰 호랑이)가 사람을 잡아먹으려 하는데 마땅한 것이 없었다.

의원의 의(醫)라는 글자는 의심한다는 의(疑)자이다. 자기 스스로도 의심이 나는 풀을 가지고 사람들에게 시험을 해 보다가, 해마다 죽이는 사람이 항상 수만 명이다. 무당의 무(巫)자는 속인다는 무(誣)자이다. 귀신을 속이고 인민들을 미혹시켜, 해마다 죽이는 사람이 항상 수만 명이다. 많은 사람들의 분노가 뼈에 사무치고 변해서 무서운 독으로 변했으니, 그 독을 먹을 수는 없도다. (의사를 잡아먹자니 의심이 나고, 무당의 고기는 불결하게 느껴졌다.) 그래서 청렴한 선비의 고기를 먹기로 맘먹었다. 이때 정(鄭)나라 어느 고을에 벼슬하기를 달갑게 여기지 않는 선비가 있었으니, 이름을 북곽선생(北郭先生)이라고 한다. 나이 불과 마흔에 자신의 손으로 교정한 책이 만 권이고, 아홉 가지 유교 경전을 부연 설명하여 다시 책으로 지은 것이 1만 5천 권이나 된다. 천자(天子, 중국 최고통치자)는 그 의리를 가상하게 여기고, 제후는 그 명성을 사모했다. (417~420쪽)

한편, 이 고을 동쪽에 일찍 과부가 된 아름다운 여자가 살고 있었는데 이름을 동리자(東里子)라 하였고, 그 여자가 살고 있는 둘레 일대를 '동리 과부의 마을'이라 하더라. 그녀는 절개를 잘 지켰지만(천자가 그 절개를 가상하게 여기고, 제후가 그 현숙함을 사모하였음), 성(姓)이 모두 다른 다섯 아들이 있더라. 마침 어느 날 밤, 안방에서 사람의 목소리가 흘러 나왔다. 다섯 형제가 문틈으로 들여다보니, 동리자가 북곽 선생을 청해다 앉히고, "그전부터 선생님의 덕을 사모해 왔습니다. 오늘 밤 선생님의 글 읽으시는 소리를 들려주셨으면 합니다" 하는 것이었다. 이에 북곽 선생은 옷깃을 여미고 고쳐 앉으며, 시를 읊었다. "원앙새는 병풍에 있고, 반딧불이는 반짝반짝 빛나네. 큰 가마솥과 세발솥63)을 누가 저리 본떠

---

63) 세발솥: 3개의 다리가 달린 솥이란 뜻으로, 고대 중국에서 음식을 익힐 때 사용했던 청동으로 만든 솥. 삼족정립(三足鼎立)이란 세 사람 또는 세 세력이 '솥의 발과 같이' 균형을 유지한다는 뜻인데, 부(富)와 권력과 명예가 균형을 이루지 못하면 재앙을 부른다는 의미도 함께 들어 있다.

만들었나? 이 시는 다른 사물을 빌려 자신의 뜻을 나타내는, 흥(興)이라는 수법의 시이지요."

이 모습을 본 다섯 아들은 "남자가 과부의 집에 들어가지 않는 것이 예의인데, 이런 것을 잘 아는 어진 북곽 선생일 리는 만무하고, 그곳에 있는 천년 묵은 여우가 북곽 선생으로 둔갑한 것이 분명하다. 여우의 갓을 쓰면 천금의 부자가 되고, 여우의 신을 얻으면 대낮에도 능히 자신의 그림자를 감출 수 있으며, 여우의 꼬리를 얻으면 잘 홀려서 남을 기쁘게 만들 수 있다 하니, 저놈의 여우를 죽여서 나눠 갖기로 하자." 이렇게 의논한 다섯 아들은 방을 둘러싸고, 뛰어 들어갔다. 이에 북곽 선생은 크게 놀라 달아나는데, 혹 사람들이 자기를 알아볼까 겁을 먹고는 한 다리를 목에 걸어 귀신 춤을 추고 귀신 웃음소리를 냈다.

북곽 선생은 어둔 밤에 기다시피 하여 도망치다가, 그만 들 가운데에 있는 거름통에 빠지고 말았다. 허우적거리다가 겨우 기어 나와 고개를 들고 보니, 끔찍하게도 호랑이가 앉아 있지 않은가? 기겁을 하고 멈칫할 즈음, 호랑이는 얼굴을 찡그리고 구역질을 하고 코를 막으며 고개를 돌리면서 한숨을 쉬며, "엣, 선비 녀석. 지독한 냄새로다" 하는 것이었다. 북곽 선생은 무릎을 꿇고 머리를 숙이며, 코가 땅에 닿도록 세 번이나 절을 하고 우러러 빌었다. "호랑님의 덕은 매우 큰 바 있어, 덕망이 있는 사람은 호랑님의 몸가짐을 본받고, 임금은 그 걸음을 배우고, 아이들은 그 효도를 본뜨며, 장수는 그 위엄을 취하고자 하오니, 참으로 호랑님은 바람과 구름의 조화를 부리는 신(神)이나 용(龍)과 같사오며, 소생은 바람에 불려가는 천한 몸이올시다."

이 말을 들은 호랑이는 꾸짖으며, "이놈, 가까이 오지도 말라. 선비 유(儒)자는 아첨 유(諛)사도 농단나너니, 과연 그렇구나. 평소에 보는 복은 나에게 쏟아 놓더니, 그런 것은 잊은 듯 지금 와서는 처지가 급하게 되어 내 눈앞에서 아첨을 하는 꼴이라니, 누가 너를 믿을 수 있단 말이냐? 천하의 이치는 하나인 것이다. 호랑이의 성품이 나쁘다면 사람의 성품도 나쁜 것이요, 사람의 성품이 착하면 호랑이의 성품도 착한 법이다. 네가 입버릇처럼 오륜삼강을 떠들어 봤자, 도성(都城, 한 나라의 도읍)의 거리에는 형벌을 받아 코 떨어진 놈, 발뒤꿈치 없는 놈(아킬레스건을 자르는 형벌이 있었음), 낯짝에 문신[64]을 하고 돌아다니는 놈들이 있으니 …(중략)… 형벌도구가 그렇게 많음에도, 사람들의 죄악을 막지 못한다. 그러나 우리 범의 세계에는 이런 형벌이란 것이 본디 없으니, 사람보다 어질지 않느냐? 우리들 호랑이는 풀, 나무, 버러지, 생선 등을 먹지 않고, 술과 같은 난잡한 것을 즐기지 않으며, 새끼 가진 짐승이나 알 품은 짐승이나 하찮은 것들은 차마 건드리지 않는다. 노루, 사슴, 말, 소 등을 잡아먹되 음식에 대한 불평을 하는 일이 없으니, 우리 호랑이의 하는 처사가 어찌 바르지 않을 바가 있으랴? 우리 호랑이가 사슴, 노루를 잡아먹을 때는 그리 미워하지 않다가도, 소나 말을 죽인다고 사람들이 원수같이 알지만, 마소는 너희가 부려먹어 은덕을 본다고 해서 그런 것 아니냐? 사람에게 은혜를 베푸는 사슴, 노루, 그리고 말, 소를 살 한 점 뿔 뼈다귀 하나 남기지 않고 잡아먹어, 우리 호랑이의 먹을 것까지 침범하여 굶주리게 하면서 무슨 잔소리냐? 그리고 남의 물건을 훔치는 것을 도적이라고 하는데, 이욕(利慾)을 위하여 밤낮으로 돌아다니며, 수완(手腕)을 자랑하고, 눈을 부릅뜨고 남의 것을 훔치고 낚아채려 하면서도 부끄럽게 여기지 않고, 심한 놈은 돈을 형님이라 부르고 장수가 되겠다고 제 아내조차 죽이는 판인데,[65] 삼

---

64) 문신(文身): 고려와 조선 시대에는 절도한 자, 강탈한 자, 도주한 노비를 대상으로 얼굴에 문신을 새겨 낙인 효과, 범죄 예방 효과를 노렸음.

65) 중국 전국(戰國)시대의 맹장 오기(吳起)는 노나라의 임금을 섬기고 있었다. 이때 제(齊)나라 사람이 노나라를 공격하자, 노나라에서는 오기를 장수로 삼고 싶어 했다. 그러나 오기가 제나라의 여자를 아내로 얻었기 때문에, 노나라가 이를 의심했다. 이에 오기는 그 아내를 베어 죽인 다음, 제나라를 돕지 않겠다는 뜻을 분명히 했다. 이 일로 그는 노나라의 장

강오륜은 도대체 말할 나위조차 없도다." (420~424쪽)

"어디 그뿐인가. 메뚜기의 식량을 가로채고, 누에에게 옷을 빼앗고, 벌 떼를 쫓아내고 꿀을 도적질하고, 더 심한 놈은 개미 새끼로 젓갈을 담아 제 조상 제사를 지내기까지 하니, 잔인하고 혹독하며 경박한 행동을 하는 것이 너희 인간보다 심한 것이 또 어디 있단 말인가? …(중략)… 우리 범이 지금까지 표범을 잡아먹지 않은 까닭은 제 동류에게는 차마 손을 대지 못하기 때문이다. 또 우리가 노루나 사슴을 잡아먹는 숫자는 사람이 잡아먹는 수효만큼 많지 않고, 우리가 마소를 잡아먹는 숫자도 사람이 마소를 잡아먹는 숫자보다 많지 않으며, 우리가 사람을 잡아먹는 숫자도 사람끼리 서로 잡아먹는 숫자만큼은 안 된다."

이에 북곽 선생은 땅에 업드려 꾸벅꾸벅 하며 머리를 수그리고, "비록 나쁜 일을 저지른 사람일지라도 참회하고 몸을 깨끗이 하면 상제(上帝, 천지 만물을 주재하는 초자연적인 절대자. 신)를 섬길 수 있다 하오니, 이 천하고 못난 사람을 살펴 주옵소서" 하며, 숨을 죽이고 가만히 기다렸다. 그러나 오래도록 아무 답이 없더라. 북곽 선생은 송구스럽게 생각하고 있다가 문득 우러러보니, 동쪽 하늘이 이미 밝아지고, 호랑이는 사라져 없고, 그 옆에 밭에 나온 농부들이 선 채, "아이구, 선생님은 이른 아침에 어디다 대고, 이렇게 절을 하고 계십니까?" 하고 물어보는 것이었다. 이에 북곽 선생은 "내가 이런 말을 들었으니, '하늘이 높다 이르지만 감히 등을 굽히지 않을 수 없고, 땅이 두텁다 이르지만 살금살금 걷지 않을 수 없' 하였다네"라며 어색한 표정을 짓는 것이었다. (424~429쪽)

- 박지원, 『열하일기 1』, 김혈조 옮김, 돌베개, 2019,
(독자의 내용 이해를 위하여 원문을 일부 각색한 부분이 있음)

수가 되어 제나라를 무찔러 크게 이겼다.

"하하하… 이 작품에는 뭔가 통렬한 대목이 있는 것 같은데요. 요즘에도 돈 욕심에 멀쩡한 사람 환자 만드는 의사들 많고요. 하나님, 부처님 팔아 자기 배 채우는 목사, 승려들 많고요. 또 정권에 빌붙어 부귀영화 누리고자 하는 지식인들 얼마나 많아요?"

"천하만물 산천초목을 오직 자신만을 위해 희생시키는 인간들은 또 얼마나 많은가? 그래서 오늘날 환경이 파괴되어 듣도 보도 못한 전염병이 창궐하고, 기후가 반란을 일으키고, 자원이 고갈되는 것 아니겠는가? 어떻든 이 작품 역시 음탕한 여인의 이야기만은 아니라네."

「호질」에 대해, 저자인 박지원은 '만주족의 압제에 곡학아세(曲學阿世, 도에서 벗어난 학문을 닦아 세상에 아부함)하는 중국 인사들의 비열상을 풍자한 것'으로 주제를 설명하였다(위의 책, 431쪽). 하지만 이 작품은 조선 후기 유학자들의 위선을 비꼰 측면이 하나 있고, 다른 하나는 '동리자'로 대표되는 정절부인의 가식적 행위를 폭로한 면이 있다. 북곽 선생은 도덕군자로 이름이 나 있으나 실상은 '여우'같은 인간이요, 끝까지 위선과 허세를 부리는 이중적 인격의 인간이다. 동리자 역시 겉으로는 정절이 높기로 소문이 나 있으나, 다섯 아들의 성씨가 각각 다르다는 대목에서 알 수 있듯 매우 위선적인 여자이다.

"박사님, 사람들이 제일 싫어하는 게 위선과 가식, 거짓이 아닌가 싶어요. 저희 어렸을 적 여새리 분들과 시내 사람들이 감정적으로 늘 대립하곤 했거든요. 시내 사람들은 여새리 사람들을 무식하고 고집만 세다 비웃고요. 여새리 분들은 또 시내 사람들이 의리보다는 눈앞의 이익을 추구하고, 진실보다는 가식을 일삼는다 욕을 했지요."

"우직한 황소를 닮아 정직하고 순박한 사람들이 모여 사는 여새리에 비해, 시내 사람들은 영리한 머리로 잔꾀나 생각하고, 배운 지식으로 합법적인 도적질이나 궁리하며 살아간다고 여긴 거지."

"저희 고향분들은 겉치레보다는 속마음으로 사람을 대해야 하고, 강자보다는 약자 편에 서야 한다고 생각했던 것 같아요."

"나도 그곳에서 교사로 근무해 봐서 아는데, 기분이 좋으면 옷을 훌훌 벗어 던진 채 손에 손을 맞잡고 덩실덩실 춤을 추는 곳이 아니던가? 간이라도 빼주고 살이라도 떼어줄 것처럼 살갑게 굴다가도, 비위에 거슬리면 걸쭉한 욕지거리가 가차 없이 튀어나오는 사람들이기도 하고."

"그 때문에 거칠다느니 무식하다느니 하는 비웃음도 받았지요. 멱살잡이와 주먹질은 다반사고요. 낫이나 삽을 추켜들고 죽자 사자 달려들기도 하거든요. 도대체 두려움이나 공포라곤 모르는 사람들처럼요. 싸움질하다가 지서에 끌려간 사람에 대해서는 관대한 반면, 도둑질이나 사기, 거짓말하는 사람에 대해서는 필요 이상으로 비난을 퍼붓기도 하고요."

"뜨겁지도 차지도 않은 물은 토해내듯, 검지도 희지도 않은 회색분자를 경멸하듯 여새리 사람들은 미적지근함과 두루뭉술함을 싫어했던 것 같지?"

"이웃이 아플 때는 자기 일처럼 아파하고, 누가 죽기라도 하면 퍼질러 앉아 땅을 치며 통곡하지요. 뼈가 부셔져라 일하고 고쟁이가 벗겨지도록 노는 데 집중하는 사람들, 술을 마실 때에는 세상만사 잊어버리고 고주망태가 되어버리는 사람들, 그것이 여새리의 남자였지요."(강성률, 앞의 책, 23~25쪽)

"그러나 자네도 살아봐서 알겠지만, 세상은 그렇게 만만하질 않아."

"그러니까요. 중학교, 고등학교 입시에 낙방할 때는 그러려니 했는데요. 나중에 알고 보니, 부정으로 들어간 아이들도 많고요. 지난번 조교경합 때에도 마찬가지고요."

영준의 부친은 입버릇처럼 '정직'과 '양심'을 강조했었다. 어렸을 적 영준이 아무리 큰 잘못을 저질러도 바른대로 말하면 그 자리에서 용서해주었다. 하지만 모 대학 조교 경합에서 밀렸을 때, 그의 입에서는 놀라운 언사들이 쏟아졌다.

"네가 돈 때문에 진 거야. 세상이 다 네 맘 같을 줄 알아도, 그렇지 않거든. 내가 뭐라더냐? 돈을 쓸 때는 과감해야 한다고. 그 사람보고 나쁘다 할 것도 없어. 사람들 맘은 다 똑같거든. 너도 생각해 보거라. 새끼들 가르치랴, 사회 생활하랴, 돈이 얼마나 많이 들겠냐? 그렇다고 교수가 떼돈 버는 것도 아니고. 그래서 인사 때마다 돈에 맘이 가는 거지."

"대학교수에 교회 장로인데, 설마 그럴 줄 몰랐지요."

"교수면 뭐하고, 장로면 뭐 하냐고? 그것들이 더 도둑놈들이라니까."

영준의 모친 또한 보는 시각이 동일했다.

"옛말이 있는 법이다. 열 계집 싫어하는 사내 없고, 주어서 나쁘단 놈 없다고. 임금님도 돈 갖다 주면 좋아한다지 않더냐?"

"그리고 받아먹으면, 그만한 일은 해주는 법이고. 돈을 받으면 일이된 것이고, 안 받으면 안 된 것이여. 원리는 아주 간단해. 받아먹고 안들어줄 수는 없거든. 그래서 되건 안 되건, 돈이라도 찔러 봤어야 한다그 말이지."

영준이 기억하는 한, 지금까지 살아오는 동안 부부의 의견이 이처럼

완벽하게 일치된 적은 없었다. (강성률, 『땅콩집이야기 7080』, 230~233쪽)

"문제는 그러한 위선과 가식, 부정과 비리가 성 문제에도 존재한다는 거 아니어요?"

"금수저니 흙수저니 하는 출생의 불평등, 교육, 취업, 기회의 불평등 못지않게 성의 불평등이 존재한다고 봐야지."

고등학생 시절 영준이 방학을 맞이하여 여새리에 내려가면, 꼭 마주치는 선배가 하나 있었다. 그는 입버릇처럼 이렇게 말했었다.

"계집애들에게는 말이 필요 없어. 찬스가 생기면, 무조건 자빠뜨려 놓고 봐야 해. 아무리 울고불고하다가도 일단 당하고 나면, 고분고분해지거든."

의기양양한 그의 '무용담'은 영준에게 새로운 용기를 불러일으켰다. 동시에 알 수 없는 열등감과 좌절감, 분노가 저 깊은 곳에서 올라오는 것이었으니.

'저 인간은 저토록 신나는 인생을 사는데, 왜 나는? 내가 저 인간보다 못났나? 남자로서의 매력이 없나?'

두 주먹 불끈 쥐고, 다짐하고 또 다짐했다.

'청춘의 끓는 피를 이대로 식힐 수는 없어. 팔짱 끼고 바라만 볼 수 없다고!'

"허허허. 그렇게 전열을 가다듬어 어떤 성과라도 있었어?"

"박사님도. 저같이 숫기 없고 뒤가 무른 사람은 어림도 없더라고요. 대신 그때 느낀 것이 '힘'에도 종류가 참 다양하다는 거였어요. 돈이나 지식, 정보, 학벌, 인맥, 권력의 힘도 있지만, 위력이나 폭력도 일종의 힘 아니겠어요?"

"'법보다 주먹이 가깝다'라는 말도 있지 않은가?"

"그러니까요. 성도덕이 문란한 사람은 다른 면에서도 그런 게 아닐까 싶어요. 여새리 그 '잘난' 선배는 평생 놈팡이로 살고요. 옆 동네 철진이란 '성폭행범'은 폭력과 사기 사건으로 교도소를 제집 드나들듯 하고요. '호식이 형'은 의처증이 도져 자기 아내를 살해하고 스스로 목숨을 끊었어요. '독사'는 화투 도박에 빠져 술에 절어 살다가, 병으로 일찍 죽었고요. 아! 성공한 케이스도 몇 있긴 하네요. 양순이 누나와 섬싱을 일으킨 동네 형은 중고자동차 매매 사업으로 제법 돈을 벌었다나 봐요. 물론 다른 여자를 만나 결혼도 했고요. 밤중에 깨어난 제 앞에서 여자인 양 요강에 걸터앉을 정도라면, 머리가 좀 있다고 봐야지요. 하하하⋯. 양순이 누나도 중매쟁이 소개로 결혼했는데, 남편이 부동산 투기로 돈을 많이 벌었대요. 강남에 빌딩을 여러 채 갖고 있다는 소문도 있고요. 왕수 살해범으로 10년 감옥살이를 마친 민철은 카지노 사업으로 준재벌이 되어 사회사업가로 변신했대요. 인생 역전인 셈이지요."

"그 과부는?"

"아! 그 분요? 일찍 남편을 잃고 돈 많은 왕수의 '성 파트너' 역할을 했던 것 같아요. 그러던 중 질경련이 일어나기도 했고요. 그 후로 민철 사장과 합법적인 부부가 되어 지금은 '사모님' 소릴 듣고 다녀요."

"시체와 그 짓을 했다는 소문은 사실이야?"

"낭설이지요. 하하하⋯. 왕수가 숨을 거둔 후, 잠시 시신 옆에 머물렀던 일이 와전된 것 아닌가 싶네요. 아니면 그 당시 잠깐 정신이 나갔을 수도 있고요."

"실제로 시신(屍身, 시체)을 강간한 경우가 있어서 물어본 말이야."

"예? 죽은 사람을 '강간'해요?"

"허허. 좀 이상하긴 하지만, 실제로 그런 예가 있다네."

2011년 청주에서 한 고교생이 아파트에서 투신한 70대 여성의 사체(死體)를 시간(屍姦)한 사건이 일어났다. 더욱이 이 학생은 흉기로 사체를 훼손하기도 했다.

"세상에, 보통 사람 같으면 옆에 가기조차 무서워하는 시체를…."

"그래서 정상이 아니라는 거지."

시체 기호증(屍體嗜好症)이란 '시체를 사랑하는 이상 성욕'을 의미한다. 시체를 상대로 성교나 자위행위를 함으로써 성적 쾌감을 얻는 것에서부터 시체 또는 유골을 곁에 두거나 시신을 절단하고 포식하는 행위 등 다양한 형태로 나타난다. 시체 기호 증세를 보이는 사람을 '시간(屍姦)꾼'이라고도 하는데, 밤중에 무덤을 파서 시체와 성관계를 하거나 절단하거나 먹기도 하는 성도착증 환자를 뜻한다.

"와, 시체를 먹기까지 해요?"

"끔찍하지? 그걸 페티시즘(절편 음란증)의 한 갈래로 보기도 하는데, 시체 그 자체에 성욕을 느끼는 것이 아니라 '자신을 거부하지 않는 안전한 남성 혹은 여성'을 원하는 심리, 그것이 극단적인 형태로 나타난 거지."

시체 기호증과 정반대의 현상이면서도 닮아있는 행태가 바로 시체를 먹는 행위이다. 지나친 성욕에 따른 이상 증세로 살인을 저지른 사람들은 시신을 훼손하기도 한다. 시신을 잘게 자르며, 군침을 삼키며 내장을 꺼내는 짓 등이다.

안셀름 폰 포이어바흐(19세기 독일 형법학자)가 소개한 어린 창녀 살해 사건의 범인 헬은 이런 고백을 했다. "가슴을 칼로 잘라 열고, 살을 발라냈다. 흥분해 몸을 떨었다. 한 조각을 잘라 먹고 싶어. …(후략)"

- 리하르트 폰크라프트에빙, 앞의 책, 54쪽

"와! 시체 기호증 환자 옆에 갔다가는 큰일 나겠는데요?"

"아니. 그 취향을 이해해 주는 사람은 결혼하여 함께 살기도 한다네. 이럴 경우, 한쪽이 '시체' 역할을 하는데, 뻣뻣이 굳은 채 상대방의 성욕을 풀어 준다나 봐. 그러다가 상대방이 숨만 쉬어도, 금방 성욕을 잃어버리는 경우가 생기고."

"그 참. 저는 '시체' 말만 들어도, 오금이 저리는데 말이지요."

"스스로는 '취향'이라 할지 몰라도, 온전하다고 볼 수는 없겠지. 에빙 박사마저 이 '취향'에 대해서는 동의할 수 없었던가 봐."

"시간(屍姦)을 저지르는 성욕은 너무나 흉측해, 어떤 경우에도 정신 이상 때문이라고 봐야 한다. 그러므로 시간을 행한 사람의 정신상태는 항상 검사해야 한다. 시신을 좋아하는 성향이 온전한 정신에서 나온 것인지 의문을 품어야 한다. 성의 활동에서 끔찍한 일탈을 이해하는 사람들조차 이 문제만큼은 납득하기 어려울 것이다."

- 리하르트 폰크라프트에빙, 앞의 책, 566쪽

"이런 얘기를 들으면 평범한 것도 복인 것 같아요. 인간의 가장 원초적인 욕망, 인간이라면 본래부터 갖고 태어나는 일종의 본능이 성 아니겠어요? 그런데 왜 그걸 죄악시하고 금지하는 걸까요?"

"성(성욕)이란 인간에게, 모든 인류에게 꼭 필요한 것이고, 없어서는 안 될 필수적인 요소이지. 즐거움을 주기도 하지만, 그것이 없으면 종족 자체의 보존도 불가능할 테니. 하지만 그것은 어디까지나 방 안에서, 내밀(內密)하게 이루어져야 한다는 것이 우리 사회의 불문율이고, 그래서 보편적인 도덕이 되지 않았겠나?"

"누구나 행하는 깃임에도, 공공연하게 표현되고 공적으로 그려지니 문제란 말씀이지요?"

"거기에다 정상적인 부부 관계가 아닌, 다른 형태로 나타나니까 문제란 거지. 부부간 사랑이야 방 안에서 지지고 볶는들, 누가 뭐라 하겠나? 퇴계 이황 선생도 부부 관계만은 천둥벼락을 칠만큼 요란하셨다지 않은가? 허허…."

무엄한 표현이 아닐까 염려되긴 하지만, '낮 퇴계, 밤 토끼'란 말이 있다. "퇴계가 낮에는 관을 쓰고 점잖게 제자들을 데리고 강학(講學)을 하지만, 밤에는 부인에게 토끼같이 굴었다"는 것이다. 어느 날 퇴계, 율곡의 제자들이 한자리에 모였을 때, "두 분의 밤 생활상을 본 뒤, 어느 분이 훌륭한 분인지 가려 보자"는 제안이 나왔다고 한다. 이에 제자들이 관찰해 보니, 밤에도 도덕군자처럼 의관을 차려입고 부인을 대했던 율곡 이이와 달리, 퇴계 이황은 '제자들이 차마 볼 수 없을 정도로' 난잡스러웠다는 것. 천둥 번개가 치고, 비바람이 세게 몰아치며, 성난 파도가 높이 일었다. 이튿날 제자들이 그 까닭을 물어보자 퇴계의 대답 왈, "남녀 관계란 음양(陰陽)이 합하는 것이거늘, 점잖게 하면 안 되는 것이니라."

"퇴계와 같은 성인이 그러셨다면, 저희 같은 범인(凡人)들이야 더 말할 필요가 없겠지요."

"허허허… 성, 즉 섹스란 고상한 사람이나 속된 사람이나 똑같은 것 아니겠나? 음양이야 우주가 운행하는 원리이자 삼라만상의 이치이고, 인간으로서는 감히 거부할 수 없는 본능인데 그 앞에서 큰소리칠 사람이 누가 있을꼬? 사실 음란, 외설에 대한 것만 해도, 객관적인 기준이란 있을 수 없는 것 아닌가? 시대 상황에 따라 그 기준도 바뀌게 마련인데, 창작과 표현의 자유와 사회 통념이 충돌할 때 과연 어느 쪽 손을 들어 주느냐 하는 거거든. '열린사회'일수록 전자에 더 무게 중심을 두고, '닫힌사회'일수록 그 반대의 경향을 보이는 것 같아."

"전체주의나 독재주의 체제하에서 권력자들은 부와 권력 다음으로, 성(性)을 독점했다고 봐야지요. 대중 스타나 연예인들을 술자리에 불러내는 것 또한 일종의 자기 과시일 테고요."

"보통 사람들이 누리지 못한 걸 누린다는 우월감, 보복 심리라고나 할까?"

제5장

불공정한 성(性)

복숭아꽃

성은 공정한가

1. 성과 권력

1) 권력자들의 성 추문

"박사님, 강한 자가 약한 자를 착취하는 데에는 여러 방법이 있겠는데요. 그 가운데 성(性)도 포함이 되겠지요?"

"당연. 동물들 사이에서도 약자는 강자에게 잡아먹히기 마련인데, 어떨 때는 성이 하나의 '힘'으로 작용하지 않던가? 수컷이 암컷의 비위를 맞추려 애쓰는 장면에서처럼. 하지만 인간들 사이에서는 성이 도리어 돈과 권력, 폭력, 사회적 관습 등의 힘에 의해 지배되는 경우가 많지."

"힘이라면…."

"뭐 억압적인 사회에서는 가부장적 질서나 정치적 권력일 테고, 자본주의 사회에서는 돈이겠지. 도덕이나 관습, 법률에 의해서도 (성이) 억압받을 수 있고."

남성에 의해 다스려진 초기의 로마 사회에는 분명 남성과 여성의 차별이 있었다. 그 가운데 하나가 '아내는 남편과 이혼할 수 없지만, 남편은 간통, 음주 외에 특정하게 묘사할 수 없는 사악하고 혐오스러운 이유를 들어 아내와 이혼할 수 있었다'는 사실이다(오토 키퍼, 『로마제국과 로마 성풍속사』, 정성호 옮김, 산수야, 2020, 70쪽). 이러할 경우, 남편은 아내의 지참금을 돌려주지 않아도 되었다.

남편은 전적으로 자유로운 존재였던 반면, 아내들에게 허용된 자유는 지극히 제한적이었기 때문에 아내들이 비행(卑行, 도덕에 어긋나는 더러운 행위)을 저지를 수 있는 기회는 거의 없었다. 더욱이 그에 대한 벌로 사형(死刑)까지 당할 수 있기 때문에 더더욱 그랬다. 간통을 했을 경우, 남편은 여자(아내) 뿐만 아니라 그 상대방에게도 혹독한 처벌을 내릴 수 있었다. 그러나 남편이 노예나 매춘부와 관계를 맺는, 우리가 보기에는 역시 간통이 분명한 경우에 대해서는 처벌하지 않았다. (위의 책, 72~73쪽)

"그렇게 불평등하고 불공정한 경우가 어디 있어요?"

"허허. 더 큰 문제는 친정아버지마저 딸 편에 서주지 않았다는 사실이야."

"내가 너에게 너의 남편을 존중하고, 그가 무슨 일을 하는지, 어디를 가는지, 무슨 생각을 하는지 감시하지 말라고 얼마나 자주 말을 했더냐?" 그래도 딸이 계속 불평하자, 아버지는 더 자극적인 말을 내뱉는다. "네가 계속 그러면, 내가 그 사람(사위)이 바람피우는 것을 도와주겠다"라고. 그리곤 이렇게 덧붙인다. "그는 너에게 좋은 옷, 보석, 맛있는 음식, 하녀들을 주고 있지 않느냐?"고.

- 위의 책, 73~74쪽

"야! 이건 남성 중심주의에 돈의 위력까지 작동되는 거 아니어요?"

"여성의 입장에서는 여러 방향에서 압박을 받는 거지. 성적으로 문란한 남편, 가부장적이고 남녀 차별적인 사고방식의 아버지, 생활을 걱정해야 하는 자신의 처지 등. 유리 상자 속에 갇혀 옴짝달싹도 못하는 자신의 몸, 비웃는 표정으로 그걸 들여다보는 시선들….”

"마치 꼬인 실타래라고나 할까요. 여성들은 도저히 헤어 나올 수 없는 어떤 미궁에 빠진 느낌이 들겠어요.”

"여기에 법적, 제도적으로 말도 안 될 만큼 불평등한 대우를 받았지. 초기 로마 당시 간음한 아내와 바람피우는 남편의 상황은 다음과 같이 대비되는데….”

그대가 아내의 간통한 사실을 알아챘다면, 재판 없이 마음대로 죽여도 좋다. 그러나 그대가 간통을 범하거나, 다른 사람이 그대와 간통을 저질렀어도, 그대의 아내는 그대와 그대의 상대에 대해서 삿대질할 권리도 없다.

- 위의 책, 74~75쪽

"정말 너무하네요. 이때보다는 덜하겠지만, 지금도 여성들은 경제적으로 남성들에 종속되고, 남성의 권력에 휘둘리며, 또 결혼 제도라는 사회적 굴레에 지배당하고 반(反) 여성적인 남성들의 공격에 노출되어 있다고 봐야겠지요?”

"1960년대 미국에서 시작된 여성 해방 운동은 평화 운동과 환경 운동으로 발전해 커다란 성과를 거두기도 했지. 하지만 여전히 남성과 여성 사이에는 힘의 불균형이 존재한다고 봐야지.”

"로마인들이 이토록 부패하고 타락한 까닭이 뭘까요?”

"결국은 돈 때문이지. 사실 초기 로마인들은 소박하고 가정적인 농부로 묘사할 수 있다네. 그런데 인구가 늘어나고 땅이 넓어지면서 외부 세력과 불가피한 충돌을 겪고, 그 과정에서 승리함으로써 점점 힘이 커졌지. 그리하여 지난날의 순수함을 잃어버린 채, 마치 먹잇감을 찾아다니는 맹수처럼 포악하게 변했고. 힘과 돈이 뒷받침되니 교만과 사치, 탐욕, 지배욕이 악마처럼 스멀스멀 피어오르기 시작한 거야. 나중에는 브레이크 없는 기관차처럼, 자신의 욕망을 통제할 힘조차 잃어버렸을 테고."

"결국 그것이 제국의 멸망으로까지 연결되었다는 거지요?"

"안이 곪고 썩으면 반드시 무너지게 되어 있으니까. 그들이 아랫사람들을 어떻게 대했는지 살펴보세."

그대의 욕정이 뜨겁게 달아오를 때, 바로 범할 수 있는 하녀나 시동(侍童, 귀인 밑에서 심부름하는 아이)이 가까이 있다면, 그대는 억지웃음을 지으며 참는 쪽을 선택하겠는가? 나는 그러지 않으리라! 나는 값싸고 손쉬운 사랑이 좋다!

- 위의 책, 22쪽

"정식으로 결혼한 아내도 눈 하나 깜짝하지 않고 죽이는 판에, 노예를 포함한 하층민들이야 말할 나위가 없었겠지요."

"우리는 지금 성에 있어서의 남녀 차별, 가부장적인 억압 외에 '계급의 극심한 차별'을 목도하는 중이라네. 보통 성에 대해 쾌락을 추구하는 본능, 욕구 정도로 인식하지만, 사실 그 배후에는 여러 가지 메커니즘이 작동되고 있거든."

"조금 전 로마인들이 돈과 권력을 쥐게 되면서부터 교만과 탐복, 성에 대한 폭력 등이 일어났다고 하였는데요. 우리나라 역사에서도 그런 예는 많겠지요?"

"찾으려 들면, 한도 끝도 없지."

1970년대 한 국회의원은 특정 범죄 가중 처벌법(알선 수재) 위반 혐의, 뇌물 수수죄 등으로 구속되었다. 하지만 그보다 더 세인의 관심을 끈 건 여고생과의 성 스캔들이었다. 그가 여고생들과 벌인 '성 파티'는 온 국민을 경악하게 했다. 그는 여의도 행사66)에 동원된 여고생 2명을 자기 집으로 데려가 난교를 했고, 이후에도 계속 '성 파티'를 이어간 것으로 알려졌다.

"어느 나라를 막론하고, 최고 권력자의 성과 관련한 소문은 많지요?"

"수많은 연예인들과 밤새 어울렸다는 이야기, '혼외자 논란'에 휘말린 케이스, 청와대 관저 여직원을 임신시켰다는 소문 등등. 대통령, 국회의원 말고도 지방자치단체장, 지방의원, 장관, 차관, 국장, 과장, 재벌과 소상공인들에 대해서도 스캔들은 부지기수로 많지 않던가? 사회의 거의 모든 분야도 마찬가지고. 어디에서나 성적인 '갑을 관계'가 존재한다는 뜻이야."

"권력의 속성과도 관계가 있지 않을까요?"

"사업이나 인사 청탁을 위해 뇌물 못지않게, 아니 뇌물보다 더 약효가 빠른 것이 '성 상납'일 수 있으니까. 이것이 무소불위, 즉 '내가 못할 게 없다'는 권력자의 교만과 맞물려 상승 작용을 일으킨 결과겠지. 우리가 살펴보았듯, 돈 많고 거대한 권력을 가진 이들 가운데 스캔들을 일으키는 경우가 많지 않던가? 여기에는 상대 여성의 자발적이고 능동적인 태

---

66) 1970년대 여의도에서는 '국군의 날' 기념행사를 위해 사전 연습이 자주 열렸음. 이때 학생들은 시가행진하는 군인들에게 태극기를 흔드는 역할을 했음.

도도 한몫 거들었을 테고."

지난 2011년 유력한 차기 프랑스 대통령 후보로 꼽히던 국제 통화 기금 스트로스 칸 총재가 호텔 여종업원을 성폭행한 사건이 일어났을 때, 영국의 한 잡지가 '세기의 스캔들 톱 10'을 선정해 발표한 바 있다. 1위는 2006년 10여 명의 여성에게 성범죄를 저지른 모세 카차브 이스라엘 전 대통령, 2위는 백악관 인턴과 스캔들을 일으킨 빌 클린턴 미국 전 대통령, 3위가 스트로스 칸 총재였다.

먼저 모세 카차브 이스라엘 전 대통령은 대통령 재직 중이던 2006년, 무려 10명의 여성을 성폭행 또는 성추행했다는 의혹이 불거져 사임을 요구 받았다. 그는 사임을 거부하고 탄핵까지 피해갔다. 하지만 결국 임기 만료 2주를 남긴 채 불명예 퇴진해야 했다. 그리고 2009년 강간죄로 기소돼 7년 징역형을 선고 받았다.

도미니크 스트로스 칸(1949~)은 프랑스의 경제학자이자 변호사로서, 파리정치대학 경제학과 교수, 국제통화기금(IMF)의 총재를 역임하였다. 그러나 2011년 미국 뉴욕의 한 호텔에서 객실을 청소하러 들어온 여직원에게 성폭행을 시도한 혐의로 체포되었다. 2012년 프랑스 대통령 선거 후보로 유력했으나 성폭행 스캔들이 발목을 잡으면서 물거품이 되었다. 스트로스 칸은 사퇴서에서 자신이 결백하다고 주장했으나 이후 민사 재판에서 피해자에게 합의금을 물어 주고, 부인과도 이혼해야 했다. 이후 그의 무분별한 섹스 편력이 드러나기도 했다. 한편, 피해 여성이 '매수'당하여 스트로스 칸에게 누명을 씌웠다는 주장도 있다.

이 밖에 최초로 지구촌을 뒤흔든 성 추문으로 1963년 영국 보수당 맥밀런 내각의 국방 장관을 지낸 프러퓨모의 '섹스 게이트'가 있다. 그는 갓 스무 살 넘은 콜걸과의 혼외정사로 공직에서 물러났다. 이탈리아 총리 베를루스코니도 성 추문으로 낭패를 자초한 케이스이다. 하룻밤에 여성 8명과 관계를 가질 만큼 정력이 왕성한(?) 베를루스코니는 10대 슈퍼 모델과 성 파티를 여는 등 엽색 행각으로 총리직에서 물러나야 했다. 2011년 브라질을 공식 방문한 그가 반라(半裸)의 댄서를 만찬에 초대하여 질펀하게 놀아났다는 소문도 있었다.

"주로 서구권 백인 남성들이네요?"

"아! 그건 서구권만 조사가 이루어진 까닭이야. 하지만 권력자들의 성 일탈은 동서고금을 가리지 않지. 가해자 중 여성이 거의 없는 것은 이 세상의 권력 세계가 남성 중심임을 증명하는 것일 테고."

"하지만 저희가 살펴보았듯, 중국의 '4대 팜므 파탈'이나 서양의 '팜므 파탈'에서처럼 여성들도 있었잖아요? 그보다 조금 전에 나온 클린턴 대통령 말이어요."

이른바 '르윈스키 게이트'. 1995년부터 1997년까지 당시 미국 대통령 빌 클린턴이 백악관의 인턴 직원 모니카 르윈스키 등 여성들과 벌여 온 성 추문이 폭로된 사건이다. 이 사건으로 빌 클린턴은 한때 탄핵의 위기에 직면하기도 했다. '섹스 게이트', '지퍼 게이트' 등으로 불리기도 한다.

이 사건에 앞서 1992년 아칸소 주지사였던 빌 클린턴은 민주당 대선 후보로 나서면서, 첫 번째 스캔들에 맞닥뜨린다. 나이트클럽 파트타임 가수이자 주(州) 정부의 임시 직원인 제니퍼 플라워스라는 여성이 클린턴 주지사와 12년 동안 혼외정사를 가졌다는 내용이 언론에 폭로된 것이다. 이외에도 클린턴에게는 성매매 여성과의 사이에서 낳은 아들이 있다는 등의 소문이 돌기도 했고 '폴라 존스 사건'도 있었다. 폴라 존스는 1991년 클린턴 주지사로부터 성추행을 당하여 정신적 피해를 받았다며, 1994년 그를 고발한다. 결국 4년여 만인 1998년 11월 14일, 양측 변호인은 클린턴 대통령이 (사과나 시인 없이) 60일 이내에 85만 달러를 지불하는 대가로 (폴라 존스 측의) 모든 주장을 철회하기로 합의한다. '르윈스키 스캔들'은 그보다 앞선 1997년 11월, 한 여변호사가 "학창 시절부터 30년간 클린턴과 밀애를 했다"고 폭로하면서 수면 위로 올라왔다. 1993년 1월 20일 정식으로 대통령에 취임한 빌 클린턴은 이때 성추문과 부동산 투기 추문이 터지면서 시련을 겪기 시작한다.

모니카 르윈스키(1973~)는 1995년부터 미국의 백악관에서 인턴으로 일하던 중, 클린턴 대통령과 부적절한 성관계를 맺기 시작하였다. 맨처음 르윈스키는 클린턴에 대해, '바람둥이이자 오입쟁이' 정도로 알고 있었다고 한다. 그러나 대통령의 실물을 보게 되었을 때, 엄청난 매력을 느끼고 말았다.

1995년 11월 백악관의 법률 제정부 사무실의 통신 섹션에서 근무하게 된 르윈스키는 자신의 사무실 문 앞을 걸어가는 대통령을 보았다. 그녀가 먼저 인사를 건넸고, 대통령도 웃으며 인사를 받았다. 그날 대통령은 (예외적으로) 네 번이나 다섯 번 사무실에 들렀다. 날이 저물었을 때, 르윈스키는 대통령이 혼자 있는 것을 보았다. 그는 그녀에게 손짓을 했고, 안쪽 사무실에서 그녀를 꽉 껴안았다. 그리고 (1996년) 3월 31일 일요일, 대통령은 그녀에게 관계를 끝내자고 말했다. 그로부터 6주가 지난 후 두 사람은 대통령과 직원의 관계로 되돌아갔다.

두 사람의 '수상한' 관계가 수면 위로 떠오르자, 케네스 스타 검사(클린턴과 르윈스키의 성 추문을 조사)의 활약상이 펼쳐진다. 스타 검사는 (르윈스키와의 관계를 부인했던) 클린턴의 증언이 위증이었다는 사실을 밝히는 데 린다의 녹음테이프를 이용한다. 린다는 르윈스키와 함께 국방성에서 근무한 적이 있었는데, 이때 클린턴과 르윈스키의 통화 내용을 녹음하였던 것이다. 또 르윈스키 집에 초대 받은 후 '정액 묻은 파란색 드레스'를 세탁하지 못하도록 결사적으로 말렸었다. 그 후 드레스는 이 스캔들의 중요한 증거로 사용되었다.

청문회에서 대통령은 "나는 저 여인(르윈스키)과 결코 성적인 관계를 맺지 않았습니다"라고 말했다. 백악관에서는 르윈스키의 과거를 들추어내기 시작했다. (과거의 애인) 블레일러는 르윈스키를 '섹스에 미친 스토커'로 규정하였다. 스타 검사 측에서 보내온 서류에는 '르윈스키와 대통령이 구강성교는 가졌지만, 삽입은 없었다'는 내용이 적혀 있었고, 르윈스키는 이 서류에 서명했다. 그러나 스타 검사는 2월 4일, 서명의 반대급부로 제공하기로 약속했던 기소 면제 제안을 철회했다. 당연히 르윈스키를 옹호해야 할 변호사 빌 긴스버그마저 르윈스키 가족들을 서로 경쟁시키며 그들의 사생활에 교묘히 끼어들었다.

1998년 12월 중순, 르윈스키는 재판에 회부되었다. 이때 의회는 주요 증인들과 스타 검사의 보고서에 의존하여 (대통령의) 탄핵을 결정했다. 그러나 상원으로 보내진 이 탄핵안은 부결되었고, 클린턴은 끝까지 대통령직을 유지했다.

"일은 둘이 저질러 놓고, 결국 르윈스키만 회복하기 힘든 피해를 받은 거네요?"

"죽을 둥 살 둥 하다가 휙 돌아서는, 여새리에서 있었던 사건(질경련 사건)과 어딘지 비슷하지 않아? 리어카에 실려 가며 서로 얼굴을 할퀴었다는, 그 이야기 말이야."

"그러니까요. 당나라 현종과 사랑에 빠졌던 양귀비는 목매달아 죽고, 초선을 교묘하게 이용하여 동탁을 제거한 왕윤은 수양딸(초선)에게 자결을 강요하였으며, 총리의 아이를 뱄다고 소문 난 정인숙은 총에 맞아 죽었지요."

"여자 중에도 독한 권력자들이 있긴 했지. 가후(가남풍)의 하룻밤 '성노리개' 역할을 맡았던 미소년들은 살해되어 강에 던져지고, 측천무후는 설회의라는 애인을 딸로 하여금 살해하도록 했으며, 서태후는 하룻밤 즐긴 사내를 산 채로 땅에 묻어 버렸지 않은가? 그나마 현종은 양귀비에 대한 회한과 그리움 때문에 일찌감치 황제 자리를 아들에게 물려주기라도 했지."

"한 오라기 양심이라도 있었던지, 측천무후는 자신의 묘비에 한 글자도 새기지 말라는 유언을 남겼고, 서태후 역시 참살된 애인의 사물들을 수습해 보관하도록 했지요. 반면에 르윈스키는…."

그녀의 살점은 육식 취향을 지닌 정치인들에게 뜯어 먹히고, 그녀의 인간성은 상업주의 언론에 의해 파괴되었다. 그녀는 자신의 '애인'을 보호하기 위해 최선을 다했다. 그 '애인'과는 정반대로. 본인을 포함한 가족과 친구들의 고통, 재정적인 어려움까지 모두 떠안으면서도 르윈스키는 '도덕'의 길을 포기하지 않았다.

"선한 사람이 복을 받고, 악한 사람이 벌을 받아야 하는 거 아닌가요?"

"꼭 그렇지만은 않은 현실에 비극이 있는 거지. 하지만 그 후로 르윈스키는 전 세계적으로 좋은 평가를 받고 있어."

"그렇다면, 르윈스키에게 찍힌 A라는 글자[67]가 간통(Adultery)이 아닌, 유능(Able)과 천사(Angel)의 의미로 바뀌어야겠는데요?"

"허허허…."

"예전에 그 케네디 가문 사람들도 성 추문으로 유명하잖아요?"

"그렇지."

2) 케네디 대통령과 마릴린 먼로

원앙 부부 같은 이미지와 달리, 존 F. 케네디(미국의 제35대 대통령)와 부인인 재클린 케네디의 부부 사이는 그리 좋지 않았다고 한다. 케네디가 바람둥이였다는 말이 있으며, 그 자신의 건강에 자신감이 없어 그 심리적 반동으로 성을 지나치게 탐닉했다는 것. 아내 몰래 비밀 성 파티를 열고, 또 그 유명한 마릴린 먼로와도 섬싱이 있었다는 것이다. 이 때문에 먼로와 이혼한 먼로의 전 남편 조 디마지오(미국 메이저리그의 유명한 야구 선수. 1954년 먼로와 결혼해 9개월 뒤 이혼한 일로 화제가 되기도 함)는 '케네디 일가가 먼로를 죽게 한 배후 세력'이라고 의심하여, 그들을 평생 증오했다고 한다.

"마릴린 먼로가 그렇게 매력적이었나요?"

"허허허… '섹스의 심벌'이라 하지 않던가?"

밤에 어떤 옷을 입고 자느냐는 기자의 질문에, "잠자리에 들 때, 잠옷

---

67) A라는 글자: 미국 나다니엘 호손의 소설 『주홍 글씨』(1850년)에 '목사와 간음하여 사생아를 낳은 여인 헤스터 프린의 가슴에 A(Adultery, 간통죄)라는 붉은 낙인을 찍는다'는 내용이 나온다. 17세기 미국 청교도들의 위선을 폭로한 이 작품에서 딤즈데일 목사는 심판대에 올라 자신의 죄를 고백하고, 기력이 쇠하여 사망한다.

대신 샤넬 넘버5 향수를 입는다"는 기상천외한 대답으로, 세계적인 화제를 낳았던 전설적인 여배우 마릴린 먼로!

"샤넬 넘버5 향수라면…."

"프랑스의 여성 디자이너 코코 샤넬(1883~1971년)이 만든 향수 가운데 다섯 번째로 개발됐다고 해서 붙여진 이름이지."

83가지 재료가 첨가되어 1921년 출시된 샤넬 넘버5는 폭발적 흥행을 기록했다. 향수 이름에 최초로 숫자를 붙인 일, 네모신 투명 유리 용기에 평범한 서체로 제작한 라벨(label, 표시) 등은 기존 질서에 대한 도전으로 해석할 수 있는 대목이다.

"향수 자체보다도 마릴린 먼로 때문에 더 유명해진 거 아니어요?"

"허허. 잠잘 때 이 향수만 뿌린다고 하니, 금방 유명세를 탔지. 최초의 인공 향수로서 강한 동물성 향기를 풍기는 샤넬 넘버5와 '섹스 심벌'의 결합만큼 성적 환상을 자극하는 일은 없었겠지."

열세 살의 먼로는 사망한 모친의 친구 집에 얹혀사는 신세였다. 어느 날 아침, 한 벌 뿐인 블라우스의 단추가 떨어지자 다급해진 먼로는 함께 지내던 자매의 스웨터를 빌려 입고, 학교엘 갔다. 꽉 낀 스웨터는 몸매의 윤곽선을 선명하게 드러나게 했는데, 휴식 시간이 되자 남자아이들이 몰려와 황홀한 눈길로 터질 듯 부풀어 오른 가슴을 바라보았다. 이때부터 그녀는 남자들의 애간장을 태우는 '꼬마 요부'가 되었다.

먼로는 스스로 뱀파이어(vampire, 피를 빨아먹는 흡혈귀)처럼 남자를 홀리는 마법을 지녔다고 믿게 되었다. 그러나 사람들의 등쌀과 질투를 견디다 못한 먼로는 열여섯 살에 도망치듯, 도허티(스물한 살의 비행기 공장 노동자)와 결혼을 감행한다. 행복하지 않은 결혼 생활을 이혼으로 마무리한 먼로는 열아홉 살의 나이에 할리우드로 향한다. 가진 것이 없었던 먼로는 하나뿐인 무기, 자신의 육체를 사용해야겠다고 맘먹는다. 그때부터 먼로는 젊고 아름다운 몸, 금발의 머리카락, 섹시한 몸매, 감미로운 목소리, 야하게 흔드는 엉덩이, 추파를 담은 눈초리까지 모든 것을 활용하기 시작한다.

우선 언론을 동원한 홍보 대신 팬들과 직접 접촉하는 전략을 구사했다. 당시 그녀의 팬은 거의가 군인, 특히 열성팬의 대다수는 한국 전쟁에 참전한 군인들이었다. 살벌한 전쟁터에서 성(性)에 굶주린 군인들은 먼로에게 수천, 수만 통의 러브 레터를 보내왔다. 먼로가 원하건 원하지 않건, 그녀는 금발에 가슴과 엉덩이는 크고 머리가 텅 빈 백치미(白痴美, 지능이 낮은 듯하고 표정이 멍한 사람이 풍기는 아름다움)의 표본이자 섹스의 화신으로 팬들의 뇌리에 각인되었다.

이에 따라, 먼로는 점점 섹시 아이콘으로 변신하게 되었다. 머리를 금발로 염색하여 부드럽고 어려 보이는 효과를 얻고, 고깔(끝이 뾰족하고 세모지게 만든 모자) 모양의 눈짓으로 순종적인 인상과 요염함을 발산토록 했다. 고깔 모양의 눈짓은 무엇보다 남성에게 여성의 오르가슴을 연상시킨다. 벌어진 입술로 강력한 성적 신호를 전달하는데, 특히 도톰한 입술은 흥분이 절정에 달했을 때 부풀어 오르는 음순(陰脣, 여성생식기의 외음부에 위치)을 떠오르게 만든다고 한다. '유혹의 달인' 먼로는 눈이 절반쯤 잠긴 고깔 모양의 눈짓과 크게 벌린 입으로 성적인 황홀경에 빠진 모습을 연출한 것이다. 여기에 엉덩이를 좌우로 흔들면서 유방을 출렁이게 만드는 에로틱한 걸음걸이, 일명 '먼로 워킹'까지 개발했다. 또 앞가슴보다 등이 깊숙이 파인 드레스를 즐겨 입었는데, 이것은 남성들이

춤출 때 여성의 피부를 만질 수 있기 때문에 더욱 열광한다고 한다. 여기에 성적 충동을 불러일으키는 허스키한 목소리에 백치미를 결합하여 영원한 섹스의 아이콘, 에로틱한 요부로 등극할 수 있게 되었다. (이명옥, 앞의 책, 330~341쪽)

"아무리 그렇더라도, 대통령에까지 연결되기가 쉽지 않았을 텐데요?"

"시대적 환경이 만들어냈다고 봐야지."

존 F. 케네디 대통령의 아버지 조지프 케네디는 매사추세츠 주 정치인의 아들로서 아일랜드계 이민자 3세였다. 그는 하버드대학교를 졸업하고 보스턴 시장의 딸인 로즈와 결혼했다. 둘 사이에서 9명의 아이들이 태어났으며, 아이들은 아버지로부터 승부사적 기질과 야망을 물려받았다. 조지프는 25세에 은행장, 30세에는 백만장자가 되었다. 선박 제조업자이자 영화계의 갑부였던 그는 민주당의 주요한 정치 헌금 기부자이기도 했다. 증권 시장에 투기적으로 투자한 덕분에 모든 자녀들 앞으로 1백만 달러의 신탁을 예치할 수 있을 정도의 돈을 모았다.

조지프 케네디는 프랭클린 루스벨트 행정부에서 1934년 신설된 증권거래위원회 초대 회장으로 활동했으며, 1937년에는 영국 주재 미국 대사로 근무한 최초의 아일랜드계 미국인이 되었다. 화려한 경력과 풍부한 재력으로 직접 선출직 정치인에 도전하려고 하였으나 주가 조작이나 금주법68) 시대의 주류 밀매 등 불투명한 재산 형성 과정, 그리고 복

---

68) 금주법(禁酒法): 1919년 제정된, 미국 안에서 술을 양조, 판매, 운반, 수출입하지 못하도록 한 법률. 그러나 도리어 술의 소비가 늘어나고 밀조·밀매가 성행함으로써 마피아와 같은 조직폭력배에게 막대한 자금력과 힘을 안겨주었다.

잡한 사생활이 문제될 것을 우려하여 그 꿈을 접었다. 대신 자신의 아들들에게 그 야망을 이루도록 독려했다. 이 때문인지, 그의 자녀들은 요트 경주, 풋볼, 테니스, 그리고 거칠고 난폭한 결투 등을 할 때도 서로서로 경쟁해야만 했다. 그들은 어려서부터 ≪뉴욕 타임스≫를 읽도록 교육받았으며, 식탁 위에서는 잡담 대신 국가적인 문제를 놓고 토론을 벌여야 했다.

"1920년대 말이면, 미국이 대공황으로 휘청거릴 때 아니어요?"

"그렇지. 이때 조지프 케네디는 주식 시장에서 단기 매매(短期 賣買, 산 물건을 짧은 기간 안에 팖)로 재산을 늘려 나갔고, 당시 호황을 맞이하던 영화 산업에 뛰어들어 제작자로서 큰돈을 벌었던 거지."

조지프 케네디가 1920년대에 밀주 사업을 벌이고 있을 때 그가 마피아 등의 조직범죄단과 연결되었으리라고 보는 시각이 있다. 당시 그 사업에 종사한 사람치고 그들과 관련이 없던 사람은 없었기 때문이다. 나아가 케네디 가문이 마피아와 긴밀한 관계를 맺음으로써 엄청난 돈을 벌고, 그 재력을 바탕으로 상류 사회로 진출하였다는 추론이 가능하다. 마피아와의 연줄은 조지프 케네디의 할리우드 영화 사업에도, 또 그의 둘째 아들 존 F. 케네디가 하원 의원에 당선되어 정계로 진출하는 일에도 큰 영향을 끼쳤을 것이다. 이에 따라 조지프 케네디는 아들의 정치적 성공을 위해 마피아의 연줄을 십분 활용하기로 결심했을 것이라는 설도 있다.

1957년 존 F. 케네디 상원 의원이 쿠바를 방문했을 때, 하룻밤의 서비스 걸을 마피아에게 부탁했다는 설도 있다. 마피아의 협조가 매우 근소한 표차로 승리한 케네디의 대통령 선거에 결정적인 도움이 되기도 한다. 일찍부터 아버지 조지프는 "너희 가운데 누군가는 대통령이 되어야 한다"며 네 아들을 다그치기 시작했다. 그러나 장래 대통령감으로 주목받던 장남 조지프 P. 케네디 주니어는 제2차 세계대전 당시 폭격기 조종사로 작전에 참가했다가 원인 모를 폭발 사고로 사망하고 말았다. 형이 소망했던 그 꿈을 이룬 사람이 바로 둘째 아들인 존 F. 케네디였던 바, 그는 아버지의 염원을 성취해 줌과 동시에 '바람둥이' 기질도 물려받았다.

존 F. 케네디의 여성 편력은 너무나 유명하였으며, 그중 대표적인 것이 배우 앤지 디킨슨, 마릴린 먼로와의 염문이었다. 영화 사업가 아버지를 둔 존 F. 케네디는 10대 시절부터 여배우들과 관계를 맺었고, 심지어 아버지 조지프 케네디, 둘째 아들인 본인 그리고 셋째 아들인 로버트 케네디가 공유(?)하는 여성들도 있었다고 한다.

"이야! 그야말로 막장이네요. 36세에 갑자기 찾아온 먼로의 죽음 배후에도 케네디 가문이 언급되잖아요?"

"대통령 존 F. 케네디와 법무장관인 로버트 케네디의 정부(情婦, 내연의 여자)였던 먼로는 너무 많은 국가 기밀을 알게 되었고, 어느덧 안보를 해치는 존재가 되어 암살당했다는 음모론이 생겨나게 된 거지."

이와 관련하여, 로버트 케네디는 당시 그녀에게 '서로의 관계를 정리하자'고 제안했다고 한다. 하지만 그녀는 인정할 수 없다며, 자신이 알고 있는 모든 내용을 폭로하겠다고 협박했다고 한다. 그녀의 시신은 1962년 8월 5일 가정부의 신고로 출동한 경찰에 의해 발견되었다. 그녀의 방 침대에서 나체로, 전화기를 꼭 붙잡은 채 엎드려 있었다고. 수사 보고서에는 "머리 근처에 흰 약통과 수면제가 같이 놓여 있었다"고

적혔으며, 사인(死因)은 '수면제 과다 복용에 의한 사망'으로 되어 있다. 죽기 직전 실제로 통화한 그녀의 지인(知人)은 그때까지 그녀가 죽을 거라고 전혀 예상을 못했다고 한다. 이 보고서를 바탕으로 사건은 일사천리로 종결되지만, 이 '미스터리'에 대한 의혹은 지금까지도 사라지지 않고 있다.

미국 역사상 최연소 대통령으로 당선된 케네디는 대통령 재임 중(1961년 1월 20일~1963년 11월 22일) 쿠바 미사일 위기를 극복하고, 핵 실험 금지 조약을 성사시켰으며, '평화 봉사단'을 창설하여 개발 도상국들을 도왔다. 그러나 1963년 11월 22일, 텍사스 주의 댈러스에서 오스왈드(케네디 대통령을 암살한 혐의로 기소되었으나 이틀 후, 댈러스의 감옥에서 잭 루비에게 저격당해 사망)에게 암살당하여 향년 46세로 생을 마감한다. 대통령직은 당시 부통령이었던 존슨이 승계했다.

케네디 대통령의 동생 로버트 케네디는 케네디 행정부에서 법무장관을 역임하였다. 형이 암살된 후에도 존슨 행정부에서 법무장관으로 재직하였으며, 1964년 뉴욕주에서 상원 의원에 당선되었다. 1968년 민주당의 유력한 대통령 후보가 되었으나, 캘리포니아주의 예비 선거에서 승리를 거둔 직후 로스앤젤레스에서 요르단계의 이민자에게 저격당하여 다음날 아침에 사망하였다.

"이야! 어떻게 형제가….”

"그 후로도 케네디가의 비극은 끝이 없었지. 어떻든 케네디 대통령의 무분별한 여성 관계의 원인으로 '애디슨병'이 언급되곤 하는데….”

결핵이나 매독, 종양으로 인해 부신(副腎, 콩팥 위에 있는 내분비샘)의 기능이 파괴되어 만성 피로 증후군으로 나타나는 이 병을 위해, 케네디는 지속적으로 약물을 복용했다. 그런데 그 부작용으로 그의 성적(性的)인 측면이 제어 불가능한 상태가 되었다는 것. 실제로 케네디는 영국의 제46대 총리인 해럴드 맥밀런(재임 1957~1963년)에게 "난 3일 동안 섹스를 하지 못하면, 두통으로 미칠 것 같다"고 말하기도 했다고 한다.

"박사님, 케네디 대통령의 경우 겉보기에는 굉장히 건강한 것 같던데요?"

"하지만 실제로는 그게 아니었던가 봐."

"조금 전 마릴린 먼로가 케네디 형제의 정부였다고 했는데요. 대통령의 부인 재클린 역시 남편과 시동생(로버트 케네디)을 '공유'했다는 소문이 있던데요?"

"허허. 흔히들 재클린이 남편의 외도에 맞서 '맞바람'을 피웠다고 말하지만, 알고 보면 남편보다 한 수 더 위였다는 소문도 있어."

주식 중매인 아버지와 승마 선수 어머니 사이에서 태어난 재클린 케네디 오나시스(1929~1994년)는 학창 시절 문학 방면으로 대단한 소질을 나타냈다고 한다. 이때 그녀는 자신의 미모와 인기로 인정받는 것보다 문학, 예술에 대한 거대한 야망을 품고, 전업주부를 벗어나는 것이 꿈이라는 내용의 글을 쓰기도 했다. 프랑스 소르본대학교에서 유학을 마친 재클린은 ≪워싱턴 타임스 헤럴드≫의 기자로 활발한 활동을 이어가다 1951년 존 F. 케네디 하원 의원을 만났고, 1953년 9월 결혼하였다. 그리고 1961년 미국 역사상 80년 만의 최연소 영부인이 되었다. 영부인 시절 재클린은 우아한 자태와 미모, 수준 높은 문화적 취향, 본보이는 패션 감각, 유창한 화술로 미국인들의 사랑을 한 몸에 받았다. 예술의 위대한 장려자로서, 나라의 지도적인 작가, 화가, 음악가와 과학자들을 백악관에 초대하기도 하였다. 대통령인 남편과 세계를 순방할 때에는 그녀의 외국 문화와 언어에 대한 깊은 지식이 두 나라의 친선을 도모하는 데 많은 역할을 하였다.

그러나 1963년 11월 22일, 텍사스주 댈러스에서 무개차에 탑승해 퍼레이드를 벌이던 중 괴한의 총탄에 옆에 있던 남편이 맞고 쓰러졌다. 34세에 졸지에 미망인이 된 영부인, 하지만 절체절명의 순간에 보여 준 그녀의 침착한 대응은 국내외를 막론하고 애도와 찬사의 주제가 되었다.

남편이 암살된 지 5년 후인 1968년 6월 5일, 이번에는 시동생 로버트 케네디가 암살된다. 그의 사망에 애도를 표한 재클린은 10월 28일, '그리스의 선박왕'이자 세계적인 갑부 오나시스와 재혼을 한다. 그저 조신하게 들어앉아 아이들이나 키울 것으로 '기대'했던 미국인들은 그녀의 재혼 소식에 경악했다. 더욱이 그 상대가 여러 가지 부정한 방법으로 돈을 벌고, 세계적 오페라 가수 마리아 칼라스와 염문을 뿌리던 60대 고령의 남자라니. 심지어 오나시스는 재클린의 친 여동생 리의 연인이었다는 사실이 드러나 더욱 충격을 주었다. 아니나 다를까, 온갖 악의에 찬 기사들이 언론을 도배했다. 그러나 재클린은 대통령과의 사이에 낳은 두 아이를 데리고 당당히 재혼했다(오나시스는 미국 정치계 입문을 위해 재클린이 필요했고, 재클린은 자신과 아이들을 지켜 줄 재력가가 필요했다는 설도 있음). 이 결혼으로 재클린은 막대한 부를 얻었고, 오나시스는 미국 최고의 미남 대통령 미망인을 탈취했다는 자부심을 얻었다.

"재클린은 케네디와 결혼하기 전에도 많은 남성들과 연애를 즐겼다면서요?"

"결혼 후 남편의 외도에 복수하는 차원에서, 유명 배우와 밀회하는 등 숱한 염문을 뿌렸지."

이와 관련하여, 화려한 여성 편력으로 유명했던 그녀의 아버지는 딸을 팜므 파탈로 키우고 싶어 했다고 한다. 그리하여 남자를 애타게 만드는 '노하우'까지 전수했는데, 거기에는 "파티에 참석할 때는 가장 늦게 도착할 것, 어떤 한 남자에게 눈길을 주지 말 것, 함께 춤을 출 때에는 그 남자의 등 뒤로 계속 누군가를 찾는 시선을 던질 것" 등이 들어 있다. 이런 조언이 효과를 발휘했든지, 재클린은 상류 사회 사교계의 여왕으로 군림했고 얼마 지나지 않아 '하원 의원'으로 승승장구하던 존 F. 케네디를 만날 수 있었다.

"재클린은 성적 매력만 풍기는 단순한 팜므 파탈이 아니고, 매우 지적인 여성이었다면서요?"

"프랑스에 유학할 정도로 공부도 열심히 했으니까. 영부인이 되어 프랑스를 순방할 때, 유창한 불어와 세련된 패션 감각으로 프랑스인들의 마음을 사로잡았다고 하지 않던가?"

그러한 그녀가 남편의 끊이지 않는 외도에 가만있을 리 없었다. 그리고 그녀가 생각한 복수는 바로 맞바람이었다. 할리우드 스타들과 사귀며, 그 가운데 한 명과는 1주일간 밀회를 다녀오기도 했다. 자동차 제조사 창업자와 이탈리아 남부로 긴 휴가를 떠나는가 하면, 학창 시절 흠모했던 앙드레 말로(유명 소설가. 당시 프랑스 문화부 장관)와 재회하기도 했다. 특히 '남편이 당신과의 결혼을 깨고, 나와 결혼할 것'이라는 마릴린 먼로의 도발적인 언사에 분노가 폭발한 그녀는 말론 브란도, 폴 뉴먼, 프랑크 시내트라 등 당대 최고의 배우들과 보란 듯 외도를 해서 남편 이상의 바람기를 만천하에 과시했다. 그 가운데 클라이맥스는 남편이 암살된 뒤, 시동생(로버트 케네디 전 상원 의원)의 연인이 되었다는 사실이다. 심지어 또 다른 시동생 에드워드 케네디와 혼외 관계를 가졌다는 설도 있다. 오나시스와 재혼한 후(1972년) 남편 소유의 그리스 한 섬에서 파파라치에게 누드 사진을 찍혀 잡지에 공개되기도 했다.

하지만 7년 후, 재클린과 오나시스 사이에 치열한 이혼 소송이 진행되던 중 갑자기 오나시스가 죽고 만다. 그의 사망으로 이혼 소송이 종료되었고, 재클린은 거액의 위자료를 챙겼다. 두 번째 남편마저 사망함으로써 그녀는 또다시 미망인이 되었다. 이후, 재클린은 출판사 편집자로 일하는 한편 예술 및 건축 문화재 보존에 관심을 기울였다. 1994년 숨을 거둔 재클린은 앞서 세상을 떠난 두 자녀와 케네디 대통령이 누워 있는 알링턴 국립묘지에 함께 안장되었다.

부친인 케네디 대통령의 관에 절도 있게 경례를 붙인 사진으로 유명한 존 F. 케네디 주니어는 변호사이자 저널리스트로 성장하였다. 더욱이 아버지와 어머니(재클린)의 '좋은' 유전자 덕분인지 매력적인 외모를 타고났으며, 한 잡지사에 의해 '현재 살아있는 남자 중 가장 섹시한 남성'으로 평가되기도 했다. 장차 케네디 가문을 이어갈 정치계의 '거물'로 기대를 모았으나 1999년 7월 16일, 사촌 여동생(로버트 케네디의 딸)의 결혼식에 참석하기 위해 부인과 그녀의 언니를 태우고 경비행기를 몰고 가다가 추락 사고로 사망하였다. 향년 38세.

"아! 그래서 '케네디가의 저주'란 말이 나오게 되었군요. 조지프 케네디의 넷째 아들이자 로버트 케네디의 바로 아래 동생인 에드워드 케네디에게도 무슨 사건이 있지 않았나요?"

"채퍼퀴딕 스캔들이라고, 바로 그 때문에 에드워드가 대통령의 꿈을 접기도 했지."

존 F. 케네디 대통령의 막내 동생이자 매사추세츠 주 상원 의원이었던 에드워드 케네디가 1969년, 미국 동부의 섬 채퍼퀴딕에서 열린 파티에 참석한 후 심야에 차를 몰고 돌아가던 중 다리에서 추락해 바다로 빠졌다. 당시 그는 형 로버트 케네디의 전 여비서 메리 코페친과 함께 타고 있었으나 혼자 바다에서 헤엄쳐 나왔다. 그 후 10시간 만에 경찰에 신고했으며, 코페친은 익사한 채 발견됐다. 이후 코페친의 시신에서 발견된 혈흔, 주변의 목격담 등을 통하여 "두 사람이 내연의 관계였다", "에드워드 케네디가 증거를 없애려 했다"는 루머들이 꼬리를 물고 이어졌다. 그러나 의혹만을 남긴 채, 진실은 수면 아래로 가라앉고 말았다. 이 일로 에드워드는 1972년 대선경선 출마를 포기해야만 했다. 이와 관련하여 에드워드 케네디는 그의 회고록을 통해 "코페친과는 절대 연인 관계가 아니었다"고 밝힌 바 있다.

3) 연산군

"박사님, 우리나라에서도 권력을 가진 자들의 스캔들이 간혹 나왔지요?"

"수도 없이 많지."

'폭군'으로 알려진 연산군(燕山君, 조선 제10대 왕)은 생모 윤씨의 폐비 결정에 찬성했다 하여 1백여 명 이상을 살해하였다. 특히 그의 여색은 끝 간 데를 모를 정도였으니, 10여 년 동안 1천 명 이상을 간음했다. 그

'예비 작업'으로 전국에 채홍사(採紅使, 붉은 것을 캐는 사신)와 채청사(採靑使, 푸름을 캐는 사신. 나이 어린 여자를 뽑기 위한 벼슬아치)를 파견하여 미녀와 양마(良馬)를 구해오게 하였다. 임사홍(任士洪, 간신의 대명사. 중종 반정 이후 처형. 부관참시까지 당함)의 셋째 아들 임숭재('작은 소인은 숭재요, 큰 소인은 사홍이다'라는 기록이 있음)는 연산군이 자신을 채홍사로 임명하자 회심의 미소를 지었다. 이계동은 전라도로 떠나고, 임숭재는 충청도와 경상도로 떠났다.

"임금에게 미인을 바치는 것인데, 누가 감히 거역하는 것이냐? 조선의 땅도 백성도 모두 임금의 것이 아니냐?"

이렇게 말하며, 임숭재는 양반이건 종이건 가리지 않고 미인을 뽑았다. 거역하는 자는 잡아다가 곤장을 때리고 옥에 가두었다. (이수광, 『조선국왕 연산군』, 책문, 2015, 25~29쪽) 전국에서 뽑아 올린 여자들이 1만여 명, 시종을 드는 노비나 여종들도 1만여 명에 이르렀으니, 인구가 채 10만여 명에 이르지 않은 한양은 그야말로 '여자들의 도시'가 되었다.

연산군은 그렇게 하여 뽑혀 온 미녀들과 황음(荒淫, 함부로 음탕한 짓을 함)에 빠졌다. 이 가운데 가장 예쁘거나 노래를 잘 부르는 자들을 뽑아 '흥청'이라 이름을 붙였는데, 그 규모가 자그마치 2천여 명에 이르렀다. 바로 이것이 '흥청망청(興淸亡淸)'의 어원이 된다. 이 많은 흥청들에게는 모두 집이 제공되었을 뿐만 아니라, 가족의 납세와 노역까지 면제되었다고 한다.

"야! 세상에. 힘없는 백성들만 죽어났겠구먼요."

"그러나 왕이 기생들을 한양으로 데려오는 건 연산군 때만 있었던 게 아니라네. 다만 그 규모나 막장성이 남달랐을 뿐…."

흥청이 주로 노래와 춤을 담당했던 '1급'이라면, 왕과 잠자리를 함께 하는 운평은 '2급'으로 분류되었다. 그러나 흥청이 화장이라도 잘못하는 날이면, 운평으로 떨어지는 것은 물론이고 부모까지 벌을 받았으며, 많은 특권도 함께 사라졌다고 한다.

"왕이 그 자신의 종친이나 심지어 선왕의 후궁들까지 범했다는 말이 있던데요?"

"가장 대표적으로 월산대군의 처가 있는데….'

경복궁 경회루. 오색 등으로 일대가 대낮처럼 밝고, 연못에는 놀잇배 용주(龍舟, 임금이 타는 배)가 찰랑이는 물결 위에 떠 있었다. 누(樓) 아래에서는 흥청과 운평 3천여 명이 모여 노래를 부르고 춤을 추었다. 박씨 부인에게 눈길을 보내던 연산군이 장녹수에게 귓속말로 명을 내렸다.

"잔치가 끝나면, 부인을 남게 하라."

아버지인 성종의 형수이니, 그에게는 백모(큰어머니)가 된다. 월산대군 이정(李婷, 성종의 형. 성종의 장인인 한명회에 의하여 왕위를 동생에게 빼앗긴 것으로 추측. 35세 사망)의 처인 박씨 부인 무릎에 앉아서 재롱을 떨던 일이 아련하게 떠올랐다. 술을 마시라 명하자, 박씨 부인이 마지못해 술잔을 들어 입으로 가져간다.

"옷을 벗으라!"

청천벽력 같은 연산군의 명령 앞에서 부인의 숨이 막히고 말았다. 그러나 연산군이 누구인가? 작은 죄를 지어도 팔다리를 자르고, 인두로 배를 지져대는 잔혹한 군주가 아닌가? 부인은 돌아서서 비녀를 뽑고, 운발(雲髮, 여자의 탐스러운 머리 모양을 구름에 비유한 말)을 만들었다. 저고리가 벗겨지고, 치마끈이 풀어졌다. 연산군은 웃으며 달려들었고, 부인은 눈을 질끈 감았다. 이튿날 날이 밝자 부인은 황급히 대궐을 빠져나갔다.

연산군은 이날 이후 끊임없이 박씨와 밀통했다. 그녀에게 세자를 보양(保養, 잘 보호하여 기름)하는 직책을 주고, 침전으로 불러들여 (몇 년 동안이나) 정을 통했다. 그러던 중 임신을 하자 박씨 부인은 왕족의 부인으로 수치스럽다 여겨 약을 먹고 스스로 목숨을 끊었다. 이때 부인의 나이는 40대 초반이었고, 연산군은 30세였다. (위의 책, 49~57쪽)

"연산군이 나이 많은 박씨 부인과 정을 통한 것은 생모(生母, 폐비 윤씨)에 대한 그리움 때문이 아닐까요?"

"정을 통한 여인들이 대부분 중년 이상이긴 했지. 하지만 자신의 이복 여동생도 들어 있었어."

밖에는 굵은 빗줄기가 하얗게 쏟아지고 있었다. 임숭재는 바짝 엎드려 대청에 비스듬히 앉아 있는 연산군을 바라보았다. 연산군의 눈은 임숭재의 부인이자 자신의 이복 여동생인 혜신옹주(휘숙옹주)에게 쏠려 있었다. 잠시 후 연산군이 무어라고 말했는지, 혜신옹주가 까르르 웃음을 터뜨렸다. 어느새 그녀의 저고리 옷고름은 반쯤 풀어져 허연 젖무덤이 탐스럽게 쏟아져 나와 있었다. 다만 남편이 옆에 있어, 아무래도 신경이 쓰이는 모양이었다. 하지만 이때 임숭재의 생각은 보통 사람과 달랐다. '왕이 옹주를 범하는 것은 한순간일 뿐이다. 순간을 참으면, 두고두고 복을 누리게 된다.'

- 위의 책, 13~15쪽

연산군은 혜신옹주를 간음했고, 이상이라는 인물에게 시집간 임숭재의 동생 임씨도 간음했다.

연산군은 임숭재의 집 주위 40여 채를 헐어 담장을 높이 쌓고, 창덕궁과 통하게 했다. 그리곤 걸핏하면 임숭재의 집에 가서 술을 마시고 노래를 하면서 주색에 빠졌다. 임숭재는 타고난 한량(閑良, 돈 잘 쓰고 잘 노는 사람)으로 노래와 춤에 뛰어났다. 특히 다섯 명의 남자들이 사람의 탈을 쓰고 추는 호방하고 활기찬 처용무(處容舞, 질병을 일으키는 역신이 아내를 범하려다가 남편인 처용이 노래를 부르며 춤을 추자, 무릎 꿇고 사과하였던 데서 유래한 궁중 무용)에 능했고, 또 활쏘기와 말 타기에도 능하여 연산군과 짝이 되어 놀았다.

하루는 연산군이 장녹수를 시켜 잔치를 베풀게 했다. 쟁쟁한 대신들의 부인과 종친의 부인들이 꽃단장을 하고 대궐로 들어왔다. 잔치는 밤까지 이어졌다. 초대받지 못한 대신들은 이제나저제나 부인들이 돌아오기를 기다렸다. 연산군이 음침하게 박숭질의 부인을 보며 웃었다. 잔치가 끝났지만, 장녹수는 그녀를 궐 밖으로 내보내지 않았다. 연산군이 방으로 들어와 박씨 부인에게 달려들었다. 대경실색하며 당황해 하는 부인에게 임금은 "내가 좌의정(남편)을 죽여주랴?"라고 협박했다. 그녀는 이튿날도 대궐에서 나갈 수 없었다. 임금이 자기를 죽이려 할 것을 알아차린 박숭질은 일부러 말에서 떨어져 석 달 동안 등청(登廳)하지 않았다. 그러다가 추국(推鞫, 의금부에서 임금의 명을 받아 심문함)을 받은 뒤 면직되었다. 그를 죽이려던 연산군은 결국 그 일을 포기할 수밖에 없었다(박숭질은 '중종반정' 이후 재등용되었음).

어느 날, 연산군은 흥청 1천 명을 말에 태워 북한산 계곡에 있는 탕춘대(蕩春臺, 종로구 신영동 136번지에 있던 정자. 연산군이 이곳에서 미희들과 놀았던 데서 유래)로 놀이를 나갔다. 이때 문관과 성균관 유생들에게 가마를 메게 했다. 연산군의 명에 의해 대간(臺諫, 관리를 감찰하고 임금에게 간언하던 직책)들도 여자들의 가마를 메고 다녀야 했다. 청직(淸職, 글짓기에 능하고 청렴한 벼슬아치)이라 하여 강직한 것을 자랑으로 삼았던 대간들이지만, 연산군 시절에는 가마를 메고 다니면서 글을 지어 상을 받았다. 이날 탕춘대로 향하던 연산군은 돌연 길가에서 궁녀와 음행을 하여 사람들을 경악케 하였다.

왕은 (행렬을 할 때) 작은 방을 만들어서, 사람들을 시켜 들고 따르게 하였다. 길가일지라도 흥청과 음탕한 놀이를 하고 싶으면 문득 그 속으로 들어갔는데, 그 방을 이름 붙여 거사(擧舍)라고 불렀다.

『조선왕조실록』의 기록이다. 그는 '옛적부터 호걸스러운 제왕이 비록 풍류와 여색에 빠지더라도, 국세(國勢)가 당당하고 충성스러운 신하가 조정에 가득하면 국가의 복조(福祚)가 무궁하다'는 생각에 빠져 있었다. 물론 그것은 자신이 지어낸 변명거리에 불과했지만.

왕이 후원(後苑, 대궐 안에 있는 동산)에서 나인들을 거느리고 종일 희롱하고 놀며 노래하고 춤을 추었는데, 이날은 곧 폐비 윤씨(연산군의 모친)의 기일(忌日)이었다. 왕은 또 발가벗고 교합하기를 즐겨, 비록 많은 사람이 있는 데서도 피하지 않았다.

역시 『조선왕조실록』의 기록이다. 자신의 어머니 제삿날에 대궐 안의 동산에서, 발가벗은 채 여자들과 뒹군 것이다. 연산군은 일정한 패턴으로 여인들에게 애정을 표현했다. 여자들과 간음을 한 뒤에는 그 집에 상을 내리는 것이었다. 그러므로 누군가가 까닭 없이 상을 받으면, 연산군이 음행을 한 것으로 해석되었다.

"조선시대 여인들은 절개를 목숨처럼 여겼잖아요?"

"그럼에도 연산군 주변의 여자들은 자진(自盡, 스스로 목숨을 끊음)하지도 않았고, 괴로워하지도 않았어. 오히려 연산군의 총애를 받는 것을 자랑으로 생각했다네."

"아무리 그런다 한들, 그렇게 해서야 어찌 신하들에게 임금의 명이 설까요?"

"아예 충언하는 신하들도 없었겠지. 다만….."

내시로서는 최고의 직급인 판내시부사 겸 상선(尙膳), 나아가 자헌대부(판서, 대제학과 동일한 정2품 관직)까지 역임한 김처선(金處善, ?~1505년)은 "오늘 나는 반드시 죽을 것이다"라는 말을 집안사람들에게 남기고 대궐로 들어갔다. 아니나 다를까. 오늘도 연산군은 처용무를 베풀고 음란한 거동을 벌이고 있었다.

"전하! 늙은 놈이 네 분의 임금을 섬겼고 경서(經書)와 사서(四書)를 대강 통하지마는, 고금에 전하처럼 행동하는 이는 일찍이 없었습니다."

"뭐가 어째? 네 놈이 정녕 죽고 싶은 것이냐?"

"늙은 내시가 어찌 죽음을 아끼겠습니까? 다만 전하께서 오래도록 보위(寶位, 제왕의 자리)에 계시지 못할 것이 한스러울 뿐입니다."

이 말에 분을 참지 못한 연산군이 활을 쏘아 김처선의 갈빗대를 부러뜨렸다. 또 다른 화살은 김처선의 가슴을 맞추었다. 연산군은 땅에 쓰러진 김처선에게 달려가 칼로 다리를 베었다.

"일어나 걸어라."

"전하께서는 다리가 부러져도 걸어 다닐 수 있습니까?"

이 말에 연산군은 김처선의 혀를 자르고, 그 배를 갈라 창자를 끄집어 냈다. 김처선은 죽어가면서까지 충언을 그치지 않았다. 이에 연산군은 "김처선의 가산을 적몰(籍沒, 재산을 몰수하고 가족까지 처벌)하고 그 집을 허물어 못을 파고, 그 본관인 전의(全義)를 혁파하라!"는 명을 내렸다.

이리하여 전의 김씨가 사라지게 되었다. 연산군은 김처선의 친족을 칠촌까지 죽이게 했으며, 김처선의 양자 이공신을 죽이고 부모의 무덤을 뭉갠 뒤에 석물(石物, 무덤 앞에 놓인 돌로 만든 물건)을 부수어 버렸다.

(위의 책, 259~263쪽)

김처선의 고향 이름마저 바꿔버렸으며(이로써 충남 연기군 전의면은 1505년 행정 구역에서 사라짐), '처'와 '선' 두 글자를 쓴 사람은 죽이거나 벌을 주었다. 전국에 있는 '김처선'이라는 이름을 가진 사람들도 모두 개명을 해야 했다. 그러나 영조 대에 이르러 김처선의 충절과 공적을 기리는 정문(旌門, 충신, 효자, 열녀를 표창하기 위해 세우던 붉은 문)이 그의 고향에 세워졌다.

"구부러진 역사도 언젠가 펴질 날이 있는 법이니까요. 그나저나 연산군은 정력도 좋았는가 봐요?"

"몸에 좋다는 것은 다 먹었지. 장어에 마늘을 넣고 백숙(白熟, 맹물에 푹 삶아 익힌 음식)을 만들어 먹기도 하고. 또 약을 엄청 많이 먹었다나 봐."

"육체적인 성욕을 해소하기보다 정신적인 공허를 달래려고 그랬던

건 아닐까요?"

"충분히 그럴 수 있지. 그의 색정증은 아버지(성종)로부터 물려받은 기질에, 어린 시절 잃어버린 어머니(폐비 윤씨. 성종의 후궁으로 입궐한 후, 왕비로 책봉된 지 4개월 만에 연산군을 낳음. 그러나 폐비가 된 후, 사약을 받고 사망함)에 대한 심리적 의존증이 합쳐져 나타난 것일 수 있어. 흥청 출신으로 후궁으로 입궐한 후 요사스러운 언행으로 연산군의 마음을 빼앗은 장녹수(종3품인 숙용에 봉해진 후, 각종 뇌물과 인사 청탁을 받았음)의 경우, 연산군을 아이 다루듯 꾸짖거나 혹은 어머니의 모습을 보여 주었다고 하거든."

자정이 지난 시간이지만, 구중궁궐 장녹수의 처소는 불빛이 환했다. 저고리를 풀어헤쳐 허연 가슴을 쏟아 낸 장녹수는 다리를 쩍 벌리고 앉아 있고, 임금은 개처럼 엎드려 있었다. 저잣거리의 기녀 놀이. 장녹수가 발을 내밀자 연산군은 개처럼 핥는 시늉을 했다. 그런 모양의 임금에게 장녹수는 온갖 욕설을 퍼부었고, 임금은 호탕하게 웃음을 터뜨렸다. "장녹수는 왕을 조롱하기를 마치 어린아이같이 하였고, 왕에게 욕설하기를 마치 노예처럼 하였다."(『조선왕조실록』) 본래 제안대군(예종의 둘째 아들)의 계집종이었던 장녹수는 어릴 때 시집을 갔으나 일찍 과부가 되었다. 그 후로도 여러 차례 시집을 갔으나 방탕하다는 이유로 번번이 쫓겨 돌아왔고, 마침내는 제안대군의 가노(家奴)에게 시집을 가 아들을 낳았다. 얼굴은 보통 여인네들 수준밖에 되지 않았으나 노래를 잘 불렀다고 한다. 이 무렵 왕실의 부마(駙馬, 왕의 사위)로 벼슬길이 막혀 있던 임숭재가 그녀와 쾌락에 빠졌다. 그러던 중 장녹수의 능력(?)을 간파한 간신 임숭재는 그녀를 연산군에게 데려갔다. 장녹수에 빠져든 연산군은 그녀가 원하는 것을 모두 들어주었다. 장녹수의 교사(巧詐, 교묘한 속임수)와 요사스러운 아양은 내시와 궁녀들이 혀를 내두를 정도였다. 임금은 국고를 털어 구매한 금은 구슬을 장녹수에게 하사하였다.

- 위의 책, 57~63쪽

"그 정도 되면, 장녹수를 시기 질투한 무리도 있었을 것 같은데요."

"물론. 하지만 그런 사람은 엄청난 대가를 치렀지."

누구도 연산군의 폭정을 비난하지 못했다. 그러던 어느 날, 성희안(학문이 깊은 인물로 중종반정 이후 좌의정, 영의정에 오름)은 연산군의 마음에 들지 않는 시를 지었다고 하여 파직되고 말았다. 그는 경기 관찰사로 나갔다가 연산군의 미움을 받아 삭직(削職, 벼슬과 품계를 빼앗기고 벼슬아치의 명부에서 이름까지 지워짐)당한 박원종(중종반정 이후 우의정, 영의정을 거쳐 평원부원군으로 봉해졌으나 44세의 젊은 나이로 세상을 떠남)의 의사를 타진했다. 박원종으로 말할 것 같으면, 세 명의 누이 가운데 큰누이는 성종의 친형인 월산대군과 혼인했고(앞서 살펴봤던 박씨 부인), 둘째 누이는 윤여필(중종의 비 장경왕후의 아버지. 중종반정에 참여하여 공신 3등에 오름)과 혼인하여 장경왕후를 낳았으며, 또 다른 누이는 예종의 차남인 제안대군의 두 번째 부인이 되어 있었다. 특히 자식이 없었던 월산대군은 처남 박원종을 친동생처럼 사랑했는데, 그의 큰누이인 박씨(월산대군의 처)가 연산군에게 간음을 당하여 스스로 목숨을 끊은 일로 임금에 대한 원한이 사무쳐 있었다. 의기가 투합한 두 사람은 각각 역할을 나누었다. 무인 출신인 박원종이 무인들을 포섭하고, 성희안은 김종직(성리학의 대가로서 사림파의 영수이자 영남학파의 거두)의 제자들을 비롯한 문인들을 끌어들였다.

연산군 12년 9월 1일 밤, 성희안은 김감, 김수동의 집에 가서 반정(反正, 정도를 잃은 왕을 몰아내고 새 임금을 세움) 계획을 세운 후 박원종에게 달려갔다. 박원종은 거사에 쾌히 합류했고, 즉시 무사들을 훈련원에 집결하도록 하였다. 두 사람은 장수들에게 부대를 나누어 하마비동(下馬碑洞, 용산구 효창동에 있던 마을. 사람들이 말에서 내리는 데서 마을 이름이 유래)에서 대기하게 했다. 그 밖에 조정의 대신들에게도 반정에 참여할 것을 설득하여 동의를 받아냈다. 영의정, 우의정, 예조판서, 병조판서, 호조판서, 좌승지 등 대신들이 하마비동으로 몰려왔다. 차기 임금으로는 진성대군(성종의 둘째 아들, 후에 중종)이 추대되었다.

박원종이 수백 명의 장사들을 거느리고 임사홍의 집으로 달려갔다. 연산군이 부른다는 꼬임에 밖으로 나온 임사홍은 일제히 달려든 장사들에 의해 난도질당했다. 연산군의 처남인 신수근과 신수영 형제도 죽임을 당했다. 성희안과 박원종은 의금부 감옥에 있는 죄수들을 풀어 반정군에 편입시켰다. 창덕궁을 둘러싼 수천 명의 반정군은 간신들의 무리를 처단하기 시작했다. (위의 책, 271~278쪽)

연산군이 잠에서 깨어나 뒤척이자, 눈을 뜬 여자들이 다가와 평소의 습관처럼 연산군의 품속으로 파고들었다. 그러나 연산군은 여자들을 뿌리친 후, 장녹수를 불렀다.

"녹수야. 내가 조금 전 꿈을 꾸었는데, 어머니가 나타나 흰옷 한 벌을 주셨구나. 아마 내가 죽는다는 뜻 같구나."

"전하, 무슨 말씀을 그리 하시나이까?"

그때 문밖에서 떠드는 소리가 들렸다. 밖에 나갔다가 한참만에야 해

쓱해진 얼굴로 나타난 장녹수가 말했다.

"전하. 반정이 일어났습니다."

"반정?"

연산군이 벌떡 일어나 앉았다. 그리고는 갑자기 웃음을 터뜨렸다. 장녹수가 몸을 피하라 권했지만, 연산군은 꿈쩍도 하지 않았다. 반정군은 창덕궁을 에워쌌으되 진입하지는 않았다. 궁궐 안에서 입직(入直, 숙직하거나 근무함)하던 장수들과 군사들 및 도총관(都摠管, 군무를 총괄하던 최고직) 등은 수챗구멍으로 달아나고, 승지와 주서(注書, 승정원의 정7품 벼슬) 등도 뒷문으로 도망을 쳤다. 각 문을 지키던 군사들까지 담을 넘어 달아나자 대궐 안이 텅 비고 말았다. 날이 부옇게 밝아 오자 박원종 등이 진군하여 군사를 정렬시켰다. 성희안 등은 백관과 군사를 거느리고 경복궁에 달려가 정현황후(성종의 계비)를 알현했다. 진성대군은 가마를 타고 경복궁으로 들어와 사정전(思政殿, 왕이 나랏일을 보던 중심 건물. 원래는 조회를 하던 곳)에 좌정했다. 마침내 정현왕후의 교지가 반포되었다.

"진성을 사저에서 맞아다가 대위(代位, 선왕을 대신하여 임금 자리에 앉음)에 나아가게 하고, 전왕(前王)은 폐하여 교동에 안치(安置, 귀양을 보낸 죄인을 일정한 곳에 가두어 둠)하게 하노라."

이로써 연산군은 패주(悖主, 패역한 군주)가 되고, 진성대군은 조선의 제12대 국왕이 되었다. 이른바 '중종반정(中宗反正)'이 멋지게 성공한 것이다. 연산군이 강화도 서쪽 섬인 교동(현재 인천광역시 강화군 교동면. 물길이 험하고 한양과 가까워 왕족들의 유배지로 각광받았음)으로 유배를 가자, 백성들이 뒤따라가면서 그를 조롱했다. 연산군은 신씨와 함께 하고 싶다고 청했다. 왕비 신씨는 연산군과 달리, 덕이 있어 화평하고 온순하다는 평을 받아왔었다. 신씨도 연산군과 함께 가게 해달라고 울부짖었으나, 바람과는 달리 정청궁(연산군 대에 성종의 후궁들이 모여 살던 곳. 경복궁 서편으로 추정)에 연금되었다. 연산군의 네 아들은 모두 사약(賜死, 임금이 내린 독약)을 받고 죽었다.

이미 사망한 임숭재의 부관참시에 대해 중종은 반대했다. 그의 아내 혜신옹주(성종의 딸)가 아직 살아 있다는 이유 때문이었다. 그러나 많은 사람이 요구하자 더 버티지 못하고 그것을 윤허했다. (위의 책, 82~84쪽) 장녹수의 최후 역시 비참하기는 마찬가지였다. 반란군 군사들이 그녀를 군기시(軍器寺, 무기 제조를 관장하던 관청) 앞으로 끌고 가서 목을 베었다. 성안에 있던 백성들이 구름처럼 모여들어 그녀의 시체에 부서진 기왓장과 돌멩이를 던졌다. 그리고 국부(局部, 음부의 완곡한 표현)를 훼손하며, 침을 뱉으면서 이렇게 외쳤다. "한 나라의 고혈(膏血, 기름과 피. 백성들의 피땀을 짜내어 걷은 세금)이 여기에서 탕진되었다." (위의 책, 57~64쪽)

연산군은 교동 바닷가에서 쓸쓸한 나날을 보내다가 채 1년도 되지 않아 죽었다. 그는 강화도 교동에 묻혔다가 1506년 부인 신씨의 상언(上言, 왕에게 올리는 문서)으로 양주 해촌(지금의 도봉구 방학동)으로 이장되어 왕자군(王子君, 임금의 서자에게 주는 작위)의 예로써 장례를 지냈다. 그의 묘는 능(陵, 임금이나 왕후의 무덤)의 형식이 아닌, 그냥 조촐한 묘로 남아 있다. 또 광해군과 더불어, 종묘의 신위(神位, 신주를 모셔 두는 자리) 명단에서 제외된 두 명의 조선 군주 가운데 한 명이 되었다. 신씨는 1537년 죽어 연산군 옆에 묻혔다. (위의 책, 288쪽)

2. 나도 피해자다 — 미투 운동

1) 미투 운동의 시작

"박사님, 권력을 가진 자들의 횡포는 끝없이 이어지는 것 같아요. 물론 그 끝은 비참하고요. 우리나라에서도 미투 운동이 불이 일 듯 일어난 때가 있었지요?"

"지금도 사회 각계각층에서 이어지고 있는 중이지."

'나도'라는 의미를 가진 미투(Me, too)는 남의 말에 동의할 때나 공감할 때 쓰이는 영어 숙어로서, 세계적으로 유행하고 있는 성폭력 고발, 척결, 공감 태그이다. 2017년 10월 5일 ≪뉴욕 타임스≫는 기사를 통해, 할리우드의 유명 영화제작자 하비 와인스타인의 성폭력 혐의를 폭로했다. 그는 지난 30여 년 동안 자신의 권력을 이용하여, 수많은 여성 배우들과 직원들에게 성추행과 성폭력 등을 저질렀던 것으로 밝혀졌다. 대부분의 피해자들은 피해 시점 당시 막 경력을 쌓기 시작한 젊은 여성들로, 2017년 10월 기준 확인된 피해자만 50명 이상으로 알려졌다.

신문은 후속 기사에서 기네스 펠트로(미국의 배우이자 가수. 아카데미 여우 주연상), 안젤리나 졸리(할리우드 섹시 스타 배우의 대명사. 유명 배우 브래드 피트와 결혼하고 이혼함)를 포함한 여성 7명의 성폭력 피해 증언을 실었다. 이후 더스틴 호프만(〈졸업〉, 〈빠삐용〉, 〈마라톤 맨〉 등에 출연한 미국의 유명 배우), 국내에서도 유명한 케빈 스페이시(아카데미 남우주연상을 수상한 미국의 유명 배우이자 영화감독)로부터 성추행당한 사람들의 이야기가 알려지며, '가해자'들은 명배우에서 하루아침에 파렴치한으로 전락했다.

"하비 와인스타인이라면, 우리나라 봉준호 감독과도 마찰을 빚었던 인물이 아닌가요?"

"봉준호 감독 하면, 2019년 〈기생충〉으로 한국 감독 최초로 황금종려상을 받은 분 아닌가? 아카데미상에서 최우수 국제영화상, 최우수 작품상, 최우수 감독상, 최우수 각본상 등 4개 부문의 상을 모두 수상한, 최초의 아시아 영화감독이기도 하고."

봉 감독은 그 이전부터 〈살인의 추억〉, 〈괴물〉 등으로 상업적인 성공을 거둔 경력의 소유자였다. 그리고 같은 이름의 프랑스 만화를 영화화한 〈설국열차〉 또한 2013년 한국에서 개봉된 영화 가운데 흥행 2위의 성적표를 받아들었다. 지구온난화와 빈부격차 문제를 강도 높게 비판한 이 작품의 시나리오는 봉준호 감독이 직접 썼으며, 영화의 대사 70퍼센트 이상이 영어였다. 투자비 전액은 CJ E&M이 맡았고, 국제적인 배급은 미국의 와인스타인 컴퍼니가 맡았다. 그런데 시사회에서 와인스타인은 지나치게 난해하다는 이유로, 30분 분량을 삭제한 채 상영하였다. 아니나 다를까. 반응이 좋지 않았다. 온전한 버전으로 한 번 더 시사회를 한 끝에 결국 무삭제로 상영할 수 있었다. 이에서 보듯, 작품에 가위질을 많이 한 하비 와인스타인은 '가위손 하비'라고 불릴 정도도 악명이 높았다. 하지만 워낙 많은 영화를 성공시켰기 때문에, 아무도 그의 '만행'을 지적하려 들지 않았다. 그러던 중 서서히 번져 나가기 시작한 미투 운동 덕분에(?) 그는 해고되고, 부인으로부터 이혼 선언까지 당하기에 이르렀다. 하지만 추가 폭로가 이어지는 와중에도 와인스타인 측에서 《뉴욕 타임스》를 고소 협박함으로써 사건은 일파만파로 커지고 말았다.

"그럼 이때부터 미투 운동이 시작된 거네요?"

"아니. 그전부터 있었지."

미투 운동은 2006년 미국의 사회운동가 타라나 버크(1973~ . 아프리카계 미국인이자 여성 민권 운동가)로부터 출발했다. 그녀는 사회관계망서비스(SNS)에 'Me Too'라는 해시태그(특정 핵심어 앞에 '#'기호를 붙여 식별을 쉽게 하는 태그, 즉 꼬리표의 한 형태. #Me Too)를 달았는데, 여기서 미투(Me Too)란 '나도 고발한다'는 뜻이다. 특히 취약한 유색 인종, 여성, 청소년에게 "당신은 혼자가 아니며, 우리는 함께 연대할 것"이라는 메시지를 전달한다는 의미이다.

"미투 운동에 참여한 남성들은 없나요?"

"왜 있지. 조금 전 유명 배우 케빈 스페이시라는 이름이 나오지 않았는가? 그로부터 성추행당했다고 폭로한 인물이 누구냐면, 미국 브로드웨이 뮤지컬 배우로 유명한 안소니 랩(1971~)이야."

"안소니 랩이라면, 뮤지컬 〈렌트〉로 잘 알려진 배우 아닌가요?"

"그 작품의 제작과 출연을 맡아 2012년 내한(來韓) 공연을 펼치기도 했었지."

미국의 뮤지컬 〈렌트〉는 푸치니의 오페라 〈라보엠〉을 현대화한 작품으로, 1996년 브로드웨이에서 처음 공연돼 큰 호응을 얻었다. 에이즈, 동성애, 마약 중독 등 다소 파격적인 소재가 등장하지만, 뉴욕 이스트빌리지에 모여 사는 가난한 젊은 예술가들의 꿈과 열정, 그리고 삶에 대한 희망을 잘 그려내고 있다. 퓰리처상과 토니상을 동시에 거머쥔 바 있는 〈렌트〉의 주인공 안소니 랩은 한 인터뷰에서 "30년 전, 뮤지컬 〈플레이

풀 선즈)에서 호흡을 맞췄던 케빈 스페이시가 나를 성추행했다"고 털어 놨다. 당시 안소니 랩은 14세에 불과했다. 안소니 랩은 당시 26세이던 케빈 스페이시 집에서 파티를 하다가 그의 방 침대에서 강제로 성희롱을 당했다고 주장했다. 이에 대해 케빈 스페이시는 "전혀 기억나지 않는다. 실제로 그런 짓을 했다면, 술에 취해 있었을 것이다. 주장이 사실이라면 진심으로 사과한다"고 대답했다. 그리고 자신의 SNS를 통해 "나는 평생 남자, 여자 모두와 관계를 맺었다. 그래서 앞으로 동성애자로 살아갈 결심을 했다. 솔직하게 게이의 삶을 시작하려 한다"고 커밍아웃했다. 그러나 이에 대해서도 '안소니 랩에 대한 성추행 의혹을 덮기 위한 것이 아니냐?'는 지적이 있다.

"커밍아웃(coming out)이라면, '성소수자가 자신의 성적 지향이나 정체성을 공개적으로 드러내는 일' 아니어요?"

"그렇지. 그동안 케빈 스페이시가 동성애자라는 소문이 돌기는 했으나, 스스로 밝힌 것은 이때가 처음이었다네. 그의 뒤를 이어 유명 배우들이 커밍아웃을 했고."

테리 크루즈(1968~)도 할리우드 유명 인사로부터 성추행을 당했다고 폭로했다. 미식축구를 그만둔 뒤 배우 활동에 뛰어들었던 테리 크루즈, 그의 키는 191cm, 몸무게는 111kg에 달한다. 커다란 키와 금방이라도 터져버릴 것 같은 근육, 대머리라는 외모로 인해 조연이나 코믹 연기를 주로 하게 되었다.

"세상에, 그런 남자조차 누군가로부터 성추행을 당했다면, 힘없는 사람은 어떨까요?"

"말할 것도 없지. 하지만 그런 그도 이런저런 권력 관계로 인해, 즉시 고소하지 못했다고 털어놓았다는 거 아닌가?"

"그렇다면, '당신은 왜 성추행(혹은 성폭행)당할 때 강하게 저항하지 않았느냐? 왜 그때 바로 고소하지 않았느냐?'고 묻는 것은 의미가 없다는 말이 되는군요."

"무의미할 뿐 아니라, 자칫 '2차 가해'가 될 수도 있는 거지."

"박사님, '미투 운동'이 캠페인으로 끝나서는 안 되는 거 아닌가요?"

"당연하지. 성범죄를 폭로한다는 점에서 범죄학이나 형사사법학과 관련되어 있거든."

범죄학 연구자의 입장에서, 미투 운동은 가해자와 피해자의 관계, 범죄 동기, 범행 방식, 피해자의 반복적 피해, 가해자에게 수치심을 일으키는 폭로 방식 등에 관심을 기울일 수 있다. 그리하여 형사 사법적 측면에서 미투 운동은 '위계질서에 따른 성범죄'를 사회적으로 고발하고 처벌한다는 의미를 지닌다. 미투 운동의 결과, 많은 사람들이 성희롱과 성폭력 문제가 사회 곳곳에 만연하다는 사실에 놀랐으며, 또 그것이 매우 심각하다는 사실을 알게 되었다. (이종수 외, 『인권이야기』, 윤성사, 2020, 160쪽)

"세계적인 영화배우, 감독들이 그런 일을 자행했다는 점이 이해가 안 가요."

"성적 취향(성추행, 성폭행과 같은 성범죄를 포함)은 그 사람이 갖고 있는 부나 명예, 권력, 심지어 지식이나 신분, 사회적 평판과도 무관한 것 같아. 그래서 제삼자 입장에서는 더욱 황당하게 느껴지는 거고."

2) 미투 운동과 접촉도착증

한국의 미투 운동은 현직 검사 서지현(1973~)에 의해 촉발되었다. 그녀는 JTBC의 〈뉴스룸〉에 출연하여 검찰 내의 성폭력 실상을 고발했다. 서지현은 창원지검 통영지청 검사로 재직하고 있을 때인 2018년 1월 29일, 검찰청 전용 웹사이트인 이프로스에 "나는 소망합니다"라는 제목으로 글을 올렸다.

여기에는 법무부 검찰국장이었던 II 전 검사로부터 "사람들이 많은 장례식장에서, 더구나 바로 옆에 장관이 앉아 있는데도 허리와 엉덩이 부분에 성추행을 당했다"는 내용이 실려 있었다. 그리고 이 사실이 언론 보도를 통해 알려지면서 우리나라 미투 운동을 불러일으킨 주인공이 되었다. 서지현 검사는 이런 성추행을 당하고도 검찰 조직에 누가 될까 봐, 제대로 항의하지 못했고 사과도 받아 내지 못했다. 오히려 성추행 이후에 사무 감사 지적을 받고서, 경력에 어울리지 않는 통영지청 발령을 받는 등 부당한 인사 보복을 당했다.

2019년 1월 23일, H 전 검사장에게는 1심에서 징역 2년이 선고되고 법정 구속되었다. 하지만 대법원은 2020년 1월 무죄 취지로 서울중앙지법에 돌려보냈고, 같은 해 9월 29일 파기 환송심에서 H 전 검사장은 무죄를 선고받았다. 서지현 검사는 2019년 '제31회 올해의 여성운동상'을 수상했다.

"박사님, 만약 손으로 허리나 엉덩이를 더듬었다면, 성추행에 해당하지 않나요?"

"당연. 그걸 '접촉도착증'69)이라는 말로 얼버무리면 안 되겠지. 그럼

---

69) 접촉도착증과 강제추행: 상대방의 성기, 엉덩이, 유방, 허벅지 등을 만지는 행위, 속옷을

에도 접촉도착증에 의한 피해자도 많아 언론에 자주 나오지 않던가?"

접촉도착증이란 혼잡 시간 때의 지하철과 같은 대중교통이나 사람들이 붐비는 거리에서 타인의 허리나 허벅지, 엉덩이, 가슴 등의 신체에 자신의 성기나 손을 문지르고 싶은 충동을 느끼고, 공상을 하거나 실제적인 행동을 하는 증세를 가리킨다. 마찰성욕도착증(frotteurism)이라고도 부르는데, 이러한 신체적인 접촉으로 피해자와 비밀스러운 성관계를 맺고 있다는 상상을 하는 것이다.

"공공장소에서 이런 일을 당하면, 얼마나 당황스러울까요?"

"이건 명백히 타인에게 피해를 준 경우이기 때문에, 법적으로 처벌을 받게 되어 있어. 물론 '환자'로 판명될 경우, 어느 정도 정상 참작은 되겠지만."

G는 33세로 심한 유전병을 앓던 인물인데, 자기 신체를 어떤 부인에게 비벼대는 바람에 버스 정거장에서 추문을 일으켰다. 나중에 깊이 뉘우치긴 했으되, 사건 당시에는 자신이 무슨 짓을 했는지 알지 못했다. 결국, 그는 격리 수용소로 들어갔다. (503쪽)

Z는 1850년생으로 흠잡을 데 없는 생활을 해왔다. 그러나 홀아비가 된 후로 여자들 뒤에서 엉덩이를 건드리는데 미친 듯이 집착했다. 성당에서 젊은 여자, 늙은 여자 가리지 않았다. 체포된 그는 엎드려 용서를 빌었다. 용서하지 않으면, 자살할 도리밖에 없다고 애원했다. 알고 보니, 그는 최근 2년 동안 몹쓸 버릇에 사로잡혀 있었다. 성당이나 극장의 군중 틈에 끼여 여자 뒤에서 몸을 비비고, 여

벗기는 행위, 강제로 키스를 하는 행위 등은 '강제추행'의 대표적인 사례이다. (강민구,『성범죄 성매매 성희롱』, 박영사, 2021, 48~49쪽)

자들의 펑퍼짐한 드레스 속에다 장난을 치기도 했다. 그렇게 하면서 오르가슴을 느끼고, 사정(射精)도 했다. Z는 여자의 뒷모습에만 흥분할 뿐, 나머지 부위에는 무심했다. 나이도 상관하지 않았고, 미녀 추녀 가리지도 않았다. 오직 뒤태에만 흥분했다. 그는 저능하지도 않고, 정신병 증세도 없었다. 신경증세만 뚜렷했다. (503쪽~504쪽)

- 리하르트 폰크라프트에빙, 앞의 책

"야, 대체 어떤 인간이 그런 짓을 저지를까 했거든요."

"허허… 예상과 달리, '환자'는 성격적으로 매우 소극적이고, 고립되어 있는 경우가 많다네."

접촉도착증은 아동기 무렵 오이디푸스 콤플렉스(아들이 아버지에게 적대적인 반면, 어머니에게는 애착을 느끼는 심리)가 작동할 때, 그 해결 과정에서 성에 대한 불안과 억압이 형성된 것에 원인이 있다. 기질적인 원인으로는 성 호르몬의 장애나 대뇌 장애를 들 수 있지만, 현재까지 정확하게 입증되지는 않았다.

접촉도착증의 원인이 되는 '오이디푸스 콤플렉스'는 그리스의 비극적인 신화에 그 뿌리를 두고 있다. 테베(그리스 아테네의 북서쪽에 있었던 고대 도시 국가)의 라이오스 왕과 이오카스테 왕비 사이에는 자식이 없었다. 그래서 델포이 신전에 가서 신탁을 구했는데, 그 예언의 내용은 "얻게 될 아들이 당신을 죽이고, 제 어머니와 결혼하게 될 것이다"는 것이었다. 불길한 신탁을 받은 왕은 아들이 태어나자 그의 발목을 끈으로 묶은 뒤, 깊은 산속에 버리게 한다. 이 아이는 코린토스 목동에게 발견되어 폴리보스 왕 부부에게 보내지는데, 아이의 발이 심하게 부어 있는 것을 보고, 오이디푸스('발이 부음'이라는 뜻)라 이름을 짓는다.

점점 성장하여 청년이 되었을 때, 오이디푸스는 자신에 대한 신탁을 듣게 된다. 폴리보스 왕 부부를 친부모로 알고 있던 오이디푸스는 (예언 실현을 방지하기 위해) 코린토스(그리스 본토의 남부와 펠로폰네소스 반도에 걸쳐 있는 주)를 떠난다. 그는 보이오티아(코린토스만 동북쪽에 있는 그리스의 한 지방)로 가는 길목에서 만난 라이오스 왕 일행과 시비가 붙고, 왕의 시종이 오이디푸스의 말을 죽인다. 이에 오이디푸스는 도망친 하인을 제외하고 모든 사람을 살해하고 만다. 이 가운데 자신의 친부(親父)도 들어 있어, 첫 번째 예언이 실현된다. 얼마 지나지 않아 테베의 섭정이 된 크레온(이오카스테 왕비의 오라비)은 "괴물 스핑크스를 퇴치해주는 자에게 왕위와 왕비를 주겠다"라고 공표한다.

스핑크스는 남자의 머리에 사자의 몸체를 지닌 괴수(怪獸)를 가리킨다. 이집트의 파라오(이집트의 모든 왕을 통칭함)와 태양신을 결합한 스핑크스는 파라오의 무덤을 지키는 문지기였다. 훗날 그리스인들은 이 모습을 변형시켜 상체는 여자이며 하체는 사자로 만들었다. 그런데 스핑크스는 끔찍한 외양만큼이나 성격도 포악한 짐승이었다. 테베의 성벽 바위 꼭대기에 웅크리고 앉은 채, 도시로 진입하는 사람들에게 수수께끼를 내고 만일 수수께끼를 풀지 못하면 가차 없이 잡아 먹어버린다. 지금껏 단 한 사람도 그 수수께끼를 풀지 못했으니, 테베 사람들에게 스핑크스를 만난 날은 곧 자신의 제삿날이 된 셈이었다. 어느 날, 용맹스러운 청년 오이디푸스가 위기에 처한 테베 사람들의 목숨을 구하기 위해, 대담하게 수수께끼에 도전한다.

- 이명옥, 앞의 책, 79~80쪽

첫째 수수께끼는 "한때는 두 발로 걷고, 한때는 세 발로, 한때는 네 발로 걷는데, 발이 많을수록 더 약한 것이 무엇인가?"라는 것이고, 둘째는 "두 자매 가운데 하나는 다른 하나를 낳고, 다른 하나는 또 다른 하나를 낳는 것이 무엇이냐?"는 것이었다. 첫째 질문에 대한 답은 '갓난아기 때는 네 발, 자라서는 두 발, 늙어서는 지팡이를 짚고 다니는 인간'이었고, 둘째 질문에 대한 답은 '매일 서로 교차하는 밤과 낮'이었다. 오이디푸스가 해답을 제시하자 스핑크스는 분을 참지 못하고, 바위에 머리를 부딪쳐 스스로 목숨을 끊는다. 이로써 오이디푸스는 테베의 왕이 되고, 과부로 있던 이오카스테를 아내로 맞이한다.

이후 오이디푸스의 최후에 대한 이야기는 여러 견해가 있다. 호머의 작품 속에서 오이디푸스의 최후는 이렇다. 어느 날, 오이디푸스의 발목 상처를 본 이오카스테는 그가 자기 아들임을 알고, 목을 매어 자결한다. 그리고 오이디푸스는 전쟁터에서 사망한다.

소포클레스의 작품에서는 어느 날 테베에 역병이 창궐하고 오이디푸스는 역병의 원인을 신탁에 묻는다. 그 답은 "왕을 살해한 자를 찾아내 추방해야 한다"는 것이었다. 조사 결과 사건의 진실을 알게 된 왕비는 목을 매어 자살하고, 오이디푸스는 왕비의 브로치로 자신의 눈을 찔러 시각장애인이 된다. 신탁의 지시대로 오이디푸스는 테베에서 추방을 당하는데, 이때 이오카스테 왕비와의 사이에서 얻은 맏딸 안티고네도 아버지의 방랑길에 동행한다. 두 모자(母子) 사이에는 딸 1명과 아들 2명이 더 있었으나, 그들은 아버지 곁에 머물기를 거부하였다. 방랑 끝에 아테네 왕의 환대를 받은 오이디푸스는 자신이 죽으면 아티카(그리스 아테네 주변에 있던 도시)에 묻어 주라는 유언을 남기고 사망한다.

이 신화를 정신분석학의 선구자 프로이드는 '오이디푸스 콤플렉스'라고 부르고, '유아가 자기 어머니에게 느끼는 독점애(獨占愛)에서 나오는 공상의 표현'으로 해석하였다. 즉, 아들이 아버지를 적대시하고 어머니를 좋아하는 본능의 표현으로 본 것이다. 그리고 접촉도착증은 이러한 '오이디푸스 콤플렉스'를 해결하는 과정에서 성에 대한 불안과 억압이 형성된 데 원인이 있는 것으로 본 것이다.

"해결 과정에서 어린아이가 희망을 포기한다는 거지요? 그 까닭은 무엇일까요?"

"그처럼 불합리한 욕구를 갖게 되면, 그 벌로써 부친에게 거세될지도 모른다는 남자아이의 공포심, 이른바 거세 콤플렉스가 작용하기 때문이지."

거세 콤플렉스란 거세(去勢, 생식 기능을 잃게 하는 일) 불안 혹은 거세 공포라고도 불린다. 남자아이가 '여성도 원래 음경(陰莖, 남자의 바깥 생식 기관)과 음낭(陰囊, 음경의 뒤, 항문의 앞에 달려 있는 2개의 주머니)이 달려 있었으나, 성기를 거세당했다'고 여기고, 자기의 음경도 언젠가 제거당하지 않을까, 그렇게 되면 성적 쾌감을 더 이상 느끼지 못하게 되는 것 아닐까 하는 불안을 가지는 것을 말한다.

"여자아이에게는 거세 콤플렉스가 없나요?"

"왜 있지. '아주 작은 음핵(陰核, 클리토리스. 성적으로 가장 민감한 부분)이 더 손상을 받지 않을까' 하는 두려움을 느낄 수 있다네. '오이디푸스 콤플렉스'는 네 살에서 다섯 살 사이에 끝나는데, 만일 아동기에 이 콤플렉스를 극복하지 못하면 성인이 되어서도 근친상간이나 접촉도착증 같은 성향을 지닐 수 있다는 거지."

그 밖에 접촉도착증의 기질적인 원인으로는 성호르몬의 장애나 대뇌 장애를 들 수 있다. 하지만 현재까지 정확하게 입증되지는 않았다. 때문에 다음의 증세가 6개월 이상 이어질 경우에만 '마찰성욕도착증' 환자로 진단된다.

첫 번째, 동의하지 않은 상대편에게 접촉하여 성적인 흥분이 강하게 일어나는 공상을 하거나, 성적인 충동 등이 반복되는 경우. 두 번째, 이러한 공상, 성적인 충동, 행동이 심각한 고통을 주거나 사회·직업적 또는 그 밖의 중요한 영역에서 장해를 초래하는 경우.

"그러니까 절제할 수 있거나 일상생활에 지장을 주지 않으면, 접촉도착증이 아니란 말씀이지요?"

"그렇지. 그리고 이를 치료하는 데에는…."

첫째, 환자가 잘못된 행동을 고쳐나가도록 계속 상담하고 조언하는 방법이 있다. 둘째, 환자로 하여금 성도착에 영향을 미쳤던 요인을 통찰하도록 한 다음, 차근차근 없애나가도록 하는 방법, 셋째, 환자에게 성욕 감퇴제 등을 투여하는 약물 치료 방법 등이 있다.

3) 미투 운동과 노출증

2018년 2월 6일, JTBC의 〈뉴스룸〉은 고은이 그동안 공공연하게 제기되어 왔던 '문단 내 성폭력' 문제의 주요 가해자라는 주장을 보도했다. 소속 회원인 이윤택까지 성폭력 논란에 휩싸이게 되자, 한국작가회의는 사건이 터진 지 16일 만인 2월 22일에야 '고은, 이윤택 징계안 상정 및 처리'에 대한 보도 자료를 냈다.

2019년 2월 15일, 고은이 최영미를 상대로 낸 손해 배상 청구 1심에서, 서울중앙지방법원은 최영미에게 '배상 책임이 없다'고 판결했다. 수원시가 고은 재단과 함께 건립을 추진 중이던 〈고은 문학관〉 건립은 전면적으로 철회되었다. 서울시가 서울도서관(옛 서울시청사) 3층에 마련한 〈만인의 방〉도 철거되었다. 2019년 11월 8일, 최영미 시인과 박진성 시인, 언론사들을 상대로 낸 손해 배상 청구 소송 항소심에서 고은 시인의 항소는 기각되었다.

"박사님, 우리가 보통 '시인' 하면, 사회의 부조리를 깊이 들여다보고 용기 있게 표현할 줄 아는 사람, 그래서 '시대의 양심'이라고 부르는 사람들이잖아요?"

"하지만 입에 담기도 더러운 짓을 버젓이 저질러 대니⋯."

"소문에 따르면, 고 시인의 행태 가운데 '노출증'으로 해석될 수 있는 부분도 있던데요?"

한 시인은 "고은이 1993년경 한 술집에 들어가 천장을 보고 누운 채 자신의 바지 지퍼를 열고 아랫도리를 주물렀고, 흥분해 신음소리를 뱉었다. 한참 자위를 즐기던 고 시인은 일행을 향해 명령하듯, '야, 니들이 여기 좀 만져줘'라고 했다"고 증언한 바 있다. 또 다른 시인은 "초청 강연회 뒤풀이 자리에서 고은 시인이 옆에 앉은 여성의 신체 부위를 더듬고, 자신의 성기를 노출하는 모습을 목격했다"고 폭로했다. (위키백과, "고은")

"제주도에서도 비슷한 사건이 있었지."

2014년 8월 12일, 제주도 길거리에서 외설 행위를 한 사람을 어느 여고생이 발견해 경찰에 신고했다. 경찰이 출동하여 현행범으로 체포했지만, 유치장에서 하룻밤 지내게 한 뒤 풀어 준다. 며칠 후, 그의 운전기사가 담당 형사를 찾아가 항의하다가 모욕죄로 체포되자 '당신들이 풀어 준 그 인물은 검찰 공무원'이라고 밝혔다. 이에 경찰 측에서 인터넷 검색으로 진짜 지검장이라는 사실을 확인하였던 바, 바로 이것이 '제주 지검장 공연 음란행위 의혹사건'이다. 2014년 8월 22일 검찰은 김수창 지검장을 공연 음란 혐의에 대한 기소 의견으로 송치한다는 발표를 내었다. 이에 지검장 본인도 수사 결과를 인정하고, 선처를 호소했다.

"그래서 결말은 어떻게 났나요?"

"당초에 검찰은 벌금형을 구형하려고 이를 당사자에게 알렸다네. 이에 그는 변호인으로 하여금 기자 회견을 열게 했지."

법무부는 수사 중인 사안임에도 불구하고, 그의 사표를 '즉시 수리'하여 검찰 내부에서까지 비판을 받았다. '쫓겨나간 것'과 '제 발로 걸어 나간 것'은 이후의 인생사에서 하늘과 땅 차이. 징계가 이루어지지 않은 상태에서 미리 사표가 수리되면, 연금도 제대로 받고 변호사 개업도 마음대로 할 수 있다. 반면, 공무원이 징계를 받으면, 연금 수령액이 줄어들거나 재취업(재개업)하는 데 많은 제약을 받는다. 예컨대, 파면된 공무원은 일정 기간 공직에 임용될 수 없고, 연금의 전부 또는 일부를 받지 못할 수 있다. 해임된 사람은 3년 동안 공무원으로 임용될 수 없다. 참고로 중앙인사위원회 규정에 따르면, 공직자가 감사원, 검찰, 경찰 및 그 밖의 수사기관에서 비위와 관련해 조사 또는 수사를 받는 중일 때, 임용권자는 사표 수리를 하지 않아야 한다.

이처럼 '봐주기 논란'에 휩싸였음에도 불구하고, 검찰은 같은 해 11월 25일, 김수창을 기소유예(起訴猶豫, 죄는 인정되지만 여러 정황을 참작하여 기소하지 않고 용서해 주는 것) 처분하는 선으로 사건을 마무리했다. 그 배경으로 "범행 당시 이성적 판단이 제대로 작동 못해 욕구가 잘못된 방향으로 표출된 정신 병리 현상인 '성 선호성 장애' 상태였다"라고 밝혔다. 그리고 김수창은 검찰을 떠난 후 2015년 9월, 서초동에 변호사 사무실을 개업했다.

"결국 아무런 처벌도 받지 않은 거나 마찬가지네요? 그걸 위해 복잡한 용어들을 많이도 동원했고요. 그나저나 '성 선호성 장애'란 게 뭔가요?"

"허허. 되도록 알아듣지 못하게, 대중들에게 덜 알려진 단어들을 쓴 게 아닌가 싶어. 그 뜻은 '성도착증'과 같은데, 부정적 어감도 적어 그렇게 표현한 것이 아닌가 싶고."

"고양이에게 생선을 맡긴 격 아닌가 싶네요. 요즘 인터넷상에는 본인의 야한 동영상을 올리는 경우가 많던데요?"

"그 역시 노출증의 범주에 들어가지."

노출증(露出症, Exhibitionism) 환자는 낯선 사람에게 성기를 노출하거나, 노출 중 자위(自慰, 손이나 다른 물건으로 자기의 성기를 자극하여, 성적 쾌감을 얻는 행위)를 하기도 한다. 성적(性的) 도착증의 일종으로, 낯선 사람 앞에서 자신의 성기, 가슴, 엉덩이 등을 반복적으로 드러냄으로써 성적인 흥분을 강하게 느끼는 행동을 가리킨다. 자신의 성기를 노출하면서 피해자의 경악, 놀람, 혐오하는 반응을 통해 자신의 남성성을 확인하려는 의도를 가지고 있다. 나체로 거리를 활보하는 일, 자신의 성기 사진이나 자위행위 동영상을 배포하는 일 또한 노출증에 속한다.

이 증상이 심해지면, 야외에서 하는 수음(手淫)이나 섹스를 비롯한 야외 성행위를 인터넷에 올리는 수도 있다. 여기에서 야외 섹스(Outdoor

Sex)란 공원, 풀숲 등 탁 트인 장소에서 하는 섹스로서, 자칫 범죄 행위가 될 수 있다. 반면, 자동차 안에서 갖는 성관계, 즉 카섹스(Car sex)는 공개된 장소라고 해석되지 않기 때문에 공연 음란죄가 성립하지는 않는다. 물론 카섹스라도 눈에 띄는 장소에서 이루어졌거나 그걸 또 영상에 올리는 경우라면, 이야기가 달라지겠지만.

"박사님, 자기 사진을 찍어 익명으로 인터넷에 '동영상'을 올리더라도, 노출증에 속한다는 거지요?"

"그렇지. 타인이 그걸 보게 함으로써 쾌감을 느끼는 거니까."

노출이 심한 옷을 입어 타인의 시선을 즐기는 정도까지가 사회가 받아들일 수 있는 마지노선. 하지만 그 선을 넘어가면 가벼워도 변태, 심하면 범죄가 된다.

"아하, 이 대목에서 판가름이 나는군요."

"그렇다고 무조건 다 범죄라는 뜻은 아니야."

심한 정신분열증이나 치매를 앓고 있는 경우에는 타인에게 성기 등의 신체 부위를 노출해도, 노출증이라고 단정하지 않는다. 이러한 사람들은 대부분 자신이 노출하고 있다는 사실 자체를 인지하지 못하기 때문이다. 이에 대한 예가 있다.

40세의 기혼남이 16년 동안 광장을 비롯한 공공장소의 소녀들과 하녀들 앞에서 노출증을 보였다. 그는 항상 해질 무렵에 나타나, 관심을 끌려고 휘파람을 불었다. 그를 본 사람들은 질색하면서, 호되게 단속해 줄 것을 당국에 요구했다. 그러자 그는 공공장소를 피해 다른 곳에서 계속 같은 행동을 반복했다. 그는 뇌수종(腦水腫, 물뇌증. 뇌 공간에 수액이 지나치게 많이 괴어 확대된 상태로 어린아이의 경우 지능이나 운동 발달이 늦어질 수 있음)을 앓고 있었고, 저능한 바보였던 만큼 최소한의 처벌만 받았다. (450쪽)

40세의 공무원 L은 다정한 남편이자 좋은 아버지이다. 하지만 4년 동안 스물다섯 차례의 심각한 풍기 문란죄를 저질렀다. 맨 처음 그는 성기를 내놓은 채, 말을 타고 다녔다. 그러는 동안 열한 살에서 열세 살 사이 소녀들에게 눈길을 보내면서 음란한 말을 건넸다. 감옥에 들어가서도, 그는 사람들의 왕래가 잦은 창가에서 성기를 드러내곤 했다. 1861년 무렵 그는 집의 벽에 머리를 부딪치며 미쳐 날뛰었다. 1869년 여름, L은 네 번이나 땅바닥에 쓰러져 마비된 채 눈만 뜨고 있었다. 선고가 유예된 L은 그 후 마비성 치매로 사망했다. (459~460쪽)

— 리하르트 폰크라프트에빙, 앞의 책

"참, 안됐네요. 박사님. 여새리에서 '모래 덩이 미녀' 옆에 누워 있던 민철 역시 노출증 환자가 아니었을까요?"

"보는 아이들이 깜짝 놀라거나 도망치는 모습을 보며 쾌감을 느꼈을 테니, 변형된 노출증이라고 해야 하나?"

"노출증에 있어서 남녀의 차이가 있을까요?"

"그럼."

남성의 노출증인 일명 '바바리 맨'은 자신의 성기를 드러냈을 때 당황하는 사람들의 태도를 보고 쾌감을 느끼는데, 이러한 행위는 '거세 공포증'을 해소하고자 하는 무의식적 욕구가 겉으로 드러난 것이다.

"자신의 성기가 잘릴지도 모른다는 불안이 그걸 적극적으로 드러내는 행위로 연결된다는 뜻이겠지요? 여자의 경우는 어떤가요?"

"남성에 비해 간접적, 소극적으로 드러나는 편이지."

또 남성의 노출증이 주로 성기에 집중되는 반면, 여성의 노출증은 성기를 비롯해 가슴, 엉덩이 등 다양한 부위를 통해 나타난다. 이는 타인에게 노출되면 '부끄럽다'라고 여겨지는 부위 혹은 성감대가 남성은 하반신에 한정되는 반면, 여성은 상반신까지도 존재하는 것으로(사회적으로) 인식되어 왔기 때문에 그러한 것이 아닌가 추측된다.

4) 미투 운동과 성추행·성폭행

2018년 한국 사회는 다양한 '갑질 행태(권력의 우위에 있는 '갑'이 약자인 '을'에게 하는 부당 행위)'와 미투 고발로 시끄러웠다. 당초 갑질 논란은 한진 그룹의 조양호 회장과 그 직계 가족들이 행한 각종 폭언, 폭행으로 시작되었으며, 이어서 공관병에 대한 한 육군 장성 부인의 행태와 기업 대표들의 다양한 갑질에 대한 고발로 이어졌다.

서지현 검사의 뒤를 이어 연극연출가 이윤택의 성추행, 시인 고은의 음란 행위 등이 폭로되면서, '위력에 의한 성폭력'에 대한 고발이 전국을 강타했다. 최초의 구속 사례는 극단 대표 조증윤. 2007년부터 2012년까지 미성년 단원 2명을 극단 사무실과 자동차에서 성폭행하고 추행한 혐의로 구속되었다. 2018년 3월 5일에는 충청남도 수행 비서인 김지은이 안희정 지사의 성폭행을 JTBC 〈뉴스룸〉에서 언급했다. 강제추행 의혹을 받아 학교 내의 조사를 받던 H 대학교 교수가 2018년 3월 17일 숨진 채 발견되기도 했다.

미투 운동이 진행될 때인 2018년 2월, 모 극단의 V 대표는 다음과 같이 폭로했다. "당시 연출가가 본인의 기(氣)를 푸는 방법이라며, 연습 중이든 휴식 중이든 꼭 여자 단원에게 안마를 시켰고, 그날도 나를 여관방으로 호출했다. 안 갈 수 없었다. 그 당시 그는 내가 속한 세상의 왕이었다. 문을 열고 들어가니, 그가 누워 있었다. 예상대로 안마를 시켰다. 얼마쯤 지났을까? 그가 갑자기 바지를 내렸다.”

V 대표는 이후 이 연출가가 자신을 성추행했고, “더는 못하겠습니다”라고 말한 뒤 방을 나왔다고 밝혔다. 그 ‘연출가’가 누굴까? 그는 연극계에서 ‘대부’로 불릴 만큼 전설적인 입지를 자랑했던 연출가 이윤택이다. V 대표의 폭로 이후 이윤택으로부터 성추행, 심지어 성폭행을 당했다는 사람들이 속속 피해 사실을 공개했다. 이 중에는 연극 배우들이 꽤 있었는데, 심지어 이윤택으로부터 성폭행을 당한 후, 임신을 해서 낙태까지 했다고 털어놓은 여배우도 있었다. 그리고 낙태 이후에도 성폭행이 이어졌다고 한다. 한국연극연출가협회와 서울연극협회, 부산연극협회, 한국극작가협회, 아시테지(국제아동청소년연극협회) 한국협회는 이윤택을 최고 수준의 징계 차원에서 ‘제명’하기로 의결했다고 밝혔다. 2019년 7월 24일, 대법원에서 징역 7년 실형을 확정 판결 받은 이윤택은 고은 시인, N(연극연출가)과 함께 교과서에서 작품이 빠질 것이라고 한다.

2018년 3월 5일, 안희정 충청남도지사의 비서로 근무한 김지은이 “2017년 6월말부터 8개월 동안 안희정으로부터 4차례 성폭행과 수시로 성추행을 당했다”라고 밝혔다. 해당 비서는 강간죄가 아닌 업무상 위력 간음죄, 업무상 위력 추행죄로 안희정을 고소했다. 또한 ‘더좋은민주주의연구소’의 여성 직원도 같은 혐의에 강제추행죄를 더하여 3개 조목으로 고소장을 제출했다. 검찰은 2018년 4월 11일 안희정을 “업무상 위력에 의한 간음 4회, 강제추행 5회, 업무상 위력에 의한 추행 1회를 저지른 혐의"로 불구속 기소했으며, 결심 공판에서 징역 4년을 구형했다. 또 "안 전 지사에게 성폭력 치료 강의 수강 이수 명령과 신상 공개 명령을 내려달라"고 재판부에 요청했다.

그러나 2018년 8월 14일, 서울서부지방법원 형사합의11부는 안희정 전 충남 도지사의 성폭력 사건을 다루는 1심 공판에서 무죄를 선고했다. 재판부는 피해자에게 '왜 정조를 지키려고 노력하지 않았는지, 고학력 엘리트 여성인데도 왜 성적 자기 결정권을 행사하지 않았는지'를 물었다. 피해자가 스스로 자신의 권리를 지키지 않아서 벌어진 일이므로 가해 행위는 없었다고 판결한 것이다. 하지만 2019년 2월 1일, 2심을 맡은 서울고등법원 형사12부는 안 전 지사에게 징역 3년 6개월의 실형을 선고하였으며, 법정에서 구속했다. 2019년 9월 9일, 대법원에서도 징역 3년 6월 실형이 확정되어 안희정은 성범죄자가 되었다. 여권의 유력한 '미래 권력'에서 한 순간 나락으로 추락한 정치인 케이스는 사실상 그가 유일하지 않을까 싶다.

"체육계 안에서도 좋지 않은 일이 있었지요?"

"가슴 아픈 일이지. 온 국민들이 한마음으로 응원했던 스케이트 선수가…."

이른바 '조재범 사건'. 평창올림픽 개막 전, 심석희 선수는 선수촌을 이탈한다. 문제는 그 일자(日字)였다. 바로 다음 날(2018년 1월 17일), 문재인 대통령이 선수들을 격려하기 위해 선수촌을 방문하기로 했던 것. 대한빙상경기연맹은 "몸살로 인해 나오지 못한 것"이라며, 거짓 해명을 했다. 그러나 2019년 1월 8일, SBS는 조재범 코치가 심석희 선수를 미성년자일 때부터 상습적으로 성폭력 해왔다는 기사를 내보낸다. 기사에 따르면, 조 코치는 고등학생 때부터 심 선수를 성폭력 해왔다. 성폭력은 대회를 가리지 않고 벌어졌다.

언론 보도 바로 다음날인 1월 9일. 문화체육관광부는 긴급 기자 회견을 열어 성폭행 사건에 대한 재발 방지책을 브리핑했다. 수원지법 형사 15부는 2021년 1월 21일, 아동·청소년성보호법 위반 등 혐의를 받는 조씨에게 징역 10년 6개월, 2백 시간의 성폭력 치료 프로그램 이수, 7년간 아동·청소년 관련 기관 등 취업 제한 명령을 선고했다.

유명 가수, 걸그룹들과 작업을 해 온 사진작가 로타(본명 최원석)가 모델을 성추행했다는 폭로가 나왔다. 피해자의 증언에 의하면, 사진작가 최씨가 먼저 촬영을 제안하는 연락을 해왔다고 한다. 그러나 촬영이 시작되자, 최 씨는 노골적인 성추행 모드로 돌입했다. 피해자가 거부했음에도 매우 심한 신체 접촉이 이루어졌고, 결국 피해자는 촬영장을 급하게 빠져나왔다. 사건 직후, 최 씨는 피해자에게 해명 문자와 함께 촬영 사진을 보내왔다. 그런데 어깨 위만 찍겠다던 애초 약속과 달리, 전신 노출 사진들이었다. 자기의 노출 사진을 갖고 있는 작가가 두려워, 피해자는 할 수 없이 촬영 요구에 두 번 더 응하고 나서야 모델 일을 그만둘 수 있었다. 이에 대해, 최씨는 "촬영 중 모델의 동의를 구했고, 당시에 아무 문제 제기가 없었다"면서, 피해자의 성추행 주장을 부인했다. 그러나 최씨는 2019년 4월 17일 서울서부지법으로부터 징역 8개월, 80시간의 성폭력 치료 프로그램 이수, 3년간 아동·청소년 관련 기관 취업 제한을 명령받고 법정 구속되었다. 최씨는 항소심에서도 1심과 같은 형을 받았다.

"박사님, 성추행과 성폭행이 어떻게 다른가요?"

"먼저 성범죄가 무엇인지부터 알아보세."

전통적 의미에서 성범죄란 강간죄, 준 강간죄, 미성년자 의제 강간, 위력에 의한 간음, 강제추행죄 등을 일컬었다. 하지만 최근 개정된 형법과 추가된 제도를 통해 그 개념이 많이 넓어졌다. 유사 강간죄가 신설되었고, 몰래카메라, 통신 매체를 이용한 음란 행위, 성적(性的) 목적을 위한 공공장소 침입, 성매매, 성희롱 등도 넓은 의미의 성범죄 범주에 포함되었다. (강민구, 『성범죄 성매매 성희롱』, 박영사, 2021, 3쪽)

"유사 강간죄가 뭘까요?"

"유사(類似)란 '서로 비슷함'이라는 뜻 아닌가? 그러니까 직접적인 성폭행은 아닐지라도, 그와 비슷한 성범죄를 가리키겠지."

폭행 또는 협박으로 사람에 대하여 구강, 항문 등 신체(성기는 제외)의 내부에 성기를 넣거나 성기, 항문에 손가락 등 신체(성기는 제외)의 일부 또는 도구를 넣는 행위를 한 사람은 2년 이상의 유기징역에 처한다(형법 297조 2항). 아동, 청소년에 대하여 유사 강간죄를 범한 경우에는 5년 이상의 유기징역에 처한다(아동·청소년의 성보호에 관한 법률 7조 2항). 나아가 13세 미만의 사람에게 유사 강간죄를 범한 경우에는 7년 이상의 유기징역형으로 더욱 가중 처벌된다(성폭법 7조 2항). 장애인에게 유사 강간죄를 범한 경우에는 5년 이상의 유기징역에 처한다.

– 〈성폭력범죄의 처벌 등에 관한 특례법〉, 6조 2항, 위의 책, 45쪽

"최근 들어 성범죄에 대한 처벌이 강화되었다고요?"

"과거에는 징역형, 벌금형 등으로 그쳤지만, 이제는 전자 발찌 부착, 신상 정보 공개 및 고지, 사회봉사 명령 등의 처분을 더 받게 되었지. 성도착증 환자의 경우 화학적 거세까지 당할 수 있고."

또 성범죄는 2013년 6월 19일부터 '친고죄 및 반의사불벌죄' 규정 전체가 폐지되어 이제는 고소가 없거나 나중에 고소가 취소되어도 처벌될 수 있다. 또 강간죄 등의 객체(대상)가 부녀에서 사람으로 바뀌어 이제는 '남자'도 강간죄의 객체가 되었다. 그리고 종래 강제추행죄로 처벌하던 구강, 항문 등에 성기를 넣는 행위에 대해서도 (앞에서 살펴본 것처럼) '유사 강간죄'를 신설하여 징역형으로 처벌받도록 강화하였다. (위의 책, 5쪽)

"박사님, 이 단계에서 성폭력, 성희롱, 성추행, 성폭행 등의 개념에 대해 정리해주실까요?"

"좀 헷갈리긴 하지. 먼저…."

성폭력(性暴力)이란 심리적, 물리적, 법적으로 다른 사람에게 성(性)과 관련해 위해(危害)를 가하는 폭력적 행위와 상대방의 의사에 반하는 성적인 접근을 통틀어 이르는 말로, 성희롱, 성추행, 성폭행 등을 모두 포괄한다.

첫째, 성희롱(性戲弄). 성에 관계된 말과 행동으로 상대방에게 불쾌감, 굴욕감 등을 주거나 고용에서 불이익을 주는 등 피해를 입히는 행위를 말한다. 또 아무리 말로 하는 성희롱이라 할지라도 그것이 공연(公然, 세상에서 다 알 만큼 뚜렷함)하게 행해졌고, 피해자의 명예를 훼손하거나 모욕을 주는 경우에는 (성희롱 죄가 아닌) 형사상 명예 훼손죄나 모욕죄로 처벌될 수 있다. (위의 책, 329~338쪽)

둘째, 성추행과 강제추행.[70] 상대방의 의사에 반하여 그에게 성적 수치심이나 혐오감을 불러일으킬 수 있는 성적 가해 행위로서 강간이나 유사 강간을 제외한 행위를 의미한다. 예컨대 상대방의 성기, 엉덩이, 유방, 허벅지 등을 만지는 행위, 속옷을 벗기는 행위, 강제로 키스를 하는 행위 등이 대표적 사례이다. (위의 책, 48~49쪽)

셋째, 성폭행(性暴行). 성범죄 중에 가장 심각한 것으로서 상대방의 동의 없이 성관계를 강요하는 것이다. 강간(强姦, 상대방의 동의 없이 폭력, 공포, 사기 등을 사용하여 성관계를 맺는 범죄 행위)과 강간 미수를 포함한다. 특히 강간 범죄의 경우, 피해자가 13세 미만일 경우는 합의가 있었다 하더라도, 그 합의는 법률상 무효가 된다. 정신 장애자를 강간할 경우에도 피해자의 동의 여부 또한 관계가 없다. 성폭행은 피해자에게 엄청난 정신적·육체적 고통을 주기 때문에 국가 차원에서 중죄로 다스리고 있다.

넷째, 준강간 및 준강제추행. 사람의 심신 상실 또는 항거 불능의 상태를 이용하여 간음 또는 추행을 한 자는 강간죄나 강제추행죄와 같은 처벌을 한다. 차이점은 '강간 및 강제추행죄'가 폭행 또는 협박으로 상대방의 항거를 불능 내지 곤란하게 '해놓고' 범행한 것인데 반해, '준강간 및 준강제추행'은 사람의 심신 상실 또는 항거 불능의 상태를 '이용'한다는 점에서 다르다. 즉, 전자는 범인이 작위적(作爲的, 일부러 꾸며서 함)으로 상대방을 항거 불능 등의 상태를 만든 경우이고, 후자는 상대방

---

70) 성추행은 보통의 신체적인 접촉을 말하며, 강제추행은 협박 등의 강제성을 동원해 추행하는 것을 가리킴.

이 다른 원인으로 심신 상실 또는 항거 불능의 상태에 놓인 것을 이용하여 범행을 한다는 점에서 차이가 있다. (위의 책, 73쪽)

"심신 상실이나 항거 불능이란 어떤 상태를 말할까요?"

"준강간(준강제추행)에 있어 심신 상실이란…."

잠을 자고 있는 사람, 일시적으로 의식을 잃고 있는 사람 등 판단 능력을 잃어버린 사람을 뜻한다. 술에 수면제를 복용하여 깊이 잠이 든 경우가 대표적인 예이다. '항거 불능'이란 피해자가 행위자의 성적 요구를 심리적 또는 신체적으로 절대적으로 혹은 현저하게 거절할 수 없는 상태에 놓인 경우를 말한다. 먼저 심리적으로 항거 불능한 예로는 이미 다른 사람에 의해 여러 차례 강간을 당해 자포자기 상태에 있는 여자, 자살을 하려고 모든 의욕을 잃어버린 채 누워 있는 사람, 심한 정신적 충격을 받아 제정신이 아닌 사람 등이 이에 해당한다. 신체적으로 항거 불능한 예로는, 온몸이 묶여 있어 저항하지 못하는 경우, 큰 부상을 입어 저항하지 못하는 경우, 기력이 상실되어 기진맥진되어 저항하지 못하는 경우 등이 이에 해당한다. (위의 책, 73~74쪽)

다섯째, 미성년자 의제강간(擬制強姦, 강간과 동일하게 간주되는 성행위) 및 강제추행. 13세 미만의 사람에 대해 간음 또는 추행을 한 자는 폭행이나 협박을 하지 않았더라도 (피해자가 성관계에 동의했다고 해도) 강간죄, 유사 강간죄, 강제추행죄로 처벌한다.

여섯째, 미성년자 또는 심신 미약자에 대하여 위계 또는 위력으로써 간음 또는 추행을 한 자는 5년 이하의 징역에 처한다. 피해자가 13세 미만일 경우에는 '성폭력 처벌법'이 적용되어 더욱 가중 처벌된다. (위의 책, 86쪽)

"성폭력 가해자는 주로 남성이겠지요?"

"아니. 여성일 수도 있어."

여성이 남자를 이용하거나 남자와 공모하여 강간할 수 있기 때문이다. 피해자 역시 남성, 여성 모두 가능하다.

"부부 사이에도 강간죄가 성립되나요?"

"요즘 그런 사건이 많지 않던가?"

그동안 대법원은 법적인 부부 간이라도 사실상 파탄되어 더 이싱 실질적인 부부 관계가 지속하지 않는 경우에만 극히 예외적으로 강간죄를 인정해 왔다. 그러나 최근 대법원은 그렇지 않은 경우에도 폭행이나 협박으로 성관계를 갖게 되면, 강간죄로 처벌받게 하였다. 혼인이 개인의 성적(性的) 자기 결정권에 대한 포기를 의미한다고 할 수 없고, 성적으로 억압된 삶을 인내하는 과정일 수도 없기 때문이다. 다만 그 폭행 또는 협박의 내용과 정도가 아내의 성적 자기 결정권을 본질적으로 침해하는 정도에 이른 것인지의 여부, 남편이 유형력71)을 행사하게 된 경위, 혼인 생활의 형태와 부부의 평소 성행, 성교 당시와 그 후의 상황 등 모든 사정을 종합하여 신중하게 판단하여야 한다. (위의 책, 12쪽)

"안희정 전 지사의 재판에서 나왔던 '성적 자기 결정권'이 여기에도 등장하네요?"

"다시 『춘향전』으로 돌아가 봐야 할 것 같네."

---

71) 유형력(有形力): '형태를 띠고 있는 힘의 행세'를 말한다. 첫째, 직접적 유형력(상대방에게 직접 타격을 가하는 것)으로서, 구타 행위, 밀치는 행위, 사람에게 돌을 던지는 행위, 손, 옷을 세차게 잡아당기는 행위, 얼굴에 침을 뱉는 행위, 칼로 찌르는 것 등이 있다. 간접적 유형력(상대방에게 위협감을 조성할 만한 것)으로서, 폭언이나 욕설을 수차 반복하는 행위, 고함을 질러 놀라게 하는 행위, 상대를 향해 물건을 던지는 것 등이 있다.

5) 성적 자기 결정권

"춘향은 이몽룡과 변학도를 대하는 태도에서 천양지차를 보이는데요. 변학도에 대해서는 목숨을 걸고 수청을 거부한 반면, 이몽룡에 대해서는 파격적이라 할 만큼 활짝 마음을 열잖아요?"

"이팔청춘에 자유로이 방사(房事) 장면을 연출할 만큼 말이지? 허허…."

"요즘 기준으로 보면 상당히 빠른 나이이고, 또 '혼전 섹스'인 건 분명한데 말이지요. 그럼에도 춘향에 대해서는 '문란'하다는 표현 대신 '절개의 표상'이라거나 '열녀'라는 찬사를 보내지 않아요?"

"우선 이몽룡과 변학도의 구애 방식이 달랐다는 점을 들 수 있지. 이몽룡이 상대방의 의사를 존중하면서, 즉 춘향의 '성적 자기 결정권'을 존중하면서 다가갔던 반면, 변학도는 그걸 깡그리 무시한 거 아닌가? 아무리 모친이 기생이더라도 아버지는 요즘의 '차관급' 벼슬을 지낸 사람이었기 때문에, 춘향이 나름대로 자존심도 있었을 텐데. 또 영민한 춘향은 변 사또에게 하룻밤 수청을 들면, 그걸로 '인생 끝'이란 걸 알았겠지. 소문이 빠른 남원 땅에서 평생 기생 신분으로 살아갈 수밖에 없을 테니까. 반면에 집안 좋고 잘 생기고 앞길이 창창한 이몽룡이 점잖게 나오는 데다, 둘이 잘 맺어지면 평생 부귀영화를 누릴 수 있다는 계산도 했을 테고."

"자신의 육체와 성을 상대방 욕망의 '희생양'으로 만들지 않겠다는 주체성의 표현 아닐까요?"

"바로 그거야. 내 몸과 마음을 내 뜻대로 결정한다는 것, 그 '성적 자기 결정권'을 행사하기 위해 모진 고초를 마다하지 않고 나아가 목숨까지 건 거지. 여기서 '성적 자기 결정권'이란 사랑, 연애, 결혼, 성관계를 언제 어떻게 누구와 할지 혹은 하지 않을지를 자기 스스로 내리는 권리거든. 그런 권리도 없을 바에야 차라리 죽는 게 낫다고 여겼겠지."

"변학도와 달리, 이몽룡은 춘향을 기생 혹은 기생의 딸로가 아니라, 하나의 독립된 인격, 한 인간으로 대했다는 거지요?"

"어디까지나 성춘향 당신이 스스로 알아서, 자율적으로 판단하라는 뜻이니까."

"서양 영화를 볼 때마다 느끼는 건요. 남자가 여자에게 구애할 때, 끝까지 '의사'를 타진한다는 점이어요. 상대방이 동의를 해 오면, 처음 만난 날이라도 동침을 할 수 있고요. 동의하지 않으면, 아무리 오래 만난 사이라도 범하지 않는 거요."

"상대방의 성적 자기 결정권을 무시했을 때는, 그만큼 '처벌'이 따르니까. 지금 우리 사회에서도 어떤 성적 행동을 하기 전에는 (언어든, 비언어든) 상대방의 동의를 구해야 한다는 것이 상식처럼 되어 있어."

"그러나 계속 거절하는데도 집요하게 달려드는 경우가 있잖아요?"

"만약 그게 '강요'의 수준이라면, 설령 동의했더라도 일종의 '성적 침해'에 해당하고, 그래서 성범죄(정서적 성폭력)가 될 수 있거든."

"그렇다면, 잠재적인 가해자 입장에서도 반대 의사를 밝히는 상대방을 존중하는 일, 자신의 성적 욕망에 대해 책임지는 일이 중요하겠네요?"

"당연하지. 그래서 우리 사회가 잠재적인 피해자(여성일 경우가 많음)에 대해 '몸을 조심하라'고 충고만 할 게 아니라, 잠재적인 가해자(남성일 경우가 많음)에 대해서도 올바른 성적 가치관을 교육하여야 해. 그렇게 해서 성 인지 감수성을 높이는 일이 중요하다는 거야. 그래서 성폭력 피해자에게 '왜 거부하지 않았는가?'를 묻기보다, 가해자에게 '왜 피해자의 거부를 무시했는가?' 혹은 '피해자가 거부할 것을 예상하지 못했는가?'를 물어야 한다는 거고."

"박사님, 그러려면 가해자와 피해자가 동등해야 하잖아요? 그런데 직장 상사와 부하라거나 선생님과 제자 사이라면…."

"위계질서 속에서 갑을의 관계가 형성되어 있다면, 거부하기가 매우 어렵다는 한계가 있지. 그 어려움을 극복하고 고발을 하거나 신고를 해도 이 사회가 그걸 마뜩지 않게 보고. 그러니까 피해자가 갈 곳이 없는 거고."

"그래서 스스로 목숨까지 끊는 일까지 벌어지고 말이지요."

"나에게 한 순간의 '쾌락'이 누군가의 '죽음'을 불러올 수 있음을 생각한다면, 차마 그런 일을 저지를 수 없을 텐데."

"옛날에는 여성에게만 '정조(貞操, 여자의 곧은 절개. 이성 관계에서 순결을 지니는 일)'를 강조했잖아요? 그런데 그 정조란 게 남자와 밀접한 관련이 있는 거 아니어요?"

"여자 혼자서 성행위를 하는 건 아니니까. 여자가 '정조'를 지키지 못했다는 것은 그 상대방인 남자 누군가도 성적 관계를 맺은 걸 의미하지 않은가?"

"그래서 '정조란 여성이 지켜야 할 지고지순의 가치가 될 수 없다, 따라서 그에 대해 (여성에게만) 책임을 추궁하거나 왈가왈부해서는 안 된다.' 이거 아니겠어요? 그럼에도 우리나라 법은 남성 위주로 되어 있는 것 같아요."

"한 나라가 헌법과 법률을 정하고 그걸 운용하는 목적이 뭐겠어? 국민 모두가 자유롭고 행복하게 살도록 하는 거겠지? 그래서 각 개인에게

'행복 추구권'을 부여하는 거고. 그리고 그 '행복 추구권'에 성적 자기 결정권이 들어갈 수밖에 없다는 거지. 그런데 남성에게는 그걸 인정하면서 (똑같은 국민인) 여성에게만 인정하지 않는 것은 불공정하고 불평등한 거잖아?"

"그러한 이유들로 인해 우리 법도 많이 바뀌었지요. 가부장적 요소도 많이 사라지고, 강간죄의 객체가 '부녀'에서 '사람'으로 바뀌기도 하고요."

"어떻든 오늘날 같으면, 변 사또에게 수청 들지 않았다고 감옥에 간 춘향이 같은 인물이 나올 수 없겠지. 만약 그랬다간….."

"시대가 그만큼 진보해 간다는 의미 아닐까요? 그런데 박사님, 이러다가 고소, 고발이 난무하는 건 아닐까요?"

"『우리들의 일그러진 영웅』에서 나오듯이, 처음에는 꼼짝도 못하다가, 상황이 바뀌니까 벌떼같이 일어나지 않던가? 허허….."

실은 아이들도 내가 늘 얕봤던 것처럼 맹탕은 아니었다. 다만 서로 힘을 합칠 줄 몰랐을 뿐, 마음속에서 불태우던 분노와 굴욕감은 한참 석대와 맞서고 있을 때의 나와 크게 다르지 않음이 분명했다. …(중략)… 봇물처럼 쏟아지기 시작한 석대의 비행은 끝없이 이어졌다. 그런데 한 가지 묘한 것은 그런 것을 고발하는 아이들의 태도였다. 처음에는 마지못해 선생님만 쳐다보고 머뭇머뭇 밝히다가 한 번호 한 번호 뒤로 갈수록 차츰 목소리가 커지면서, 눈을 번쩍이며 쏘아보는 석대를 향해 말하기 시작했다. 그리고 나중에는 '임마', '새끼' 같은, 전에는 감히 입 끝에 올려 보지도 못한 엄청난 욕들을 섞어, 선생님에게 고발한다기보다는 석대에게 바로 퍼대는 것이었다. …(중략)… 하지만, 나는 아무래도 느닷없는 그들의 정의

감이 미덥지 않았다. …(중략)… 내 눈에는 그 애들이 석대가 쓰러진 걸 보고서야 덤벼들어 등을 밟아대는 교활하고도 비열한 변절자로밖에 비치지 않았다.

- 이문열, 『우리들의 일그러진 영웅』, 다림, 1998, 118~122쪽

"속으로는 '부당하다' 여겼으면서도, 왜 그동안 침묵하거나 동조해 왔을까요?"

"힘에 굴복하는 인간 존재의 한계일 수도 있고. '서로 힘을 합칠 줄 몰랐던' 탓도 있겠지. 힘이 없다 보니, 결국 주인공인 한병태마저 '권력'에 길들여지지 않던가? 심지어 '협조'도 하고…."

그런데 한 가지 특기할 일은, 그날 오후 갑자기 전보다 갑절이나 내게 은근해진 석대의 태도였다. 그는 나를 다른 아이들과는 사뭇 격을 달리해 대접했고, 그곳에서의 놀이도 거의 나를 위한 잔치처럼 진행시켰다. …(중략)… 여하튼 나는 석대가 맛보여 준 그 특이한 단맛에 흠뻑 취했다. …(중략)… 나는 그의 질서와 왕국이 지속되기를 믿고 바랐으며, 그 안에서 나의 남다른 누림도 그러하기를 또한 믿고 바랐다.

- 위의 책, 103~104쪽

"하기야 인간이라면 누구든 '힘'을 향한 해바라기가 될 수밖에 없지요."

"그걸 포장하여, '현실 감각'이라거나 '삶의 지혜', '적응 능력'이라고 하지 않던가? 그렇지 않은 사람에 대해서는 '시대에 뒤떨어졌다'느니, '융통성이 없다'라 하며 손가락질하고. 허허… 어떻든 '갑질' 행태에 대

한 고발과 미투 운동의 부작용에 대한 우려가 없는 건 아니지만…."

그런데도 인간의 기본적 권리에 대한 각성을 통해 우리 사회가 한층 더 '살기 좋은 사회'로 나아가는 계기가 될 것이라는 사실에는 의심의 여지가 없다. (이종수 외, 앞의 책, 47~48쪽)

6) 한국 미투 운동의 특징

2006년 미국의 '미투' 캠페인은 여성의 신체에 대한 부당한 성적 침해를 고발하는 일로 시작되었다. 그러나 한국의 미투 운동은 그것이 발생하는 '구조적 문제'를 함께 폭로한 점에 특징이 있다. 성폭력은 남녀 간의 원치 않는 성적 접촉의 문제가 아니라, 직장 및 공적 영역에 깊이 감춰진 성 권력, 여성의 저평가된 노동력을 강요하는 젠더(gender, 생물학적인 성을 의미하는 '섹스'와 구분하기 위해 선택된 단어. 성별 정체성이 얼마든지 재구성될 수 있다는 관점에서 나온 용어) 불평등의 문제다. 오늘날 한국 사회의 미투 운동은 사회 영역 전반에 걸쳐 널리 퍼져 있는 젠더 부정의를 문제 삼아 해결하고자 하는 정치적 행위로 이해되어야 한다. (이종수 외, 앞의 책, 159~160쪽)

"미투 운동이 양성평등 문제나 페미니즘과 연결되어 있다는 뜻인가요?"

"그렇지."

1980년대 이후 한국 사회에서는 페미니즘 운동이 성 평등 정책을 이끌어 내고 있다. 그러나 법과 제도만으로 여성은 제대로 된 보호를 받을 수 없다. 법률과 제도는 젠더 정의 실현의 필요조건이긴 하지만, 충분조건은 아니다. 이런 점에서 앞으로 더 깊이 있게 다루어져야 할 문제이기도 하다. 우리 사회에서 점차 이루어지고 있는 양성(兩性) 평등의 제도화, 법제화, 전문직 여성의 사회 진출에도 불구하고, 일상적 공간에서 남성 지배 질서는 근본적 도전을 받지 않은 채 달라지지 않고 있기 때문이다. (이종수 외, 앞의 책, 161~162쪽)

"그에 대한 구체적인 예가 있을까요?"

"고은 사건을 고발한 사람과 그걸 보도한 신문사에 대한 명예훼손 소송에서, 남성 변호사들이 가해자 편에 섰다는 말이 있더라고."

"가해자들이 진정으로 반성하거나 뉘우치는 기색도 없었다면서요?"

"그 속내야 정확히 알 수 없지만, 그랬다는 설이 있어."

"같은 남성이라고 연대 의식을 느끼는 걸까요?"

"만약 그랬다면, 시대착오적이지. 오늘날 누가 (가해자가 남자건 여자건) 성범죄자를 동정하겠어?"

"우리의 삶을 지배하는 것이 법이고, 그 법을 만들고 집행하는 주체가 국가라면, 그만큼 국가가 중요하다는 뜻이겠지요? 하지만 인류 역사는 국가 폭력에 의한 인권 침해의 역사 그 자체라고도 할 수 있을 것 같아요."

"역사상 얼마나 많은 목숨이 국가 보위와 사회 안정의 이름 아래 희생되었으며, 인신(人身)이 구속되고 사상과 언론의 자유가 억압받아 왔는지 몰라."

활발한 참정권 운동으로 신분, 노예 제도는 사라졌고, 사람 대상의 소유와 매매 역시 국제 조약과 법률로 금지하고 있다. 하지만 세계 각국에서 성(性)과 노동력을 착취하는 인신매매가 뿌리 뽑히지 않고 있다. 최근 들어 한국은 물론 여러 사회에서 다발적으로 불거지고 있는 미투 운동은 모두 '인권 침해에 대한 고발'로 이해할 수 있다. 가진 자의 갑질 형태에 대한 반발로 나타나는 인권 문제의 근본 원인은 권력, 부, 권위와 같

은 '사회적 가치'의 불평등한 분포 때문이라고 할 수 있다. (이종수 외, 앞의 책, 6~7쪽)

　"인권은 사람이라면 당연한, 하늘로부터 부여받은 권리 아닌가요?"
　"그래서 1215년의 대헌장(마그나 카르타)에서 명시적으로 등장했고, 1789년의 프랑스 혁명을 전후하여 널리 사용되기 시작한 것 아닌가?" (이종수 외, 앞의 책, 15쪽)

　그러나 인권이 모든 인간에게 인정된 것은 아니다. 노예는 물건이나 짐승처럼 취급되었고, 이 때문에 매매의 대상이 되었다. 유럽 중세 시대의 농노 역시 마찬가지였다. 봉건 영주에 예속된 농민으로서의 농노(農奴)는 우선 신분적인 지배를 받았고, 거주, 이전(移轉), 직업 선택의 자유가 없었다. 또한 토지를 경작하는 대가로, 부역(賦役, 보수 없이 일을 함)과 공납(貢納, 토산물을 현물로 내는 세금 제도)의 의무를 지기도 했다. 강제 노역에 동원되어야 했으며, 자신의 딸이 영주의 초야권에 의해 처녀성을 짓밟힐 수도 있었다.

　"초야권이요?"
　"참. 웃어야 할지, 울어야 할지….″
　초야권(初夜權)이란 혼인 시에 신랑 이외의 사람이 신부와 최초의 성교를 맺는 권리를 말한다. 중세 유럽의 지주 격인 영주가 농민의 결혼을 승인하는 조건으로 행사하거나 승려, 힌두교 및 캄보디아의 불교 승려, 에스키모의 샤먼(shaman, 신령, 정령, 사령 등과 영적으로 교류하며 예언, 치유, 악마 퇴치, 귀신의 목소리를 전하는 행위를 함), 남미 인니오의 수의(呪醫, 주술적 힘을 가진 약이나 도구, 물건을 통하여 병의 치료를 맡아보는 사람)

가 이러한 권리를 행사하였다. 난교(亂交)의 흔적, 또는 공동체(부족, 씨족)에 의한 부녀 공유(婦女 共有)의 증거로 보는 견해가 있다. 한편, 처녀막의 출혈이 신랑에게 재앙을 가져온다고 보고, 이를 방지하기 위해서라는 설도 있다. 승려나 주의(呪醫)는 이들 위험을 무사하게 극복할 수 있을 뿐 아니라, 도리어 주술·종교적 공덕(功德)을 가져올 것으로 기대하였다는 것.

"이런저런 핑계를 대도, 결국 힘의 논리겠지요. 초야권 소유자가 지닌 사회적 영향력이나 권력 같은 거 말입니다."

"그걸 부정하진 못할 것 같아. 그래도 간혹 초야권 행사에 저항하는 신랑이 있긴 했다나 봐."

"아주 소수겠지요. 특별히 유럽에서 영주들이 초야권을 가진다는 건 뭘 의미할까요?"

"인신 구속을 확인하는 세금 개념으로 볼 수도 있어. 농노는 하나의 생산 도구였기에, 그 존재 자체가 징수 대상이었다고 해석해도 틀림이 없거든. 이들의 경우, 오늘날 흔히 일컬어지는 사회권은커녕 생존권조차 확보하기가 어려웠던 거지." (이종수 외, 앞의 책, 15~17쪽)

제6장

유토피아와
무릉도원

복숭아꽃

성은 공정한가

1. 모어가 꿈꾼 이상 국가

"박사님, 사람이 다른 사람을 차별, 억압하거나 육체적, 성적으로 괴롭히거나 혹은 힘으로 짓누르거나 하지 않는 사회, 모두가 자유롭고 평등하며 행복한 곳은 없을까요? 유토피아나 무릉도원 같은 곳 말입니다."

"글쎄. 유토피아(utopia)란 말부터 알아 보세나."

> 그 땅은 전에 '아브락사'라 불렸는데, 유토포스(그리스어로 '아무 지위도 없는 사람'이란 뜻)라는 사람이 정복해서, 그곳 이름을 유토피아('존재하지 않는 나라', 혹은 '살기 좋은 나라'라는 뜻) 섬이라고 개명(改名)했다고 한다. 그는 거기에 살던 야만족 무리를 가르쳐, 지금은 지구상의 어떤 민족보다 월등한 문명 수준의 인류를 만들어냈다.
>
> - 토머스 모어, 『유토피아』, 박문재 옮김, 현대지성, 2020, 100~101쪽

영국의 인문주의자 토머스 모어(1478~1535년)는 그리스어의 '없는 (ou-)'과 '장소(toppos)'라는 두 말을 결합하여 이 말을 만들어냈는데,

동시에 이 말은 '좋은(eu-)' 장소라는 뜻을 연상하게 하는 이중 기능을 지니고 있다. '아무 데도 존재하지 않으면서 현세와 시간적, 공간적인 연속선 위에 놓여 있는 이상향'이라는 뜻으로 해석할 수 있는 대목이다.

"그러니까 '이루어질 수 없는 꿈과 환상'이지만, '낙원이나 이상 사회가 바로 이 땅과 연결되어 있다'는 뜻이네요?"

"그렇지. 모어가 그 섬에 대해 설명하는 대목이 있는데…."

이 섬은 육지로부터 11마일(1마일은 약 1.6km) 가량 떨어져 있는데, 가장 폭이 넓은 정중앙의 길이는 200마일이다. 중앙에서 양쪽 끝부분으로 갈수록 서서히 폭이 좁아진다. 섬은 지름이 500마일인 원주(圓周) 모양으로, 섬 전체는 초승달 모양으로 되어 있다. 이 초승달의 양쪽 뿔들 사이로 바닷물이 들어와서 만(灣) 속으로 퍼져 나간다. 이 만은 사방이 육지로 둘러싸여 있어서 파도가 거칠지 않고, 거의 모든 해변은 항구로 사용할 수 있다. 대신 수심(水深)이 얕고 암초가 많아, 외부의 적들이 쳐들어오지 못하도록 되어 있다. 이 섬의 외해(外海)에도 꽤 많은 항구가 있지만, 그쪽 해안 지형은 깎아지른 듯이 가파르고 또 인공 요새도 많아 대군이 공격해 와도 소수 병력으로 물리칠 수 있다.

- 위의 책, 99~100쪽

"육지에서 멀리 떨어져 있지 않으면서 너무 넓지도 좁지도 않은, 동시에 안전한 곳으로 묘사되어 있네요?"

"또 섬은 자유롭고 평등하고 민주적으로 운용될 뿐 아니라, 도시와 농촌이 서로 교류하면서 살도록 설계되어 있다네."

유토피아 섬에는 54개의 도시가 있는데 모두 넓고 웅장하며, 그 형태 및 언어와 관습과 제도와 법률이 완전히 동일하다. 도시들은 서로 최소한 25마일 떨어져 있지만, 모두 사람이 걸어서 하루에 갈 수 있는 거리에 있다. 해마다 각 도시에서는 공통된 관심사를 논의하기 위해 아마우로스('꿈의 도시'라는 뜻)에서 개최되는 회의에 3명의 시민을 파견한다. 이 도시는 이 섬의 한 중앙에 자리하고 있어서, 사실상 수도(首都) 역할을 한다. 모든 농촌에는 농기구를 갖춘 농장들이 있고, 도시민들이 번갈아 이곳에 거주한다. 그 기간은 2년으로 정해져 있지만, 본인들이 원하는 대로 거주하거나 떠날 수 있다. 농부로 차출된 도시민은 땅을 경작하거나 가축을 기르거나 벌목을 해서, 육로나 해로를 통해 도시로 보낸다. 밭을 경작하거나 수레를 끄는 일 등에는 모두 소를 사용한다. 밀이나 보리 같은 곡물은 오직 빵을 만드는 데만 사용한다. 포도나 사과, 배로 만든 술이 있기 때문이다. 농부들은 필요한 양보다 훨씬 많은 양을 생산하여, 남은 것을 가까운 곳에 나누어준다.

- 위의 책, 101~104쪽

"풍요롭고 화목하단 뜻이네요. 도시로만 집중되어 농촌이 텅텅 비는 일도 없을 테고요. 요즘 세계 도처에 집 없는 사람들(홈 리스, 노숙자)이 많고, 우리나라에서는 집 문제(부동산 투기, 무주택자, 전·월세, 하우스 푸어)로 시끄러운데요. 그곳에서는 주택 문제를 어떻게 해결하나요?"

"네 것 내 것이 없어서, 집도 추첨으로 정해진다네."

도로변을 따라 지어진 집들은 대단히 깨끗하고, 집 앞에는 너비 6m 정도의 도로가 있다. 모든 집에는 길거리로 통하는 정문이 있고, 정원으로 통하는 후문이 있다. 이 문들은 아무나 자유롭게 드나들 수 있다. 거기에는 사유 재산이란

게 없기 때문이다. 집은 10년마다 추첨으로 새로 정해진다. 그들은 정원을 관리하는데 정성을 들이고, 포도나무를 비롯한 과실수와 화초들을 가꾼다.

- 위의 책, 108쪽

"특별히 '정원을 관리'한다는 대목이 눈에 띄네요?"

"그 부분은 유토피아인들의 생활 방식이 '정원학파'라 불렸던 에피쿠로스학파가 실천한 삶의 방식과 연결되어 있음을 암시한다고 봐야지. 실제로 에피쿠로스는 나이가 들어 정원이 딸린 저택에서의 삶을 즐겼다고 하거든"(위의 책, 108쪽).

"그곳이라고 하여, 설마 빈부의 차이가 없을까요?"

"없다네. 필요한 모든 물자가 풍부하고, 또 무엇보다 분배가 공정하니까."

유토피아 사람들이 살아가는 방식이 이러하기에(비효율이나 나태가 없기에) 필요한 모든 물자가 풍부한 것은 당연한 결과이다. 그리고 모든 것이 공정하게 분배되므로, 빈곤층으로 전락하여 거지가 되는 일도 없다.

- 위의 책, 131~132쪽

"오늘날 직업에 따른 차별이 많잖아요? 또 교육 수준(혹은 학벌)이나 남녀 사이의 임금 격차도 있고요."

"그 문제도 공정성 차원에서 당연히 해소되어야 하겠지."

농업은 이 나라 사람이라면, 남녀노소 할 것 없이 누구나 해야 한다. 모든 사람은 학교에서 이론 교육을 받는 한편, 농장에 가서 마치 놀이를 하듯 직접 농사

일을 경험한다. 개인마다 특정적인 직업 교육도 받는다. 남자만이 아니라, 여자도 직업 가운데 하나를 배운다. 힘이 약한 여자들은 더 가벼운 일을 하고, 남자들은 더 힘을 쓰는 직종을 담당한다. 대부분 아이는 부모의 직업을 배워 가업을 잇는다. 다른 직업을 갖고 싶다면, 그 직업을 가진 가정에 양자(養子)로 입양된다. 두 가지 직업을 배워, 더 좋아하는 쪽을 선택할 수도 있다.

- 위의 책, 112~113쪽

"여기에서는 '힘이 약한 여자들은 더 가벼운 일을 한다'는 대목을 주목해야 할 것 같아요. 요즘 남자와 여자의 대립이니 혐오니 하여 시끄럽기도 합니다만, 사실 남자와 여자는 대립 관계가 아닌, 이처럼 상호 보완의 관계로 이해되어야 하지 않나요?"

"그 점에 대해서는 나도 동감일세. 다만 토머스 모어가 너무 급진적인 주장을 하지 않기 위해서, 다시 말해 현 사회 질서를 깨뜨리지 않기 위해서였는지 몰라도, 기존의 구조와 크게 다를 바 없는 주장을 하고 있더라고."

하나의 가구는 혈연관계로 맺어진 다수로 구성된다. 딸들은 성인이 되어 결혼하면, 남편이 속한 가구로 편입된다. 반면, 아들과 손자는 부모가 속한 가구에 그대로 남는다. …(중략)… 아내는 남편에게 복종하고, 자녀들은 부모에게 복종한다. 요컨대, 어린 사람이 연장자에게 복종하는 것이다.

- 위의 책, 121~123쪽

"정말 그렇군요. 모든 것이 바뀐 곳이라 여겼는데, 갑자기 옛날로 돌아간 것 같아요. 과거의 호주제(戶主制)나 장유유서(長幼有序) 윤리가 떠오르기도 하고요. 하지만 이 부분 역시 '차별'하자는 것이 아니라, (서로를 위해) 최소한의 질서는 있어야 한다는 뜻으로 받아들여야겠지요? 다시 '재화' 문제로 돌아가서 오늘날 사회에는 숨만 쉬고 있어도 돈이 쌓이는 사람이 있는가 하면, 뼈가 부서지도록 일을 해도 입에 풀칠하기 바쁜 사람도 있잖아요?"

"이 책에서도 그걸 '불공정'으로 파악하고 있더리고."

귀족, 금세공인(金細工人, 금으로 정밀하게 물건을 만드는 사람), 고리대금업자와 같은 부류의 사람들은 아무 일도 하지 않거나, 한다 해도 공공의 이익에 별필요가 없는 일을 한다. 그러면서도 그 대가로 사치스럽고 화려한 삶을 보장받는다. 반면에 노동자, 마부, 목수, 농부 같은 사람은 매우 어렵고 힘든 일을 쉴 새 없이 하며 살아간다. 그들이 하는 일은 누군가가 반드시 해야만 할 일들이다. 그럼에도 생계를 유지하기에 턱없이 부족한 임금을 받고, 극도로 궁핍한 삶을 살아간다. …(중략)… 도대체 이것을 어떻게 정의라고 말할 수 있는가? 그런 나라는 정의롭지 못한 나라라고 해야 하지 않는가?

- 위의 책, 220~221쪽

"앞부분에 열거한 사람들을 오늘날 기준으로 보면, '금수저'로 태어난 사람, 많은 부동산을 소유한 사람, 예금이자 수입이 많은 사람들이 되겠구먼요. 당연히 '정의롭지' 못하다 느껴지지요. 사람은 타고난 '운'이 아니라, '능력'에 따라 대우를 받아야 하잖아요?"

"능력이라. 하지만 그 능력이란 것도 타고날 수가 있거든. 정신적, 육체적 능력이 탁월한 유전자와 그렇지 못한 유전자가 있을 테니까. 그리고 능력을 키워주기 위한 후천적인 환경도 서로 다르고."

"성장 배경이나 교육 환경에 영향을 받는다는 뜻인가요?"

"그렇지. 그래서 능력주의, 학력(學歷)주의에 대한 맹신(盲信)이 또 다른 불공정을 불러오고 있다는 지적도 있지 않던가?"

"그럼 어떻게 해야 한다는 거죠?"

"허허. 결국은 각 개인이 자신의 삶에 어떠한 태도를 취하는가, 과연 얼마나 성실, 근면, 정직, 겸손, 소박하게 사느냐가 중요하다고 본 것 같아."

"그런 걸 누가 관리하거나 감독하나요?"

"계급을 인정하지 않는 사회이긴 하지만, 시포그란토르(해마다 30가구가 한 단위가 되어 선출하는 관리)라는 지도자를 세웠다네. 그리고 그의 유일한 업무란 빈둥거리며 놀고먹는 사람을 없애는 거지. 그래야 노새처럼 쉬지 않고 죽도록 일하는 사람(토머스 모어 시대 농부들은 해 뜰 때부터 해 질 때까지, 특히 봄과 여름에는 오전 5시부터 오후 8시까지 일을 해야 했음 - 위의 책, 110쪽)이 없어진다는 거야."

유토피아 사람들은 하루를 24시간으로 나누고, 오전과 오후로 구분하여 오직 6시간만 일을 한다. 오전에 3시간 일한 후에 점심을 먹는다. 점심 후에는 2시간의 휴식 시간을 갖고, 다시 3시간을 일한다. 저녁 식사를 한 후에 오후 8시경에 잠자리에 들어, 8시간 동안 잠을 잔다.

- 위의 책, 114쪽

"8시에 잠자리에 든다는 것 말고는, 오늘날 서구 유럽의 생활 방식과 아주 비슷한데요. 15~16세기에 살았던 토머스 모어가 어떻게 이런 발상을 했을까요?"

"허허허. 그의 생애를 보면, 어느 정도 짐작할 수 있지. 모어는 20대에 수도사와 비슷한 고행을 실천하고, 의회 의원일 때는 국왕 헨리 7세의 과세(課稅)를 반대하다가 박해를 받기도 했다네. 청빈한 삶에 능력도 갖추어 하원의장, (평민 출신 최초의) 대법관을 역임하기도 하였고. 그러나 헨리 8세의 이혼에 반대하여 참수형을 당했단 말이지. 에라스무스(네덜란드의 인문학자)가 '눈보다도 순결한 영혼을 가진 사람'으로 표현했을 정도이니, 그 따뜻한 가슴으로 약자를 품고 그 맑은 눈으로 미래를 내다본 거 아닐까?"

"그것도 그것이지만, 풍부한 상상력과 굽히지 않는 용기 또한 대단하네요."

2. 피해야 할 3가지 악

"그러나 유토피아에서도 피해야 할 3가지 악이 있는데, 그 첫째가 조금 전에 말한 나태라네."

사람들은 여가를 방종하게 또는 나태하게 허비하지 않고, 각자 취향에 따라 해보고 싶은 것을 선택할 수 있다. 하지만 그들은 주사위로 하는 도박이나 그 밖의 나쁜 어리석고 해로운 놀이를 전혀 알지 못한다. (노동이 면제된) 학자로 선발되었다 해도 기대하는 수준의 연구 성과를 내놓지 않으면, 다시 노동자로 돌아가야 한다. 거기서는 일을 하지 않고 빈둥거리는 것이 허용되지 않고, 방종하게 지낼 기회도 없다. 거기에는 어떤 선술집도, 맥줏집도, 매춘굴도 없다. 타락할 기회도, 숨을 곳도, 비밀리에 만날 장소도 없다. 자신에게 주어진 일을 열심히 해나갈 수밖에 없고, 여가를 건전하게 보낼 수밖에 없다.

- 위의 책, 115~118쪽, 131쪽

"역시 도박이나 술, 성적 타락 등은 배제되는군요. 특별히 나태를 경계하고 있고요."

"나태는 노동을 피하게 만들고, 사치와 낭비, 음주와 도박을 유발한다는 거지. 두 번째로 제거되어야 할 악은 탐욕인데, 이로 인해 빈부의 격차, 갈등과 분쟁, 강도와 살인이 생겨나기 때문이라네."

동물은 탐욕을 부리거나 남의 것을 약탈하려고 하지 않는다. 오직 사람만, (자기에게 꼭 필요한 것이 아닌데도) 과시하고 자랑하려는 허영심과 오만으로 탐욕을 부추긴다. 하지만 유토피아의 제도 속에는 그런 악이 끼어들 여지가 전혀 없다.

- 위의 책, 124쪽

"허영심이나 탐욕이라면…."
"쓸모없는 것에 대한 집착을 말하겠지."

불이나 물 없이 살아갈 수 없듯이, 철(鐵)도 마찬가지이다. 반면, 금이나 은은 그렇지 않다. 자연은 공기나 물, 흙처럼 가장 좋은 것을 모든 사람이 볼 수 있는 곳에 두었다. 반면, 아무짝에도 쓸데없는 것(금, 은)은 땅속 깊은 곳에 묻어 두었다. 유토피아 섬에는 진주나 다이아몬드 등 보석이 해변에 깔려있다. 하지만 그런 것을 찾으러 다니는 사람은 아무도 없다. 아주 어린 아이들만 으스대며 가지고 놀다가 시시한 장난감 버리듯이, 스스로 던져 버린다. 또 유토피아 사람들은 모두 똑같이, 아주 수수한 옷만 입는다. 낮에는 밝은 태양을, 밤에는 밝은 별을 볼 수 있는데도, 희미하게 반짝거리는 작은 보석들을 보며 기뻐하는 사람(다른 나라에서 온 외교사절단)이 있다는 사실을 그들은 의아하게 생각한다. 또 아무짝에도 쓸모없는 금이 사람보다 더 소중히 여겨진다는 사실을 이상하게 여긴다.

- 위의 책, 134~140쪽

"오늘날 '명품'이라면 사족을 못 쓰는 사람들, 다이아몬드라면 눈이 휘둥그레지는 사람들, 고급 시계 차고 뻐기는 사람들, 평수 넓은 아파트와 값비싼 외제 승용차에 열광하는 사람들, 부동산 투기에 목숨 거는 사람들… 요컨대 물질주의와 황금만능주의에 찌들대로 찌든 현대인들이 정말 새겨들어야 할 부분이네요. 박사님, 이해할 수 없는 부분이 노예제도인데요. 다른 사람을 부리는 일이 이상적이라 말할 수 있을까요?"

"그 역시 공정성 차원에서 접근해야 할 것 같네."

유토피아에서 노예들은 대체로 중범죄를 저질러 노예 신분으로 강등된 이 나라의 시민이거나 다른 나라에서 중형을 선고받은 외국인이다. 이 중에서 자국(自國) 출신의 노예를 더 혹독하게 다루는데, 그 까닭은 '얼마든지 범죄에 빠져들지 않을 수 있었음에도, 의도적으로 중죄를 저지른 것'이기 때문이다.

- 위의 책, 166~167쪽

"그러니까 '죄'를 지은 사람은 '벌'을 받는 것이 공정하다는 것 아니어요? 피해자가 생겼기 때문에 가해자에게는 그에 상응하는 처벌을 내려야 한다는 거군요. 오늘날과 같이 그 행위가 '고의적인가, 아닌가?'가 중요하고요."

"죽음에 대한 가치관도 오늘날과 큰 차이가 없는 것 같아."

(불치병으로 극심한 고통을 받는 환자에게) 성직자와 관리들은 존엄한 죽음을 권유할 수 있다. 그 권유를 받아들여 죽음을 택했다면, 명예로운 죽음으로 대우한다. 하지만 (그 외에) 스스로 목숨을 끊었을 때는 장례식도 치르지 않고, 아무 구덩이에나 던져버린다.

- 위의 책, 167~168쪽

"말하자면, 존엄사72)와 자살은 하늘과 땅 차이라는 거지요?"

"견딜 수 없는 고통 때문에 죽음을 선택하는 경우와 어떤 '순간적인' 충동으로 자살하는 경우는 구별하자는 거겠지."

"하지만 자살에도 여러 동기가 있을 텐데요. 갑질이나 불공정을 견디다 못해 선택한 것이라면, 그 원인을 제공한 자들에게 책임을 물어야 하는 거 아닌가요?"

"당연하지. 그러나 유토피아에 그처럼 몰지각한 인간들이 있을 리 만무하지 않은가? 그러한 상황에서 자살을 미화하거나 용인해서는 안된

---

72) 존엄사(尊嚴死): 거의 죽음에 이른 환자가 회생 가능성이 없는 상태에서 무의미한 연명을 목적으로 한 치료(심폐 소생술, 혈액 투석, 항암제 투여, 인공호흡기 착용, 수혈 등)을 거부하고 인간으로서의 존엄과 가치를 지키며 자연적 죽음을 받아들이는 행위. 우리나라에서도 2018년 2월부터 '존엄사법'이라 불리는 〈연명 의료 결정법〉이 시행되고 있다.

다는 뜻이겠지."

"결혼이나 성(性) 문제에선 어떤가요?"

"모어가 살았던 당시 사회에서 합법적인 결혼은 여자 12세, 남자 14세로 정해 놓았다네. 하지만 실제로는 이보다 훨씬 더 어린 나이에 부모의 강요로 결혼을 했지. 그래서 기준을 세웠는데…."

여자들은 18세, 남자들은 거기에서 4년을 더 채워야 결혼할 수 있다. 결혼하기 전에 정욕을 참지 못하고 성관계를 맺은 일이 드러나면, 남자든 여자든 중벌을 받는다. 이 사람들은 시장(市長)이 사면할 때 외에는 평생 결혼할 수 없다. 또 그들의 부모는 공개적으로 망신을 당한다. 이처럼 혼전(婚前) 순결을 강조하는 까닭은 한 사람과 결혼하여 평생 동고동락하면서 힘든 일을 이겨 내야 하기 때문이다.

- 위의 책, 168~169쪽

"물질적으로 풍요를 약속하면서도 도덕적인 면에서는 상당히 엄격한 것 같아요. '순결'을 강조하면서 일부일처제를 고수하고 있는 것도 그렇고요."

"최소한의 도덕이 있어야 사회가 유지될 수 있다고 본 거겠지. 사실 '프리섹스'라 하여 성을 자유롭게 사용할 때, 도리어 그에 대한 부작용이 많이 생기지 않던가? '혼전 순결'의 관념이 뿌리내리도록 하기 위해 배우자를 고를 때, 상대방의 벌거벗은 몸을 미리 살펴보도록 한 것 같아."

"하지만 살아가는 중에 다치거나 병에 걸릴 수도 있을 텐데요?"

"그때에는 배우자가 자신의 운명을 감수하면서 평생 보살펴 주어야겠지."

"배우자가 간통했을 때는 어떡하지요?"

"대부분의 나라에서 시행하는 현행법이나 『성경』에서처럼, 이혼을 요구할 수 있도록 했지."

배우자가 간통했거나 감당할 수 없을 정도의 학대가 있었다면, 이혼이 허용된다. 이혼에 책임이 없는 배우자는 재혼이 허용된다. 반면 유책(有責) 배우자는 망신을 당할 뿐 아니라, 평생 재혼할 수 없다. (미혼 상태로) 간통을 저지른 사람은 노예가 되는데, 노예 중에서도 가장 힘들고 가혹한 일을 맡는 형벌을 받는다. 자유민으로 복권된 사람이 다시 간통을 저지를 때는 사형에 처한다. 기혼자를 유혹해 간통을 시도한 것만으로도 실제로 간통을 저지른 것과 똑같은 처벌을 받는다.

- 위의 책, 170~173쪽

"이야! 성(性)에 대해서만큼은 정말 엄격했네요? 나태와 탐욕 다음, 마지막 세 번째 악은 무엇인가요?"

"가장 제거하기 힘든 것, 바로 교만이라네. 교만은 자신을 다른 사람과 구별 짓기 위해 뽐내려는 욕망에서 비롯되는데…."

탐욕스러운 극소수의 사악한 자들은 국민 전체가 살아가기에 충분한 부를 저들끼리만 나누어 가진다. 만일 인간에게 존재하는 가장 큰 악이자 모든 악의 근원인 과시욕이 방해하지만 않았더라면, 온 세계가 유토피아의 법률을 오래 전에 받아들였을 것으로 나는 확신한다. 그러한 과시욕은 자신이 얼마만큼 소유했는가가 아니라, 다른 사람이 자기보다 무엇을 얼마나 덜 가지고 있느냐를 기준으로 자신의 성공 여부를 판단한다. 신이 천국에 가서 살라고 해도, 만일 그곳에 비웃어 줄 불행한 자가 없다면 (그들은) 단호히 거부할 것이다. 비참한 자들의 불행이 있어야 자신의 행복이 찬란히 빛날 것이고, 그들의 궁핍이 자신의 부를 더욱 두드러지게 만들 것이기 때문이다. 과시욕은 '지옥에서 온 뱀'으로, 사람 마음속에 똬리를 틀고 사람을 퇴보하게 만든다. 그럼에도 과시욕은 인간 본성에 아주 깊게 뿌리내리고 있어, 근절하기가 쉽지 않다.

- 위의 책, 222~225쪽

"하아! 인간의 추악함이라니. '사촌이 땅을 사면 배가 아프다'더니, 이웃의 성공을 시기하고, 친구의 출세를 배 아파 하는 못된 심성은 어쩔 수 없는 것 같아요. 그게 다 자기 이름을 높이려는 교만에서 비롯될 텐데요."

"본문에 나오는 '지옥에서 온 뱀'은 바로 아담과 하와를 유혹하여 죄에 빠뜨렸던 사탄을 가리키는데, 이 '선악과'73) 사건으로 인간의 본성 속에 '오만'이라는 죄가 들어왔거든. 모든 죄의 뿌리가 된 거야. 그래서 성경은 모든 죄의 근원을 이 오만이라고 말하는 거지." (위의 책, 224쪽)

"이 책에서는 바로 그 오만, 교만의 원천을 틀어막기 위해 사유 재산을 없애고, 모든 필요한 것과 집을 공정하게 배분하고, 똑같은 옷을 입게 하고, 관리라고 해서 특별 대우를 해주지도 않고 그런 걸까요?"

"나태와 탐욕을 제거하려는 것도 같은 맥락이고."

"사람이 가장 참을 수 없는 일은 불공정 같아요. 전쟁이나 천재지변,

---

73) 선악과: 하나님께서는 아담과 하와에게 "에덴동산에 있는 나무 열매는 무엇이든지 따먹되, 선악과(선악을 알게 하는 과일)만큼은 절대로 따먹지 말라"고 명령하심. 그러나 두 사람은 "하나님과 같은 능력을 얻게 된다"는 뱀(사탄)의 유혹에 빠져 이 열매를 따먹고, 그 대가로 낙원(에덴동산)에서 추방되어 노동과 출산의 고통을 겪게 된다.

질병이나 가난이 닥쳐와도 똑같은 고통을 받으면 불만이 없거든요. 그나저나 박사님, 그러다가 자칫 공산주의로 흘러가는 거 아니어요?"

"허허. 그렇게까지 확대 해석 할 필요는 없어. 하지만 공산주의가 인간의 그 탐욕과 교만을 없애줄 것 같아 따른 사람도 있겠지. 모두가 평등한 사회라는데 누가 마다하겠어? 결과적으로 가장 불평등한 사회를 만들었지만. 다만 여기서 우리가 주목해야 할 부분은 모어가 제시한, 쾌락에 대한 세 가지 규범이야."

> 오직 작은 쾌락을 얻으려다 더 큰 쾌락을 잃는 일이 없도록 힘써야 하고, 누린 후에는 고통과 괴로움이 따라오는 그런 쾌락을 피하고자 신경 써야 한다. 자신과 똑같은 모습을 한 '모든 사람을 똑같이 소중하게 여겨', 똑같은 관심으로 보살펴야 한다. 우리 이익을 위해 다른 사람에게 피해를 주는 일이 없도록 주의해야 한다.
>
> - 위의 책, 145~147쪽

"고대 그리스의 쾌락주의자 가운데에서 이와 비슷한 주장을 한 경우가 있었지요?"

"아리스티포스는 '대부분의 쾌락은 결국 불쾌를 가져오기 때문에, 사려(思慮)로써 쾌락을 선택할 필요가 있다'고 보았지. 에피쿠로스 역시 순간의 쾌락이 사라진 후 긴 고통을 남긴다면, 도리어 그런 쾌락은 억제되어야 한다고 보았던 거고. 그건 진정한 의미의 쾌락이 아니라는 뜻이지."

"또 '모든 사람을 똑같이 소중하게 여긴다'는 대목은 '최대 다수의 최대 행복'을 주창한 공리주의자들을 생각나게 하는데요?"

"하지만 '최대 다수' 속에 포함되지 않은 소수의 사람들은 무시당할 수 있다는 우려가 있다네. 물론 다수결의 횡포처럼 소수를 완전히 억압하는 형태는 아니지만."

"그건 그렇고요. 모어는 어떤 쾌락이 진정한 쾌락이라고 생각했을까요?"

"우리의 본성이 명령하는 것?"

본성이 명령하거나 이끄는 대로, 육체나 정신이 움직여서 누리는 즐거움을 쾌락이라고 부른다. 인간의 감각과 바른 이성이 본성의 이끌림을 받아 누리게 된 즐거움이야말로 다른 사람의 쾌락을 침해하지도 않고, 작은 쾌락을 누리려다가 더 큰 쾌락을 방해하지도 않고, 쾌락 후에 고통이나 괴로움이 따르지도 않는 참된 쾌락이기 때문이다.

- 위의 책, 149쪽

"여기서는 인간의 '본성'을 이성보다 큰 개념으로 본 것 같아요. 그럼에도 15~16세기를 산 유럽인 토머스 모어가 당시 시대를 풍미했던 합리주의의 영향을 받은 건 분명하지 않나요?"

"충분히 그럴 수 있지. 비합리적이고 우연적인 것을 배척하고, 이성적이고 논리적인 것을 중시하는 태도, 나아가 명백히 '과학적'이기 때문에 도저히 부정할 수 없다는 자신감이 담긴 합리주의, 우매한 대중들을 높은 경지로 이끌어야 한다는 계몽주의 사상가로서의 면모를 보였다고 해야 할까? 하지만 과연 쾌락이 진정한 의미의 '행복'으로 연결되는가에 대한 의문은 여전히 남아 있다네."

"쾌락이 곧 행복은 아니라는 뜻이지요? 어떻든 여기서는 '다른 사람의 쾌락을 침해하지 않고'라는 말이 귀에 들어오는데요?"

"이기적인 방향으로 흘러서는 안 된다는 뜻이겠지."

인간은 혼자 살 수 없다. 그럼에도 유한한 자원을 두고, 무한한 욕망을 추구하는 모순된 모습을 보이기도 한다. 결국 극단적 이기주의와 쾌락의 추구는 개개인 자신을 망치는 결과를 초래한다. 그러므로 나와 타인의 조화 및 균형이 필요한 것이다.

- 이종수 외, 앞의 책, 19쪽

"결국은 '더불어 살아야 하는' 세상에서 타인을 나와 동일시할 줄 아는 공감 능력, 그게 중요하지 않을까 싶어요. 물론 성에 있어서도 불공정성이 끼어들면 안 되겠지만요."

"그래. 이쯤에서 또 하나의 유토피아, '무릉도원' 이야기도 들어 보세나."

3. 누구나 갈 수 있는 곳 - 무릉도원

"박사님, 무릉도원이라면 복숭아꽃이 피어있는 곳이라는 뜻 아닌가요?"

"물론. 복숭아꽃은 우리가 어린 시절에 자주 불렀던 〈고향의 봄〉(이원수 작사)에도 살구꽃과 함께 등장하는데…."

노랫말이 일제강점기 때 만들어진 까닭에 독립 운동가들의 심정을 표현했다는 설도 있으나, 세상을 떠난 부친과 어린 시절 고향에 대한 시인의 그리움을 담았다는 평가가 우세하다. 당시 시인의 고향 동네(경남 양산) 산에는 울긋불긋 꽃들이 피어났다고 한다.

"복숭아꽃과 살구꽃이 좀 비슷하게 생기지 않았나요?"

"살구꽃이 훨씬 더 연한 분홍색이지."

그래서인지 살구꽃의 꽃말은 '아가씨의 수줍음'이나. 옛 농촌 마을에는 군데군데 살구나무가 서 있기 마련이었다. 이른 봄. 초가지붕 위로 뭉게뭉게 살구꽃이 피어오르고, 과거에 급제한 낭군이 어사화(御賜花, 임금이 하사하던 종이꽃. 대개는 살구꽃 모양)가 꽂힌 복두(幞頭, 과거에 급제한 사람이 썼던 관)를 쓰고 나타날 때, 처녀의 가슴은 마구 뛰었을 터.

"하지만 '빛 좋은 개살구'라는 말도 있잖아요?"

"허허. 겉보기와 달리 실속이 없는 것을 가리키는데, 개살구나무의 열매가 보기에는 예쁘지만 맛이 없기에 생겨난 속담이라네. 살구가 살짝 신 맛을 내는 데 비하여, 복숭아는 달짝지근하거든."

복숭아나무는 이른 봄에 꽃을 피워 벌을 부르며, 여름에는 시원한 그늘을 드리우고, 가을에는 과일을 제공해 준다. 그리하여 옛날부터 행복과 부귀를 상징하는 나무로 여겨져 왔다. 아울러 악마나 귀신을 쫓는 선과(仙果, 신선이 먹는 과일)로도 간주되어 왔다. 또한 『삼국지』에 나오는 도원결의(桃園結義)는 '복숭아꽃이 핀 나무 아래서 맺은 의로운 결의'라는 뜻으로서 그 내용은 이랬다. "고향을 떠난 관우가 탁군(涿郡, 오늘날 북경 일대)에 이르러 고기를 팔던 장비를 만난다. 두 사람이 무예를 겨루어 승부를 가리지 못하던 중 마침 유비를 만난다. 의기투합한 세 사람은 마침내 도원에서 형제의 의를 맺는다." 우연의 일치인지 모르나, 복숭아꽃의 꽃말에는 '용서'와 '희망'이 들어 있다. 그 외에 '사랑의 노예', '매력', '유혹'이라는 뜻도.

"앞에서 살펴본 복숭아꽃은 성적인 의미로 쓰였는데요. 천도74)를 먹으면 젊어지거나 장수한다는 이야기도 있잖아요?"

"중국 신화에 나오는 여신 서왕모(西王母)가 정원을 가꾸는데, 그 안에는 희귀한 꽃과 특이한 새들이 많았다네. 그 가운데 불로장생의 복숭아 반도(蟠桃), 즉 천도복숭아가 있었다는 거지. 서왕모의 생일에 8명의 신선들이 찾아와 축하해 주면 서왕모는 맛있는 음식을 내놓았는데, 곰 발바닥과 원숭이 입술, 용의 간이 나오고 맨 마지막에 반도가 나왔다는 거야. 저 유명한 동방삭(東方朔, 기원전 154~기원전 92년. 한나라 때의 관료. 걸출한 외모, 익살스러운 언변으로 살아생전 무성한 소문을 만들어 냈다고 함)도 서왕모가 선물한 복숭아 한 바구니를 혼자 다 먹어 3천 갑자를 살았다는 전설이 있고. 허허…."

"손오공(『서유기』의 주인공인 원숭이)도 훔쳐 먹은 적이 있다면서요? 박 사님, 이제 무릉도원 이야기로 들어가 볼까요?"

"중국의 대표적인 전원시인인 도연명(혼란한 세태에 관직을 사임하고, 귀향하여 농사를 지은 인물)이 쓴 불세출의 명작 『도화원기(桃花源記)』의 줄거리는 이렇다네."

---

74) 천도(天桃): 말의 뜻대로 하면, '하늘에서 자라는' 복숭아. 보통의 복숭아와 달리 표면이 매끈매끈하며, 자두와 흡사하게 신맛을 냄. 건강에 매우 좋다고 함.

진나라 태원(太元, 중국 동진 효무제의 두 번째 연호. 376년에서 396년까지 사용) 연간에(기원후 4세기 무렵), 중국의 남부 후난성(湖南省) 무릉 사람이 물고기 잡은 것을 업으로 삼고 있었다. 어느 날, 그가 시내를 따라가다가 길의 멀고 가까움을 잊어버렸다. 갑자기 '복숭아 숲'을 만났는데, 양 기슭을 끼고서 수백 걸음이었고, 그 가운데는 잡된 나무가 없었다. 향기로운 꽃은 선명하며 아름답고, 떨어지는 꽃이 나부꼈다.

어부가 그것을 심히 이상하게 여겨 다시 앞으로 나아가, 그 숲을 끝까지 가 보고 싶어 했다. 숲은 수원지에서 끝났으며, 바로 산을 하나 만났다. 산에는 작은 구멍이 있었는데, 어렴풋이 빛이 있는 듯해서, 곧장 배를 버리고 입구로 들어갔다. 처음에는 아주 좁아서, 겨우 한 사람이 통과할 정도였는데, 다시 수십 걸음을 갔더니 탁 트이게 열려 환했다. 토지는 평평하고 넓으며, 집들은 가지런했다. 좋은 밭과 아름다운 연못과 뽕나무와 대나무의 무리가 있었다. 밭 사이에 난 길이 서로 통하고, 닭과 개 소리가 서로 들려왔다.

그 안에서 사람들이 왕래하며 씨 뿌리고 밭을 갈았는데, 남녀가 입고 있는 것이 모두 밖의 사람들과 같았다. 노인과 어린아이는 똑같이 기분 좋게 놀고 있었다. 사람들이 어부를 보고는 크게 놀라 이곳까지 들어온 경위를 물으니, 그가 대답하였다. 이에 어부를 초청해 집으로 돌아가서는, 술을 차리고 닭을 잡고 밥을 지었다. 마을 안에 이 사람이 있다는 것을 듣고, 모두 와서 꼬치꼬치 물었다. 그리고는 스스로 말하길 선조 시대에 진나라 시기(기원전 221년, 진시황제에 의해 통일)의 난리를 피해서, 처자식과 마을 사람들을 이끌고, 세상과 끊어진 이곳에 오게 되었으며, 다시는 나가지 않으니 마침내 외부 사람과 두절되었다고 했다. 지금이 어느 세상이냐고 물었는데, 바로 한나라(기원전 202~기원후 220년)가 있는 줄을 모르니, 위나라와 진나라(위진 시대는 220~420년)는 말할 것도 없었다. 이 어부가 하나하나 그들을 위해서 들은 바를 갖추어 말해 주니, 모두가 탄식하고 놀라워했다.

　나머지 사람들도 각자 그를 자신의 집으로 데리고 가서, 술과 밥을 내놓았다. 며칠 머물고서 작별 인사를 하고 떠나려 하자, 사람들이 말하기를 "밖에 있는 사람들에게 말할 것은 못 됩니다"라고 했다. 어부는 동네를 나와 자신의 배를 찾은 다음 곧 전에 왔던 길을 따라오며, 곳곳에 표시를 했다. 군의 소재지에 이르러 태수에게 나아가 이와 같이 이야기했다. 태수는 곧 사람을 시켜 어부를 따라가서 저번에 표시한 것을 찾도록 했는데, 마침내는 헷갈리게 되어 다시 그 길을 찾지 못했다.

　이에 고상한 선비로 소문 난 남양(南陽)의 유자기(劉子驥)가 흔쾌하게 가는 것을 기획했다. 그러나 끝내 결실을 맺지 못하고, 머지않아 병들어 죽고 말았다. 그 뒤로는 마침내 나루터를 묻는 사람조차 없었다.

- 도연명, 『도연명 전집 2』, 양회석·이수진 옮김, 지식을만드는지식, 2020,

731~733쪽

　누구나 편안하게 느낄 서민적인 장소, 보통 사람들도 걸어서 갈 수 있도록 이 땅과 연결되어 있는 곳, 다만 그 무릉도원에는 평화로운 전원풍경과 함께 흐드러지게 핀 '복숭아꽃'과 '별천지' 동굴의 이미지가 포함되어 있을 뿐이다.

　"유토피아나 무릉도원이 성경에서 말하는 천국과 비슷할까요?"

　"글쎄. 기독교에서도 '천국'이란 '죽어서 가는 저세상'이 아니라, 하나님이 '현재' 다스리는 나라, '앞으로도' 다스릴 나라를 의미하니까. 아름다운 집에서 사랑하는 이들과 함께 살면서 수확한 열매를 배불리 먹

는 곳, 좋지 않은 일들은 기억되지도 않고, 영원히 기뻐하며 즐거워할
일만 있는 곳, 사망이나 아픈 것, 눈물, 가증한 것이나 속된 것, 도적질이
나 살인, 거짓말이 없고, 애통해하는 소리, 울음소리, 부르짖는 소리가
들리지 않는 곳이라고 하지 않던가?"

이리와 어린 양이 함께 먹을 것이며, 사자가 소처럼 짚을 먹을 것이며, 뱀은 흙
을 양식으로 삼을 것이니 나의 성산(聖山)에서는 해함도 없겠고 상함도 없으리라.

- 『이사야서』, 65장, 25절

"이 땅에 유토피아, 무릉도원, 천국이 실현되었더라면, 여새리 사람
들은 어땠을까요?"

"양순이와 그 '동네 형'이란 사람은 헤어지는 대신 축복 속에 결혼하
여 아들딸 낳고 잘 살았겠지. '여새리 선배'는 '발정 난 수캐'처럼 그렇
게 힘들여 돌아다닐 필요도 없었을 테고. 그토록 더러운 욕망은 맘속에
서 아예 일어나지도 않았을 테니 말이야."

"저 역시 김은하를 그렇게 애타게 기다리지 않아도 되었을 테고요."

"허허. 철진 같은 종자는 이 땅에 출현하지도 않았겠지. 만약 한적한
곳에서 어린 소녀를 만난다면 안전하게 집에까지 데려다줄 테고. 민철
은 빈부의 차이가 없는 세상에서 머슴살이 대신 자기 논밭을 경작하며
배부르게 살아갔을 테고. '모래 덩이' 미녀를 만들어 아이들을 놀라게
하는 일이나 과부와 섬싱을 일으키는 일도, 살인자가 되는 일도 없겠지.
물론 나중에 그 과부와 결혼하여 잘 산다고 하니까, 축하해 주어야 하겠
지만. 홀아비 '왕수'는 정식으로 재혼을 하든지 아니면 혼자 성실하게

살아가든지 했겠지. 그랬다면 상대 여자로 하여금 '질경련'이 일어나게 하는 일도, 비참하게 죽는 일도 없었을 테고. '호식이 형'도 젊은 날 그 욕정에 사로잡히는 대신 대졸자에 어울리는 직장에 들어갔을 테고, 그랬더라면 의처증에 사로잡혀 스스로 목숨을 끊는 일 따위는 일어나지 않았을 거야. 왜냐하면 그곳에는 망상 장애(자기 생각에 몰입되어 비정상적인 고집을 피우거나 배우자가 부정하다는 생각에서 벗어나지 못함) 따위는 없을 테니."

"법원이나 교도소, 병원도 없겠지요?"

"죄나 병이 없는데, 그런 데가 뭐 필요하겠어? 성 추문이나 성폭행, 힘에 의한 성 착취, 미투 운동, 억압이나 '갑질', 나태나 탐욕, 교만 같은 낱말들도 없을 테고. 가난 때문에, 혹은 강제로 성을 파는 일도 없을 테고 말이지."

"아! 서로서로 사랑하고 양보하고 용서하며 살아가면, 얼마나 좋을까요?"

참고문헌

강민구, 『성범죄 성매매 성희롱』, 박영사, 2021

강성률, 『땅콩집 이야기』, 작가와 비평, 2014

강성률, 『땅콩집 이야기 7080』, 작가와 비평, 2015

강소천 작사, 금수현 작곡, 동요 〈여름〉

김경란, 『춘향전: 신분 사회를 비틀다』, 휴이넘, 2017

김영랑, 「오매 단풍 들겄네」, 『시문학』 창간호, 1930년 3월

김재홍, 『누가 박정희를 용서했는가』, 책으로보는세상, 2012

도연명, 『도연명 전집 2』, 양회석·이수진 옮김, 지식을만드는지식, 2020

도종환, 『접시꽃 당신』, 실천문학사, 2019

리하르트 폰크라프트에빙, 『광기와 성』, 홍문우 옮김, 파람북, 2020

박목월 작사, 김성태 작곡, 〈이별의 노래〉, 1994

박지원, 『열하 일기 1』, 김혈조 옮김, 돌베개, 2019 (독자의 내용 이해를 위해 일부
　　각색함)

샤를 보들레르, 『악의 꽃』, 황현산 옮김, 민음사, 2020

서덕출 작사, 박재훈 작곡, 동요 〈눈꽃송이〉, 1948

서중석, 『이승만과 제1공화국』, 역사비평사, 2007

송희영, 『옴므 파탈, 돈 주앙과 카사노바』, 한국문화사, 2016

신희천, 『성노작 상애와 성률편승』, 학지사, 2017

앤드류 모턴, 『모니카 르윈스키 회고록 1』, 윤영애·최미영 옮김, 새물결사, 1999

앤드류 모턴, 『모니카 르윈스키 회고록 2』, 윤영애·최미영 옮김, 새물결사, 1999

오토 키퍼, 『로마제국과 로마 성풍속사』, 정성호 옮김, 산수야, 2020

요네다 유타로, 『대륙의 꽃 ─ 서태후와 중국 4대 미인』, 박현석 옮김, 현인, 2016

유지영 작사, 윤극영 작곡, 동요 〈고드름〉, 1924

이나미 리츠코, 『주지육림』, 이은숙 옮김, 차림, 1996

이나미 리츠코, 『유쾌한 에피큐리언들의 즐거운 우행』, 허명복 옮김, 가람기획, 2006

이나미 리쓰코, 『중국 5대 소설 수호전·금병매·홍루몽 편』, 장원철 옮김, 에이케이커
　　뮤니케이션즈, 2019

이명옥, 『팜므 파탈』, 시공아트, 2016

이문성, 『불모의 성, 옹녀』, 지성인, 2016

이문열, 『우리들의 일그러진 영웅』, 다림, 1998

이수광, 『조선 국왕 연산군』, 책문, 2015

이윤석, 『완판본 춘향전 연구』, 보고사, 2016

이장희, 『봄은 고양이로다』, 아인북스, 2017

이종수·김영옥·김영재·배향자, 『인권 이야기』, 윤성사, 2020

이태준·김유정·채만식·박영준·주요섭·계용묵·유진오·이효석·김정한·이상,
　　『1931-1940 한국 명작소설 2』, 애플북스, 2017

장융, 이종인 옮김, 『서태후 1』, 책과함께, 2015a

장융, 이종인 옮김, 『서태후 2』, 책과함께, 2015b

전국국어교사모임, 『변강쇠전, 천하 잡놈 강쇠와 과부 팔자 옹녀가 만났으니』, 휴머
　　니스트, 2016

정비석, 『성황당』, 범우사, 2003

정비석, 『자유 부인』, 추선진 엮음, 지식을만드는지식, 2013

존 파이퍼, 『돈, 섹스 그리고 권력』, 박대영 옮김, 생명의말씀사, 2019

토머스 모어, 『유토피아』, 박문재 옮김, 현대지성, 2020

위키백과, "가후", https://ko.wikipedia.org/wiki/%EA%B0%80%ED%9B%8
    4, 2021년 8월 19일 검색

위키백과, "측천무후", https://ko.wikipedia.org/wiki/%EC%B8%A1%EC%B2%9
    C%EB%AC%B4%ED%9B%84, 2021년 8월 19일 검색

위키백과, "고운", https://ko.wikipedia.org/wiki/%EA%B3%A0%EC%9D%
    80, 2021년 9월 10일 검색